近代中國知識分子在日本

Japan ①

清末至抗戰前，
是中日兩國知識分子往來最熱絡的時期；
在兩者文學思相互激盪中，
對我國產生了什麼樣的深遠影響⋯⋯

林慶彰◎主編

王清信、葉純芳◎編輯

目　　　次

序

　　我長期從事經學研究，除了將臺灣、大陸、香港等地的研究成果編成《經學研究論著目錄》外，為了了解經學在日本流傳的情形，也編輯了《日本研究經學論著目錄》、《日本儒學研究書目》。在編輯的過程中，發現從清末以至抗戰前是中日兩國知識分子從事學術、文化最熱絡的時期，此一時段兩國文化交流的情況，也有王曉秋先生撰有《近代中日文化交流史》（北京：中華書局，1992 年 9 月）作了綜合性的論述。

　　但當時知識分子的來往，人數眾多，目的也不一，恐非一本《近代中日文化交流史》所能涵蓋。一九九六年我邀集東吳大學和淡江大學的年輕學者和研究生撰寫《近代中國知識分子在臺灣》的文稿時，也開始邀集這套《近代中國知識分子在日本》的文稿。一九九七年九月起，我接受行政院國家科學委員會補助，赴日本九州大學研究一年，編輯工作也停頓下來。次年八月回國後，開始執行「清乾嘉經學研究計畫」、「清乾嘉揚州學派研究計畫」等兩大計畫，此一編輯工作根本無法進行。去年，才在何淑蘋、鄭誼慧兩位學弟的協助下，將《近代中國知識分子在臺灣》的文稿整理出版。

　　近代中國知識分子赴日本的數量相當多，有些人沒留下很多事蹟，無法撰寫成文，有些雖有留下著作，但遍尋不著，也

無法撰稿。經過精挑細選，將清末至民國抗戰期間赴日的知識
分子，選出何如璋、黃遵憲、王韜、楊守敬、黎庶昌、孫中
山、康有為、梁啟超、章太炎、羅振玉、王國維、陳獨秀、吳
汝綸、魯迅、李叔同（弘一大師）、董康、周作人、劉師培、
張元濟、郁達夫、李大釗、田漢、郭沫若、辜鴻銘等二十四
人。每位為其撰文一篇，文長一至兩萬字，必要時附參考書
目，另需將該學者與日本相關之資料列入相關文獻中。文稿大
抵於二〇〇二年底收齊。

催稿和編輯工作本由何淑蘋學弟負責，因怕影響她撰寫學
位論文，改請葉純芳、王清信學弟承擔。全書配圖和校對工作
也由他們兩位全權負責。至於相關文獻部分，則由鄭誼慧、陳
蕙文兩位學弟根據各篇作者所提供的資料條目，再徹底增補。

感謝二十四篇論文的作者作了充分的配合，也感謝上述五
位學弟無怨無悔的付出。要推展學術工作，往往需要靠一批肯
犧牲奉獻的人，他們二十九位，正是這種精神的代表。這套書
雖然從撰寫到成書有五、六年的時間，但我個人研究工作繁
忙，能關照這套書的時間相當有限，書中如果有錯誤和疏漏之
處，都是我個人的責任。但願我們的努力，能喚起國內學界對
近代中日學術、文化交流史的興趣。

二〇〇三年五月

林慶彰 誌於中央研究院中國文哲研究所

何如璋在日本

謝旻琪 *

一、前言

　　何如璋（1838-1891）是一位愛國且具有卓越視見的外交家與政治家。他是清代首任駐日公使，從光緒三年（1877）十一月正式上任，一直到光緒八年（1882）二月卸任，一共約四年半的時間。

　　駐日期間，何如璋十分關心旅日僑胞的合法權益，並深刻地考察日本明治維新後的國情，以作為中國自強運動的參考。在國際外交方面，西方列強對於亞洲國家顯露出掠奪的野心，而日本在維新運動的進步中，也產生了媚強欺弱的心態。何如璋上任才沒多久，就面臨列強環伺，以及棘手的琉球、朝鮮問題。面對當時如此複雜的國際情勢，何如璋以他的機智以及不畏強權的態度，據理力爭，為國家維護了不少權益。他的外交思想和實踐，可說是跨越傳統到現代的關鍵，對清政府的外交政策，乃至於整個東亞的局勢，都有著深遠的影響。

---

* 謝旻琪，東吳大學中國文學系碩士生。

二、傳略

何如璋，字子峨，別號
璞山，廣東大埔人，出生於
道光十八年（1838）。何如
璋的父親何宏光（1809-
1892），年輕時埋頭苦讀，
希望能考取功名。但由於祖
父何茂塘、父親何少峰先後
早逝，以致於家道中落，生
活貧困。此後，何宏光便不
再參加考試，挑起了家庭的
重擔。

何如璋 像

　　由於何如璋的家鄉山多田少，單純務農實在難以維生，因
此家家戶戶都須另謀出路，或寒窗苦讀，或編造竹笠，要不然
就是離鄉背井，外出做工經商。童年時代的何如璋就因為如此
而開始讀書識字。到了十三歲那年，父親因為家中環境困窘，
要他輟學牧牛。然而何如璋仍離不開書本，每次放牛，都帶著
書去讀。有一天，這樣的情景被姑父陳芙初看到了，心中十分
感動，於是叫何如璋跟他學習。陳芙初是個貢生，在他的悉心
教導下，何如璋進步很快。咸豐六年（1856），十九歲的何如
璋考中了秀才，成為縣學生員。二十四歲，又考取了舉人。同
治七年（1868），何如璋中進士，入翰林院當庶吉士，三年後

任職編修。

光緒三年（1877），何如璋受命為首任出使日本國的欽差大臣，使日四年歸國，任福建船政大臣。然而中法馬江一戰，法國軍艦駛入馬尾港竟未有防備，致使福建水師七艘軍艦被毀，於是何如璋與大臣張佩綸在被誣陷的情況下，同被革職，發配到察哈爾充軍，度過淒苦的三年。光緒十四年（1888）秋，充軍期滿，何如璋回到廣東，應兩廣總督張之洞之聘，講學於潮州韓山書院，於光緒十七年（1891）因腳氣病過世，年五十四歲。

三、何如璋使日之前的日本情勢

何如璋到日本之前，正好是幕府政權垮臺，新政府剛成立的時代，結束閉關自守的政策，開始了明治維新，伴隨著一連串的政變及改革。在國際事務上，日本進行了對亞洲的侵略擴張，並且出現了一種媚強欺弱的心理，認為在輸給俄、美的地方，要從朝鮮、中國處要回來。

同治九年（1870），日本開始對中國展開外交試探。日本政府派柳原前光到天津，與中國進行通商立約的談判。十月二日謁見李鴻章，談到日本與英、美、法諸國通商，受到不公平的對待，日本政府雖然心裏不服，但力難獨抗，因此中日兩國應當先修好，同心協力，對抗列強。李鴻章十分贊同，於是立刻寫信給總理衙門，主張將日本聯為外援。不過李鴻章強調在立條約時，不可比照英、法、俄的先例辦理。曾國藩與李鴻章

的意見一致，但他提出條約中尤其不可載入「一體均沾」（也就是片面最惠國待遇）。

七月至九月期間，日本全權大臣伊達宗城與清朝全權大臣李鴻章在天津談判。日本果然要求按照西方列強與清朝簽訂的條約辦理，李鴻章等人堅決反對，於是最後在事先擬定的底稿基礎上，簽定了「中日修好條規」十八條，以及「通商章程」三十三條。這也是中日兩國首次自主締結的平等條約。

「中日修好條規」簽定後，日本的掠奪動作正式開始。同治十年（1871）十一月，琉球漁民漂流到臺灣，結果被牡丹社生番殺死。當時琉球屬於清朝的藩屬，臺灣為福建省的一部份。這樣的事件本來應該是清朝的內政問題，日本卻以此作為侵臺的藉口。十月十六日，明治天皇冊封琉球國王尚泰為日本藩王，此後便將琉球人被殺曲解為日本人被殺，侵臺的呼聲更高了。

柳原前光質問清朝為何不懲治殺人的生番，總署大臣毛昶熙等人回應，認為生番未服王化，所以一時間不便治理。柳原則含蓄地表達將「查辦島人」，而後來事實證明，「查辦島人」也就是侵略臺灣。當時碰巧日本遇上激烈的政爭，侵臺計劃暫時被擱置下來。

日本政府積極將國內政爭的注意力轉向國外，聲稱臺灣生番部落既然為清朝政權所不能及，因此可視為「無主之地」。為了要替琉球人民報仇，同治十三年（1874）四月成立臺灣番地事務局，五月出兵到達臺灣，六月攻打牡丹社等地，最後因地勢險惡，無法深入。七月，日本終於停止進攻。清朝感受到

日本的威脅，急於收復領土，因此在英國公使威妥瑪的調停下，清朝以十萬兩白銀的撫恤費作為給日本的補償，並於十月三十一日簽定「中日北京條約」，承認日軍侵臺為「保民之舉」，為此後日本併吞琉球提供了口實。

臺灣事件結束之後，清朝官吏認為日本侵略的野心不會收斂，因此主張加強防務。李鴻章一面詳盡地規劃海防，一面建議派人使日。何如璋就在李鴻章的薦舉之下，成為第一任的駐日公使。

四、何如璋的外交事務

㈠爭取華商利益

何如璋到達日本的第一項交涉，就是向各口岸派駐理事。當時我國旅居日本的僑民有數千人，以橫濱最多，長崎次之，神戶、大阪又次之，而箱館、新潟等地只有數十人。由於久居他國，不免有寄人籬下之感，因此更希望能得到本國政府的有力幫助。

光緒四年（1878）一月十四日，何如璋照會日本外務省，要求在僑民最多的橫濱派駐理事，但日本拒絕了，第二天派宮本小一到公使館與何如璋辯論。何如璋按照「中日修好條規」的有關條款，據理力爭，最後終於迫使外務省同意。

設置領事一事在「中日修好條規」中已有明文規定，為什麼日本又不答應呢？原來是同治十年（1871）談判時，日本政府希望取得完全自主的領事審判權，但作為對等的交換，日本

也必須給予中國同樣的權利。而日本預料中國領事不會進駐日本，因此日本將彼此同樣享有領事裁判權一條寫入條規中，事實上只有日本單方享有治外法權。早在光緒二年（1876）十一月李鴻章與森有禮在天津商談領事時，森有禮就婉言推託。李鴻章引條規中的規定，指責森有禮違約，並威脅若日本不承認中國領事，那麼中國也將不承認日本領事。當時李鴻章就覺得，中國公使到達日本後，必然需要費一番唇舌。

何如璋在日本為了派駐領事，果然遇到麻煩。但他據理力爭的結果，最後獲得了勝利。二月派范錦朋為橫濱、築地兩口的正理事官，六月派劉壽鏗為神戶、大阪兩口的的正領事官，余璚為長崎的正領事官。至於箱館、新潟兩地華商不多，因此有案時先由日本地方官代理，同時通知橫濱理事官。

何如璋為了華商利益進行的另一場交涉，發生在光緒四年（1878）四月。橫濱華商申請遊歷護照，遭到日本政府的拒絕，何如璋便在二十四日找外務卿寺島談判。起初寺島算準何如璋沒有外交經驗，因此稱「條規」中並沒有遊歷的規定，何如璋立即指出，這規定載在「通商章程」的第十三款。寺島馬上又表示願意通融此事，但森有禮在中國總理衙門仍在商議中，請何如璋自己寫信告訴森有禮，請他通融。何如璋立即拒絕了，他指出遊歷之事在中國早已經實行，現在只是請日本照辦，並無所謂通融不通融。他並警告，如果日本不辦，就對在華日商停發遊歷護照。寺島一聽，就立刻答應了。

三十日，寺島又針對遊歷之事提出有條件，那就是中國通商口案對日本的政策應該比照對西國一樣辦理。何如璋嚴正拒

絕，認為中日兩國條約本來就和西方不同，應該中日雙方均可行者才可以辦，不能有一方獨佔便宜。寺島見事無轉圜餘地，因此就閉口不提。

由這兩件事可以看出，雖然當時的何如璋尚無外交經驗，但他熟悉條約，立場堅定，堅持對等原則，能帶給對方一定的壓力。以後的外交事件，何如璋也秉持著這樣的態度，為中國爭取不少權益。

㈡力爭琉球

除了為華商爭取利益之外，何如璋面臨的第一個國際外交任務，就是力保琉球不被日本所併吞。

琉球自古以來深受中華文化的影響，早在明太祖洪武五年（1372）時即與明朝結成宗藩關係。明朝滅亡後，清朝於清世祖順治十一年（1654）派人前往琉球，冊封尚質為中山王。該詔書規定琉球每兩年進貢一次，此後，琉球所有的王位繼承人都由清朝賜給鍍金的銀印，冊封前稱為世子，冊封後才稱王。琉球使用清朝的年號，向清朝稱臣納貢，並常派官生到國子監讀書。儘管兩國有尊卑之分，但琉球自成一國，有自己的外交事務，如十九世紀五〇年代，琉球與美國、法國、荷蘭簽訂條約時，清政府就未加干涉。

然而，由於琉球的地理位置靠近日本的薩摩藩，因此常常遭到薩摩藩的侵略。康熙朝以後，日本在琉球設官，徵租稅，護商旅，當清使來臨，便預先躲避。

同治十年（1871）十一月，發生了臺灣生番誤殺琉球人事

件。為了使侵臺的藉口得以成立，明治天皇於同治十一年（1872）十月十六日冊封尚泰為日本的藩王。同治十三年（1874）二月六日，日本擬定「臺灣蕃地征伐要略」，認定琉球主權在於日本，並且開始了「阻貢」的動作。

同治十三年（1874）夏天，日軍侵臺，最後清政府在英國的協調下，以十萬兩白銀換得日本的撤兵。但「北京專條」承認臺灣生番曾將日本屬民妄為加害，而日本侵臺為「保民之舉」，這等於承認琉球為日本的一部分，為日本正式併吞琉球提供了口實。

光緒元年（1875）五月，日本政府命令琉球國王尚泰停止向清朝遣使進貢，並不准再受清朝冊封。同時琉球被迫接受以下條件：一、藩內使用明治年號；二、執行日本法律；三、改革藩制；四、派遣留日學生十人。但尚泰不願前往東京，於是琉球決意向清朝求援，於光緒二年（1876）十二月十日派遣向德宏等三十九人，乘坐小船，假裝被風漂流，次年四月十二日到達福州，請求赴京陳情。光緒三年（1877）六月，閩浙總督何璟和福建巡撫丁日昌聯名奏報朝廷，然而當時朝廷不了解阻貢的背景，對於問題的嚴重性還沒有充分的估計，因此輕率地要琉球使臣統統回國，並命令總署通知何如璋，在到達日本之後辦理，同時弄清阻貢的原因。

光緒四年（1878）五月，何如璋致函總署和李鴻章，提出自己對琉球問題的看法。他認為，日本國小民弱，外債沉重，無力購買軍火船械，軍事實力在我國之下，再加上國內政局動盪不安，因此日本並不如中國國內所想像的那麼強大。何如璋

估計日本不敢因為琉球問題而遽開戰端，清政府應該據理力
爭，擺出強硬姿態，以保護琉球的藩屬地位。

　　此外，何如璋在當時也已經意識到，日本侵略的野心是不
會停止的。何如璋寫了一封給總署的公函，分析日本的野心：
「阻貢不已，必滅琉球；琉球既滅，次及朝鮮。」他又分析時
局，「今日本國勢未定，兵力未強，與日爭衡，猶可克也。隱
忍容之，養虎坐大，勢將不可復制。況琉球逼近臺灣，若轉為
日屬，改郡縣、練民兵，資以船砲，擾我邊陲。臺澎之間，將
求一夕之安而不可得」。不儘如此，琉球人再三請援，「我不
援手，球人將怨於我，而甘心從敵，於此事尤為失算」，所以
不得不爭。①

　　何如璋在信中提出三條計策：「為今之計，一面辯論，一
面遣兵舶責問琉球，徵其貢使，陰示日本以必爭，則東人氣
懾，其事易成，此上策也。據理與爭，止之不聽，約球人以必
救，使抗東人。日若攻球，我出偏師應之，內外夾攻，破日必
矣。東人受創，和議自成，此中策也。言之不聽，時復言之，
或援公法邀各使評之。日人自之理屈，球人僥倖圖存，此下策
也。」②這三條計策，何如璋希望清政府採納上中二策，勉強
建議的是下策。由此可以看出，何如璋是傾向採取以武裝力量
支持外交鬥爭，以制止日本的侵略野心，態度十分堅定。

────────────

① 何如璋：〈與總署總辦論球事書〉，收於《梅州文史》第 6 輯（梅
　州市政協文史資料委員會、大埔縣何如璋研究會合編，1992 年 9
　月），引文見頁 83。
② 同前註，頁 83-84。

然而李鴻章和總理衙門的態度消極冷淡，缺乏信心，總理衙門甚至認為何如璋的上中二策過於張皇，於是總署於七月四日上奏，朝廷對於琉球問題的基本方針也就從此確定下來，那就是單純外交鬥爭，決不動用武力。

光緒四年（1878）九月三日，何如璋向日本外務卿寺島宗則提出口頭抗議，質問日本為何禁止琉

何少詹文鈔卷中　　　　　　　　　　茶陽三家文鈔二

與總署總辦論球事書　　　復總署論爭球事書

再與總署論球事書　　　　論球案暫緩辦理書

論為球王立後書　　　　　論朝鮮及日本國情書

論日本改訂稅則書　　　　因俄事論練兵籌餉書

再論練兵籌餉書

與總署總辦論球事書

上月二十九日寄函具陳高麗與俄日情形本月初一日捧讀堂

憲密論及大容開答節略琉球裏稿又閱省咨函弅致總署抄函

各件具徵藎周詳遇事不嚴推求之至意感佩無已夫阻貢大

事也阻貢而涉日本鄰封密邇稍有不慎邊覺易開是事大且

關於安危利害也如璋雖至愚鳥敢以輕心嘗試唯細揆日本近

⟨與總署總辦論球事書⟩書影

球對中國朝貢，並堅決要求讓琉球恢復與中國的聯繫。但寺島堅稱琉球為日本屬地，因此交涉沒有結果。十月七日，何如璋遞交了措辭強硬的書面照會，提出日本禁止琉球進貢我國的不合理。這篇照會不但舉出歷史事件、條約、典章書籍作為憑據，並指稱「以為日本堂堂大國，諒不肯背鄰交，欺弱國，為此不信不義無情無理之事」③，以含蓄的口吻指責日本「背鄰交，欺弱國」的不義行為。十一月二十一日，老羞成怒的寺島宗則將這些用語指為「暴言」，提出復照，「不意來文竟羅列如此字句，……如此豈即為重鄰交修友誼之道乎？貴國政府如

③《日本外交文書》，卷11，頁271。轉引自余政 《何如璋傳》（南京：南京大學出版社，1991年8月），頁33-34。

果命貴大臣作此等語，是即貴國不欲以後兩國合好，願貴大臣
以此情理轉達貴國政府」。④其後雙方繼續交涉，仍然沒有結
果。不久，日本政府選派宍戶璣為駐華公使到華商議。

光緒五年（1879）三月二十七日，日本內務大丞松田道之
在琉球宣布廢藩，勒令琉球不許再向中國及其他各國求助，並
改用紀元。四月四日，日本大政大臣正式宣布改琉球為沖繩
縣，將琉球併吞。四月六日，何如璋寫信給李鴻章，要求將自
己召回，參加總署與宍戶璣的辯論，然而總署卻打算採雙管齊
下的方式，一面在北京由總署與宍戶璣交涉，一面在東京由何
如璋與日本交涉，不願將何如璋召回國，唯恐露出決裂的痕
跡。

五月初，總署與宍戶璣的談判並不順利，使得總署態度轉
向強硬，十日，向宍戶璣提出正式抗議，要求日本停止琉球國
改縣之舉。五月下旬，何如璋接到總署的命令，迫不得已時可
撤回所有駐日官員，何如璋回信，重新分析了國際局勢，認為
軍事措施不可免。他認為，日本貪得無饜，「不少留中國餘
地」，「事至今日，欲保全兩國和局，必明示以不嫌失和，和
始可保」。他還提出了請美國幫助的主張，「泰西諸國，有利
則趨，有害則避。通商以來，必謂推誠相與，事固難言。然美
利堅自修好以來，始終無違言。其熱心為我，勝於他國。……
琉球一案，日本滅人之國，絕人之祀，美為民主，尤所惡聞。
我苟援互助之條邀之，彼自當仗義執言，挺然相助，兵端將

④《日本外交文書》，卷11，頁272。轉引自余政：《何如璋傳》，
　頁34-35。

啟，則於通商有礙。即英、德各國，亦將隨聲附和，出而調停。」何如璋以國際情勢分析，認為戰爭仍是有利的。與其等待日本日益坐大，不如「趁此機會，尚可自操勝算也」，他強調「必敢言兵，而後可用兵」。⑤

五月下旬，美國前總統格蘭特等人到達中國，恭親王奕訢和北洋大臣李鴻章請他出面調停，格蘭特答應了。就在格蘭特往日本的路上，琉球使臣也正在奔走求援。早在五月期間，有琉球的難民漂流到達福建，將亡國的消息告訴紫巾官向德宏。向德宏一面稟報福建官員，一面派人北上陳情。六月六日，又有福建商人從日本回來，帶來世子的密函，描述松田道之逼迫琉球國王尚泰赴日的情形。尚泰稱病拖延，由世子尚典泰替前往。到達東京後，因為日本政府禁止與何如璋互通消息，只好委託福建商人帶密函給向德宏。向德宏等人於七月三日喬裝抵達直隸總署衙門，哭訴「生不願為日國屬人，死不願為日國屬鬼」，懇請朝廷立刻興師問罪。不料清廷尚未答覆，就傳來尚泰已被脅迫到東京，並且被革去王號的消息。七月二十三日向德宏再向李鴻章遞送稟稿，卻只得到空言安慰。十月二十二日和二十四日，又有琉球耳目官毛精長等三人先後到達總理衙門和禮部，控訴日本官兵脅迫國王和世子交出御書匾額、寶印以及所有的簿冊、錢糧，請求清廷儘快救援。二十五日，恭親王奕訢接見毛精長等人，一面安慰他們，一面卻叫他們回福建。毛精長等人大失所望，說什麼也不肯離開北京。

⑤ 何如璋：〈復總署總辦論爭球事書〉，收於《梅州文史》第6輯，頁86-88。

　　另一方面，格蘭特於七月四日到達東京，由隨員楊越翰與日本官員接觸。日本聲稱琉球本為日本屬國，而何如璋不熟悉交涉體例，之前行文措辭不妥，有羞辱日本之意，因此不便回覆，如果中國肯將此文撤銷，那麼日本就願意商議。

　　七月十四日，何如璋派參贊黃遵憲將琉球事件始末相關文卷交給格蘭特看，格蘭特深覺中國有理，於是叫楊越翰與日本討論。楊越翰認為，日本國內有些人也企圖煽動與中國戰爭，因此楊越翰七月寫給李鴻章的兩封信，都語重心長地勸中國要努力自強。

　　七月下旬，格蘭特遊歷日光山，日本內務卿伊藤博文和陸軍卿西鄉從道假裝也去遊覽，二十六日與格蘭特會談長達兩三個小時。七月底格蘭特回到東京，八月四日何如璋登門拜訪，恰巧格蘭特外出，楊越翰告訴何如璋由他們出面調停，可使兩國各有體面。由於楊越翰對琉球問題較為熱心，說了不少支持中國的話，何如璋感到似乎有轉圜的希望。

　　然而格蘭特早已在八月一日寫信給李鴻章，信上認為兩國彼此互讓，就不至於失和，似乎不需再請他國調停。這封信很明顯地表示，格蘭特不想再插手管此事。李鴻章在八月二十三日回信，希望美國方面讓駐日公使平安繼續與何如璋協商辦理。

　　八月上旬，何如璋與平安會面，平安轉述了他與格蘭特商議的方案，將琉球分為三部分，中部歸琉球，立君復國，中國、日本兩國各設領事保護；南邊接近臺灣，隸屬中國；北部接近薩摩，割予日本。何如璋拒絕了，他認為應當要存琉球國

之祀，而不是加以劃分。

八月十日，明治天皇會見格蘭特，就琉球問題交換了意見。十一日，何如璋將平安所逃的三分琉球方案告訴李鴻章，並轉達了格蘭特之意，說是會將事情辦妥，然後才歸國。不料事情尚未解決，格蘭特一行人卻於九月二日歸國，撒手不管。

九月七日，總理衙門上奏，對於三分琉球的方案充滿幻想，慶幸琉球問題的交涉已有了端倪。然而也在同一天，李鴻章收到格蘭特和楊越翰的信，是在他們離開之前所寫的。信上格蘭特的態度產生了一百八十度的大轉變，認定何如璋和第一次的照會函是琉球案無法解決的關鍵，他認為何如璋措辭太重，導致局勢無轉圜餘地，總的說來，撤銷照會以及撤換何如璋成為繼續談判解決問題的先決條件。

但總署和李鴻章認為，不願在日方派員會談之前撤銷照會，因為照會的問題只是日本拒絕談判的藉口。

十月二十二日，日本外務省同意派人會商，然而宍戶璣到總署去辯論，非要中國先撤銷照會不可。總署堅持必須在日本派員會商且有了定論之後，才肯撤銷。宍戶璣無言以對，中日雙方的外交也因此暫時停頓。

光緒六年（1880）二月十九日，清廷命曾紀澤出使俄國，要求更改去年由崇厚簽訂的「里瓦幾亞條約」，中俄交涉進入困難的階段。日本政府趁人之危，於同年三、四月間訂定了琉球交涉的新方案：(1)琉球的北部和中部劃歸日本，南方的宮古、八重山二島劃歸清朝。(2)提前修改「日清修好條規」，把過去雙方互有領事裁判權改為日本單方的領事裁判權，並要求

清政府同意日本提高進口稅率。(3)在條規中增加內地通商和最惠國待遇這兩項特權。日本政府同時命令宍戶璣,一旦中俄之間的關係緊張化,立即與總理衙門強行談判。

六月二十八日,日本外務卿井上馨與何如璋舉行會談,第二天,日本政府決定由宍戶璣辦理琉球交涉。這一次日方並沒有提到改約的事,並且承認中國之前的照會語並無不妥,而且同意琉球為兩屬,談判間口氣十分平允。何如璋分析,這是因為日本當時國內壓力所造成。當時日本政局很不穩定,加上外債沉重,使得外交態度也轉變得緩和許多。

光緒六年(1880)夏天,中俄關係高度緊張。八月十五日,張之洞建議趕快與日本聯合,以爭取日本在中俄衝突中保持中立。當時南洋大臣劉坤一和北洋大臣李鴻章都主張利用琉球南二島重建琉球國,於是總署命何如璋拜訪琉球王後嗣,一面讓李鴻章找向德宏了解情況。

李鴻章從向德宏那裏了解到的情況與何如璋差不多,不過李鴻章近在天津,因此在何如璋之前就向總署作出答覆,認為琉球問題應當緩一緩。

然而總署卻認為,雖然兩島地方貧瘠,但可以作為存球之根本。何況以現在情勢,若拒絕日本太甚,恐怕日本與俄國交好。此舉既可存球又可防俄,因此是可行的。於是在十月二十八日與宍戶璣議定專條,規定光緒八年(1882)二月將南二島交割給清朝,分界以後永遠不相干預。清朝並且同意將「中日修好條規」第十四條和十五條換成「一體均霑」的條文,從交割南二島後開始。當時總署以為琉球問題完全解決,就在條約

底稿中寫下：「琉球一案，所有從前議論，置而不提。」⑥等於是撤銷了爭執已久的何如璋照會。

這個消息傳到日本，何如璋覺得差強人意，但是因為琉球南方靠近臺灣，若能守住，也算是對中國有益。然而就在總署上奏的第二天，事情又發生了變化。右庶子陳寶琛認為，分割琉球和酌改條約是兩大失誤，斷不可從。他主張先拖延，等到中俄伊犁交涉訂約以後，再對日本採取強硬措施。這個奏摺引起朝臣的爭議，於是朝廷便發密諭向李鴻章徵求意見。

十一月十一日李鴻章復奏，認為「利益均沾」和「內地通商」對中國的危害很大，因此改舊約和結球案都應該進一步推敲。他認為，以中國的利益換取日本的讓步並非絕對不可，但必須先將尚泰釋放，並把中部和南部都歸還琉球。李鴻章的方案是，先加以拖延，等到伊犁交涉有了結果，再請清廷宣佈不批准總署商議的專條。

光緒七年（1881）二月二十四日，曾紀澤在俄國簽訂「伊犁條約」，為朝廷爭回一部份主權。於是朝廷於三月五日正式否決了總署與宍戶璣的分島方案，同時又命令總署繼續與日使商議。

此諭下達之後，總署讓何如璋轉交兩份文件，一給宍戶璣，一給外務省，何如璋於三月底收到。但宍戶璣於一月歸國後已經離開外交部門，外務卿井上馨又因病告假，一時無法投遞。由於當時日本國內已經出現批評宍戶璣和井上馨的言論，

---

⑥《清光緒朝中日交涉史料》，卷2，頁8-10。轉引自余政：《何如璋傳》，頁47。

因此何如璋認為可以稍假以時,將來以「撤使罷市」作為抗爭手段,或是暫時將此案放置一邊,等到日本要求內地通商時,再以此換取琉球問題的妥善解決。

琉球問題從此不了了之,日本完全實現了併吞琉球的野心。但是這樣的結果也不能完全責怪朝廷,因為當時還要面對更複雜的越南和朝鮮問題。遺憾的是,琉球被併吞之後,越南、朝鮮也沒能保住。

(三)主持朝鮮外交

琉球被日本併吞之後,清朝內部以李鴻章為首的主張中日聯合抵拒西方的計畫完全破滅。接下來,如何避免朝鮮成為第二個琉球,成為當時清廷朝野上下共同關心的話題。

朝鮮古稱高麗,位於亞洲東部的朝鮮半島,十九世紀為李氏王朝所統治。他們通過日本的對馬藩與日本的德川幕府來往,彼此遵循著這樣一個慣例:對馬藩藩主宗氏寫給朝鮮的書信署名為「日本國對馬州太守拾遺平某」,加蓋朝鮮頒發的鋼印。日本將軍更換時,朝鮮派「信使」前往江戶,但日本幕府卻不能直接向朝鮮派遣使者,有關事項由對馬藩派「參判使」辦理。參判使不能進入朝鮮首都,只能停留在東萊和釜山之間。朝鮮的信使可以謁見德川將軍,而日本的使節卻不能謁見朝鮮國王。此外,朝鮮只開放釜山作為通商港口,該地的草梁倭館必須嚴守朝鮮規定的章程。

同治六年(1867),香港報紙刊登日本名儒八戶順叔的談話,說朝鮮自古屬於日本,每隔五年國王就應當到江戶拜謁將

　　軍，現在忽然開這樣的慣例，日本即將要舉兵討伐朝鮮。清廷
知道這件事後，就立刻通知朝鮮。朝鮮向日本質問，幕府即聲
明八戶的談話沒有根據，然而朝鮮並沒有因此打消疑慮。

　　明治政府成立後，對馬藩奉命將「王政復古」的情形告訴
朝鮮，朝鮮的倭學訓導安俊卿等人意外發現，文書體例有了很
大的變化：⑴發信人的官職名稱和收信人的稱號均已改變；⑵
文中屢見「皇」、「敕」等字樣；⑶文末未用朝鮮頒發的圖
書，而且蓋上了新印。朝鮮並沒有尊日為皇，而「敕」字只有
清朝皇帝才有資格使用，因此安俊卿發表聲明，拒收文書。這
個消息傳到日本，正好被征韓論者所利用。同治九年（1870）
一月，日本政府派遣三人到朝鮮調查，次年四月歸國，其中佐
田白茅甚至主張兵分四路攻打朝鮮，若是清廷派援兵，則將清
朝一併伐之，呂宋、臺灣即唾手可得，氣焰十分囂張。

　　由於薩摩派在國內政爭中佔了上風，明治政府採納外務省
所擬方案第三種：先與清政府訂約，中日平等後，朝鮮自然列
於下位。接著從中國回來，路過朝鮮王城，再簽訂日朝條約，
利用遠交近攻策略，使清廷無法援助朝鮮。

　　同治十二年（1873）五月，朝鮮東萊府使在草梁倭館門前
張貼佈告，指責日本變易成法。日本參議坂垣退助立刻主張將
之作為出兵的理由。但是西鄉隆盛主張先派自己出使朝鮮，挑
動朝鮮殺害自己，造成侵略的口實。接著，從國外歸來的大久
保等人擊敗了征韓派，侵朝的計劃未能實施。

　　同年十一月，朝鮮國王李熙親政，開始調整對日政策，並
查辦了安俊卿等人。日本聞訊，於光緒元年（1875）二月派遣

森山茂等人到達朝鮮。但由於國書中有「大日本」、「皇上」等字樣，再加上森山茂等人乘坐輪船，身穿西洋禮服，引起朝鮮官員反感，談判因此出現僵局。過沒多久，日本派遣雲揚艦測量朝鮮海岸，九月二十日駛近江華府，朝鮮守軍開炮示警，日本即將砲台摧毀。其後日本又陸續砲轟永宗鎮，深入釜山，開炮打朝鮮人。十二月，朝鮮政府通知日本，國書可以接受，但要把「皇」、「敕」等字樣改掉。於是日本政府一面派遣森有禮使華，一面命黑田清隆和井上馨為出使朝鮮的正副大臣。

同治十年（1871）一月，森有禮與總理衙門交涉，說清朝與朝鮮之間的宗屬關係只是一種空名，而日、朝之間發生的事均與「中日修好條規」無關。當時總理衙門的態度比較傾向朝鮮自主，若欲與日本修好，也由朝鮮自行決定。然而李鴻章則傾向勸導朝鮮，於是森有禮在保定直隸總督衙門與李鴻章激烈辯論。二十九日，總署照會森有禮，重申清、朝的宗屬關係，並要求日本遵守「修好條規」中「所屬邦土不可稍有侵越」的規定，但是森有禮並不理睬。

就在總署與森有禮打照會戰之時，日本使臣已經率領艦隊抵達朝鮮。二月二十七日「朝日江華條約」十二款簽訂，其中寫明了「朝鮮國為自主之邦」，但這並非真正為了日朝二國平等，而是為了割斷清、朝之間的宗屬關係。而通過這個條款，日本取得了通商口岸租地造屋、自由測量海岸、領事裁判等等權利。

八月二十四日，日本代表宮本小一和朝鮮代表趙寅熙簽訂了「朝日修好條規附錄」和「朝日通商章程」，規定日朝貿易

不納貨物稅，使得朝鮮經濟造成巨大的損失。

　　光緒三年（1877）一月三十日，日本又強迫朝鮮簽訂「釜山居留地租借契約」，取得居留地內的行政權和警察權，而且在戰時可將居留地當作軍事基地。這種居留地權實際上根本就是日本在朝鮮的殖民地。

　　以上就是何如璋到達日本以前的日、朝關係概況。由於地理位置十分鄰近，因此日本侵略的野心也比西方列強早得多，日本也是第一個強迫朝鮮簽訂不平等條約，藉以獲取種種特權的凶惡敵人。

　　俄國與朝鮮原本不接壤，咸豐十年（1860）「中俄北京條約」規定把烏蘇里江以東的四十餘萬平方公里的土地割讓給俄國，從此朝、俄才有了接壤。同治五年（1866）一月，有一艘俄艦到達朝鮮東海岸的元山海面，要求給予俄商貿易和居住權。信函中暗示，若要求得不到滿足，俄軍將越過邊界。光緒四年（1878）初，清軍收復新疆，屢次向俄國索取已逃往俄方的白彥虎等人，並要求歸還俄軍長期霸佔的伊犁地區，中俄關係也就緊張起來。在這樣的情勢下，剛上任的駐日公使何如璋深深感到，俄國是中、朝兩國的首要威脅。

　　光緒四年（1878）四月，何如璋從報紙上得知，俄國人在黑龍江一帶增加兵力，於是何如璋立刻做出判斷：高麗之患不在日本而在俄羅斯，若是高麗亡國，中國也將不得安寧。何如璋認為，俄羅斯為了通商的利益，而企圖併吞朝鮮，因此若要確保朝鮮的安全，最好的辦法就是使朝鮮與西方各國建立外交和商業關係，發展西方在朝鮮半島的商業利益，借助西方的力

量來牽制日、俄，在朝鮮造成均勢，這就是所謂的「條約體制政策」。於是何如璋寫信給李鴻章，建議他主持朝鮮與各國通商之事，主張「朝鮮終不能閉關而守也」。

　　光緒五年（1879），清政府將原來由禮部辦理的朝鮮事務轉到北洋大臣直接監督管理之下，由駐日公使協助，這使得何如璋能夠正式參與朝鮮事務。從光緒五年（1879）年底到光緒八年（1882）離任回國，他先後從日本傳回數十件奏摺，陳述自己對朝鮮問題的看法。

　　光緒五年（1879）四月四日，日本大政大臣正式宣布改琉球為沖繩縣。同年六月十四日，前福建巡撫丁日昌發表了與何如璋類似的見解，只不過丁日昌重在防日，何如璋強調防俄。同年八月二十一日，清政府批准了總理衙門根據前福建巡撫丁日昌和英國駐華大使威妥瑪的建議所提交的奏摺，「命李鴻章轉告朝鮮與西洋各國立約通商聘問，以制日本」。⑦清廷開始新的對朝政策，於八月命李鴻章以私人名義寫信給朝鮮政界元老李裕元，勸朝鮮修武備，並且與英、法逐漸立約，以牽制日本，防禦俄國。但李裕元以「牽於眾議，不敢主持」和「朝鮮貧瘠，不能多容商船」為由，拒絕了李鴻章的提議。⑧

　　在李鴻章以私人立場寫信給李裕元失敗後，接下來對朝鮮政策的實施便主要寄託在駐日公使何如璋的身上。光緒六年

---

⑦ 郭廷以：《近代中國史事日誌》（北京：中華書局，1987 年），上冊，頁 656。轉引自李里峰、王慶德：〈何如璋與新朝鮮政策的實施〉，《徐州師範大學學報》（哲學社會科學版）第 27 卷第 4 期（2001 年 12 月），頁 81。

⑧ 同前註。

（1880）春，美國政府任命海軍提督薛斐爾為代表，希望通過日本的幫助與朝鮮立約，使美國在朝鮮占有一席之地。何如璋在聽說這件事之後，立即寫了一封信給李鴻章，主張主持朝鮮與各國通商，「計當遣洞形勢、能言語之使臣，往為曉諭，以攬大權」。指出朝鮮與西人通商立約有五大好處：(1)與西人立約，則俄羅斯就不能併吞朝鮮，我國也得以安寧，「得以乘時以自強」。(2)朝鮮若能接受清朝的意見而與各國結好，則「屬國之意益明」，以後的交涉也就更容易了。(3)朝鮮的風氣一開，就可以修武備，建設國防，也能成為我國屏障。(4)既然已經遣使至朝鮮，清廷可以考察地勢，派兵遣船，以防俄日。(5)朝鮮在和平的狀態下與各國立約，就可以在條約展現自主權，將來中國與西方諸國換約時即可援引為例，改訂那些不平等條約。⑼

何如璋所列舉的五利，涉及朝鮮和中國的安全、朝鮮的自主權、中朝二國的宗屬關係，以及東亞地區與西方諸國的關係等等，可說是面面俱到。

光緒六年（1880）四月，薛斐爾到達長崎，五月進入釜山，要求日本領事進藤真鋤與朝鮮通商，但被東萊府使拒絕。七天後駛回日本，井上馨勉強答應將薛斐爾的信交給朝鮮國王。何如璋擔心朝鮮開放的主動權為日本獲得，所以在四月間薛斐爾到達日本後，就密切注意薛斐爾的行動，隨時向李鴻章匯報日美會晤的情況。

⑼ 詳見俞政：《何如璋傳》，頁58。

由於美國過高地估計了日本對朝鮮的影響，加上日本又有
獨占朝鮮之利的企圖，薛斐爾借助日本與朝鮮立約的計劃並沒
有任何進展，這促使他開始尋求其他途徑。六月十二日，他來
到中國駐長崎領事館，請求清政府的協助。李鴻章從何如璋的
報告中得知此事，立即致函邀薛斐爾到天津訪問。李鴻章在會
見薛斐爾時表示，他將運用自己的影響力，使朝鮮政府同意美
國的訂約要求。薛斐爾對此感到十分滿意，但是美國政府仍堅
持通過日本與朝鮮接觸，薛斐爾只好返回美國。

光緒六年（1880）七、八月間，朝鮮派遣金宏集率領使團
到達東京。何如璋命參贊黃遵憲前往訪問，藉機向金宏集完整
地闡述了整個世界潮流，以及新的朝鮮政策，指出朝鮮應當面
對新的局面，與西方簽訂友好條約。金宏集對此產生了強烈共
鳴，他認為朝鮮面臨許多重大的問題，對外部世界缺乏了解。
由於擔心語言不通，何如璋又命黃遵憲寫了一篇〈朝鮮策
略〉，要金宏集呈交朝鮮國王。回到漢城後，金宏集立即將何
如璋的主張以及何如璋命黃遵憲所寫的〈朝鮮策略〉上呈國
王。這篇策略是為朝鮮設計如何應付外來威脅以求自強的策
略，內容主要包含兩方面：(1)外交方面：提出親中國、結日
本、聯美國的方法，防止日本割斷中、朝關係，並且可以與日
本共同抵禦俄國，而策略中認為美國是列強中唯一沒有野心的
國家，可扶助弱小、維護公道，因此可以將美國引為友邦。(2)
內政方面：立朝鮮自強之基，如開放貿易，派遣學生到中國學
習外語、軍事，以及在釜山開設新式學校，學習西法，充實國
防，發展經濟等等。策略中站在宗主國的立場，維護朝鮮利

益，並希望朝鮮能邁向富強之路。⑩

十月十一日，國王李熙召見重臣，對何如璋提出的新朝鮮政策進行討論。在這次討論中，開放勢力開始佔上風，朝鮮逐漸改變了在開放問題上搖擺不定的態度。同年十一月，朝鮮特派的偵探委員李東仁在東京會見了何如璋和參贊黃遵憲，表示朝鮮願意開國結約。何如璋即致函總理衙門，要求清廷「代為周全」。朝鮮願意開始與西方各國通商的消息一傳出，英國代理公使堅尼迪即於二十二日來訪，聲稱朝鮮既然願意外交，德、意、法、英均欲派船前往。何如璋婉拒了堅尼迪，他說：「若諸國偕往，操之太驟，吾決其事必不成。」堅尼迪只好無言而退。⑪

何如璋以此拒絕其實只是表面的理由。他真正的用心其實是怕西方諸國同時湧入，聯合要挾朝鮮。為了完整表達他的意見，何如璋於十一月時撰寫〈主持朝鮮外交議〉，隨函發出，向朝廷獻策。何如璋認為，對朝鮮的方案，主要是要主持其內政外交。「凡其內國之政治，及外國之條約，皆由中國為之主持，庶外人不敢覬覦，斯為上策」。⑫如果朝鮮自行與他國訂約，他國必然認為朝鮮為自主國，那麼中國為「宗主」就只是空名了。而西方勢力進入朝鮮後，如何讓他們尊重中國在朝鮮的權威性，成為清政府面臨的新問題。

---

⑩ 同前註，頁60。

⑪ 同前註，頁61-62。

⑫ 何如璋：〈主持朝鮮外交議〉，收於《梅州文史》第6輯，頁79。

　　然而參與外交事務的官員們意見也有所分歧。李鴻章為首的國內大員大多主張維持歷來對朝鮮「不干涉」的政策，屬國的名份則讓朝鮮主動與西方提出，中國不參與在內。而以何如璋為代表的駐外官員則認為，中國應當要在立約的過程中掌握主動，只有清廷派員主持的外交事務才算數。後來朝鮮與西方諸國簽訂條約，正如何如璋等人所想的那樣，由中國官員主持，重申了朝鮮對中國的屬國地位。這表示何如璋對局勢較有確定的掌握，而這也是他積極提倡的結果。

　　〈主持朝鮮外交議〉具有強化清、朝傳統關係的意圖。由於朝鮮和中國之間有歷史悠久的宗藩關係，何如璋才會如此關心朝鮮的命運。按照國際公法，如果中國和朝鮮割斷宗屬關係，那麼列強侵略朝鮮時，清朝便無權干預。反之，若中、朝之間的宗屬關係得到世界各國的公認，那麼清朝就可以隨時派

〈主持朝鮮外交議〉書影

兵保護朝鮮。問題是，西方列強來到東方時，往往不承認這種宗屬關係，因此何如璋才企圖以「代為主持」的方式來向世界各國表明中、朝關係，並且為將來保護朝鮮保留了餘地。

十二月十七日，總署收到〈主持朝鮮外交議〉之後，發函徵求李鴻章的意見。李鴻章於二十二日回覆，非常贊同「與美結約」的建議，而且稱讚〈主持朝鮮外交議〉深思遠慮。但他不贊同派員主持朝鮮外交，也不贊同在條約中聲明為奉中國之命，因為這樣會帶來以下麻煩：(1)「朝鮮轉生疑慮，未必盡聽吾言」；(2)「各國若漸聞知，必皆唯我是問」；(3)「即朝鮮肯遵，西國未必肯受」；(4)「西人必援華約以相繩」，即按照之前中國與列強所簽訂的不平等條約內容要求朝鮮，「則亦不利於朝鮮」。[13]

李鴻章所舉出的四點中，一、三、四點都切合實際，但第二點則表現出李鴻章並不想擔當此責任。因為朝鮮事務由直隸總督管理，具體經辦人和承擔責任的人就是李鴻章，他的態度是比較消極的，認為能少一事就少一事。

光緒六年（1880）十二月二十一日，另一位朝鮮密探委員卓挺植來與何如璋會談，他遞交的稟詞中云：「敝邦臣民素無海外眼目，誠難勇敢發起也。若彼美國復來求和，而所約公平，則斷當真情相接，必無冷卻之理。」[14]何如璋覺得這是不願意主動的意思，於是將立約的利害關係告訴李東仁和卓挺植。

---

[13] 詳見俞政：《何如璋傳》，頁63。
[14] 同前註，頁60。

三十日，何如璋收到金宏集十月十九日的來信，不料信中說國內輿論不比往常，根本沒提到聯合美國之事，顯然朝鮮政府的態度又有了轉變。卓挺植解釋說：「國主與領相二、三大臣決意外交，以憚李裕元之故，未能遽發，若得中國勸諭之力，事必有成。」何如璋立即把這一重要信息報告給李鴻章和總理衙門，建議「由總署寄書朝鮮，勸令外交，庶可以決其疑而堅其信」。⑮

總署收到何如璋的信後，認為雖然朝鮮是否要與西國通商，本非中國所能勉強，但若「開誠曉諭」，當可「破其成見」。所以之後就由北洋大臣和駐日公使共同發函開導朝鮮。

在這之前，朝鮮貢使已經到達北京，李鴻章與他們會談，建議朝鮮關於通商章程的事宜。李鴻章發現朝鮮不懂外交，與日本通商五年，居然未收關稅，若是再與西國通商，勢必會為西國所欺騙。於是李鴻章命馬建忠擬了一份通商章程草稿，交給朝鮮使臣李容肅。

四月間，何如璋發覺朝鮮政體有了轉變。朝鮮設立了統理機務衙門，衙門下設有交鄰司，專管外交，另外又有軍事、邊政、通商、機械、船艦、語學各司，顯然是模仿清朝的洋務運動。何如璋將這些情形轉告總署，認為「果能從此自強，非唯朝鮮之幸，亦中國之福也」。⑯

---

⑮《清季中日韓關係史料》（臺北：中央研究院近代史研究所，1972年），第2卷，頁504。轉引自李里峰、王慶德：〈何如璋與新朝鮮政策的實施〉，頁83。

⑯《清季中日韓關係史料》，第2卷，頁500-503。轉引自余政：《何如璋傳》，頁65。

　　然而事情並沒有何如璋想像的那樣順利。光緒七年(1881)三月二十五日,以嶺南儒生李晚孫為首的萬人聯疏堅決反對開國外交,並將〈朝鮮策略〉斥為出賣朝鮮的邪說。他們全盤否定聯美防俄之計,認為是「啟俄夷無心之心,生美國無事之事」,並且批評黃遵憲為日本說客,與禽獸同類。⑰

　　朝鮮國王李熙批駁了這些荒謬的言論,命李晚孫等人退去。但因為這事件的影響,開放勢力受到壓制,卓挺植等訪日使臣也不敢有所動作。

　　十月二十九日,朝鮮信使趙秉鎬、李祖淵等人到達東京,與日本討論通商章程的修改事項。其中朝鮮的章程草案中被日本拒絕的合理要求有三點:(1)凡輸入朝鮮的進口貨稅率,為值百抽十,日本外務省說要減少;(2)日本在朝鮮租地的地價,仿照日本橫濱、長崎各口岸的定價,日本外務省卻說太貴;(3)草案中規定嚴禁紅參出口,凡臨時禁止出口的貨物「隨時榜示」,「凡稅關禁防偷漏諸弊,聽由朝鮮政府自行設立規則」等等,日本外務省卻硬要刪改。由於以上三點都是關係到朝鮮的國家主權,日本的態度卻十分強硬,恃強欺弱,於是趙秉鎬等人以「不能自專」為由,於十二月十七日啟程歸國。何如璋立即將此次的通商章程和稅則草案抄呈總署。⑱

　　光緒八年(1882)一月下旬,何如璋向總署報告朝鮮的一次未遂政變。這次政變發生在光緒七年(1881)十月,安驥泳等人藉口不願外交而發動叛亂,奉國王李熙的異母兄為主。

----

⑰ 詳見俞政:《何如璋傳》,頁65-66。

⑱ 同前註,頁66。

十月十二日為朝鮮進士放榜日期,儒生聚集京城,安驥泳趁機
邀得數百人,預定二十一日趁國王謁陵時,在中途偷襲。由於
家人告發,安驥泳等為首分子被處死,國王的異母兄被囚禁。

光緒八年(1882)二月九日,新任駐日公使黎庶昌到達日
本橫濱,十四日,何如璋與黎庶昌在東京辦理交接,三月歸
國。在此之後,朝鮮加快了條約體制的步伐,並於五月二十二
日簽署了朝美條約,隨後在六月間也簽訂了朝英、朝德條約。
儘管條約中允許了在朝鮮享有最惠國待遇,但中國的出面主
持,確實維護了朝鮮的主權與利益。不過這種和平的外交鬥爭
成效有限,除了美國在一年後如期換約之外,英、德政府卻強
迫朝鮮重訂條約,顯示出主動權仍然操控在強國的手上,這樣
的結果是頗令人失望的。

五、何如璋思想上的轉變

何如璋在日本辦理外交事務之外,使他在對國家權益的維
護,有了更敏銳、更深化的思想。可從他注意到中國屢屢在不
平等條約中權益受損的情況看出來。

首先,就是關於中日通商貿易問題。中國一直以來都是閉
關自守,列強以炮艦開啟了通商的大門,使我國的權益嚴重受
損。日本在明治維新之後,緊追在列強之後,因此日本的對華
貿易也帶有明顯的侵略性質。何如璋到了日本之後,對此有深
刻的了解,於是他寫了〈奏陳務請力籌抵制疏〉,指出要使國
家富強,農業經濟已經不能符合現實需求,應該要對外通商,

並且在通商中確保我國的權益。接著他指出目前中外通商的七大弊病：(1)「近年進口日多，勢成偏重，徒以彼無用之貨，易吾有用之金，其弊一也」；(2)「外產日盛，則內產不得不衰，聽其銷流日廣，則吾之生路日窮，其弊二也」；(3)「內地商貨苛捐什稅名目繁多，外商則租界免厘捐，內地只制半稅，且皆糾合公司，本巨勢強，以壟斷之心，行兼併之術，又假吾優待之條，以恣其劫奪，遂令坐賈行商，紛紛敗北，其弊三也」；(4)「內江外海，皆任洋舶往來，不特運銷外產，而且攬載土貨，即此載運一款，坐困者當不止數十萬家，其弊四也」；(5)洋布一宗歲值三千餘萬，洋布多則土布必少，其弊五也」；(6)「管理外商，悉由領事，租界一隅，幾同化外，恃強相抗，有司畏懦，隱忍容之，其弊六也」；(7)「海關稅額必與西人議定後而後行，既非平交之道，我僅值百而徵其五，此實為天下最輕之稅，外商意尤未饜求，貪肆縱橫，不盡取中土菁華不止，其弊七也」。⑲

這些言論，可說是切中要害。但他並不是反對對外通商，而是若要以商務使國家致富，只有變通以救弊才是當務之急。

不久，何如璋又寫了〈內地通商利害議〉，是專門就日本要求與我國內地通商而作的。他認為，日本近年來一直希望在內地通商，用意即在於取中土之財，以彌補流失到西方的損失。而且日本要求在內地通商，想仿照西方的一體均沾，這是絕不能允許的。中國所輸入日本的藥材、紙類，日本都已摒棄

---

⑲ 姚洛：〈不辱使命的何如璋〉，《梅州文史》第6輯，頁13-14。

不用，現在輸入的只有蔗糖一種。日本不但勸民大量栽種，而
且還打算對中國蔗糖提高進口稅。其他日貨又不斷輸出，中國
的損害之大可想而知。面對嚴重的入超情形，何如璋內心十分
焦急，因此寫下〈內地通商利害議〉，慷慨陳詞，認為「西人
借兵而求擴商務，因商務以取人財，比秦之割地，契丹之歲
幣，其操術為尤巧，貽害為尤深」。⑳

　　何如璋又探聽到，日本在對西方的貿易中，絲、茶將實行
減稅輸出，這樣一來價格就便宜許多，大大地增強與中國絲、
茶競爭的能力。當時日本修改條約的企圖，只與西方國家磋
商，卻對何如璋封鎖消息，其中的意圖十分明顯，日本想要與
西方列強改約後，強迫中國接受。因此，何如璋想了一個辦
法，就是仿照日本，也要求改約。他在與曾紀澤通信時提出這
個看法。不過這封信所提到的內容僅側重於關稅、出超、鴉片
的問題，仍然不夠全面。後來何如璋寫給劉坤一的信中，何如
璋就較為深入地闡述「治外法權」和「協定關稅」的問題。他
認為，西方各國互相往來，都沒有治外法權，唯獨在亞洲，
「領事得以己國之法審斷己民」，很容易有包庇之嫌，而且各國
的法令也各有不同，輕重不一。另外，在關稅問題上，「泰西
諸國海關稅則，輕重皆由己定」，十分不公平。何如璋這封信
對於治外法權和協定關稅談得全面。由於考慮到中西法律風氣
不同，治外法權一時間很難變更，但通商應該要「加意防
維」，並主張以練兵自強作為改約的後盾。㉑

---

⑳ 同前註，頁14-15。

早在何如璋剛前往日本之時，他就將航程中所見所聞寫成《使東述略》和《使東雜咏》，於光緒四年（1878）四月隨公函一併發出。《使東述略》末尾談到日本的維新人士「乘時以制其變，強公室、杜私門、廢封建、改郡縣，舉數百年積弊，次第更而張之」，這說明何如璋已經看到日本國內起了巨大的變化。他還注意到日本模仿德國兵制，「課丁抽練，按期更替。實力行之，不數十年，將全境皆兵矣」。⑫

《使東述略》書影

何如璋從考察中外通商弊病中，深刻地體悟到國家自強的重要性。駐日期間，何如璋對於國內的自強運動十分關切。光緒六年（1880），何如璋連續兩次寫信給總署，強調自強的重要。他認為「自今以往，無復有閉關之日」，因此要「整軍經武」。他比較西方國家的兵費，認為我國的兵費應當要增加，然而國勢屢弱，籌餉困難，如何「合天下之力以養兵」乃為當務之急。⑬他主張要稽核田賦，

---

⑫ 何如璋：〈與劉峴莊制府論日本議改條約書〉，收於《梅州文史》第6輯，頁106-108。

⑬ 何如璋：《使東述略》，收於《梅州文史》第6輯，頁62-63。

清查耗羨，並且仿照「泰西國稅之例，舉民間用物之奢侈者重課其稅，則進款必多」㉔，如此就可以擴大軍費來源了。

光緒七年（1881）三月間，何如璋寫了一封信給左宗棠，獻上治國策略，力主禁洋菸、平民教、復法權、增關稅、精練海陸軍等五項㉕，已經很接近維新運動的初步思想了。

其後何如璋卸任，關於國內的自強運動，有更詳細的建言，尤其是軍事部分。他對於海軍的特點把握得更加準確，主張特別設立水師衙門，以知兵重臣統領海防，並且將現有的兵船編為艦隊，以便於操練。這樣的主張與當時頑固派「防海不如防陸」、「耗費過鉅」等意見相抗衡，獲得李鴻章的高度重視，李鴻章於是命馬建忠進行覆議。馬建忠對於何如璋的建議非常贊成，作了小部分的修正和補充。由此看來，何如璋建設海軍的設想，得到了同時代有識之士的肯定。又於光緒九年（1882）十月九日接任船政大臣的職務。

六、結語

何如璋在日本，面臨著艱苦的外交環境，而在這樣的環境中，他以卓越的遠見，敏銳的觀察力，突破重圍，並且對於國家利益及圖強之本有更深化的了解。他在日本時所寫的《使東

㉓ 何如璋：〈與總署因俄事論練兵籌餉書〉，收於《梅州文史》第6輯，頁98-99。

㉔ 何如璋：〈再與總署論練兵籌餉書〉，收於《梅州文史》第6輯，頁100-103。

㉕ 何如璋：〈上左爵相書〉，《梅州文史》第6輯，頁112-113。

述略》一書，對日本三權分立制作詳盡的介紹，並鼓勵他的助
手黃遵憲寫《日本國志》，對於中國知識界產生了強烈的影
響。康有為的戊戌變法從書中得到不少啟示。何如璋為中日的
邦交建立了不可抹滅的功績，實為一位真正愛國、有遠見的外
交家和政治家。

參考書目

梅州文史第 6 輯（何如璋專輯）　梅州市政協文史資料委員
　　會、大埔縣何如璋研究會合編　1992 年 9 月

何如璋傳　余政撰　南京　南京大學出版社　1991 年 8 月

何如璋與新朝鮮政策的實施　李里峰、王慶德撰　徐州師範大
　　學學報（哲學社會科學版）第 27 卷第 4 期　2001 年 12 月

相關文獻

冼玉清　　　第一屆駐日公使何如璋

　　　　　　東方雜誌　第 40 卷第 6 期　頁 49-51　1955 年

李毓澍　　　首任駐日公使何如璋

　　　　　　百年來中日關係論文集　頁 1033-1074　出版者、
　　　　　　出版地不詳　1968 年

曾　民　　　清朝第一任駐日公使何如璋

　　　　　　廣州研究　1987 年第 5 期　頁 62-64　1987 年

彭澤周　　　初代駐日公使之筆話

大陸雜誌　第84卷第2期　頁1-8　1992年2月

鈴木智夫　中國における國權主義的外交論の成立——初代駐
日公使の活動を中心に

歷史學研究　第404號　頁20-34　1974年1月

鄭海麟　何如璋與光緒初年的中日關係

日本的中國移民　頁163-179　北京　三聯書店
1987年3月

楊冠熹　何如璋家族與日本人民

梅州文史　第6輯　出版地、出版者不詳　頁42-
43　1992年9月

何冠平　何如璋被載入日本《美術家名鑒》

梅州文史　第6輯　出版地、出版者不詳　頁43-
44　1992年9月

張雅晶　何如璋駐日期間的外交活動

歷史教學　2001年第4期　51-53　2001年4月

王曉秋　首任駐日公使上任記——何如璋《使東述略》

近代中日啟示錄　頁214-218　北京　北京出版社
1987年10月

鍾叔河　何如璋《使東紀略》

走向世界　頁367-373　北京　中華書局　2000年
7月

王寶平　新發現的中日關係史料——何如璋的《袖海樓詩
草》

中日關係史料與研究　第1輯　頁159-187　北京

北京圖書館出版社　2002 年 5 月

姚　洛　　不辱使命的何如璋

嶺南文史　1983 年第 2 期　頁133-138　1983 年 11 月

黃遵憲在日本的觀察與思考

陳文采 *

一、前言

　　黃遵憲（1848-1905），廣東嘉應州（今梅縣）人，是清末最足以代表甲午前後的新派詩人。在他一系列的創作中，有體察民情的社會詩、抒寫抱負的詠懷詩、反應時代的戰爭詩。不僅在形式音韻上，出現了突破前代的新聲，強調「不名一格，不專一體，要不失乎為我之詩」的主張。在內容思想上，則顯露出大膽積極的啟蒙色彩，融合了外交、政治、史觀等多重視野。而其詩作所以能跨越時代，正在於他不僅是個詩人。

　　光緒三年（1877）隨何如璋出使為駐日參贊，供職期間是黃遵憲思想的重要轉折期。因為時當明治維新後的第十年，日本社會的巨大變化，帶來震撼，也導引他進一步思考近代中國的困境，於是他接觸日本各方人士①、考察民情風俗、閱讀大量相關書籍，為撰寫《日本國志》作準備。一八七九年王韜訪問日本，由於他對西方事物的熟悉，及明顯的維新思想，給予黃遵憲在日本研究上一定的影響。一八八五年黃遵憲自美離任

* 陳文采，臺南女子技術學院講師。

返國，謝絕了張蔭桓、張之洞的任命②，閉門發篋，從事《日本國志》的編纂，閱二載而後書成，稿本寫成四份，一送總理各國事務衙門、一送李鴻章、一送張之洞、自存一份。可見他對日本維新的思考已臻成熟，且企盼能有相應於中國內政的幫助。迨中日甲午一戰，中國國勢更趨危殆，而滿清官

黃遵憲 像

僚面對時代巨變時，遲頓與無能的保守本質，讓他想以先知先覺為己任，惜皆空有屠龍之技，而無所可用。然無疑黃遵憲是日本維新歷史的最佳見證人。

⑴ 據〈黃公度先生年譜〉光緒12年條下云：「先生既至日本。伊藤博文、榎本武揚、大山巖、淺田惟常、重野安繹、宮本小一、大沼原、南摩綱紀、龜谷行、巖谷修、蒲生重章、青山延壽、小野長愿、岡千仞、鱸元邦、森魯直、森槐南、宮島誠一郎、秋月種樹、石川英、日下部鳴鶴、宍戶璣、佐野常民諸人先後與先生遊。」事詳錢仲聯輯：〈黃公度先生年譜〉，《黃遵憲詩論評》（臺北：文海出版社，1973 年），頁73 。又據吳偉明統計，黃氏在日四年，至少認識67 位日人，其中保守學者34 人、前貴族11人、開明知識分子4 人、明治政府官僚18 人。詳見吳偉明：〈黃遵憲的政治改革思想及其渡日經驗〉，《近百年中日關係論文集》（臺北縣：中華民國史料研究中心，1992 年），頁82 。

⑵ 同註⑴。光緒12 年條下，張蔭桓繼任出使美國、日斯巴尼亞國、祕魯國大臣，命其留任舊金山總領事。後張之洞又命其為巡察南洋諸島之行，均謝不往。

二、隨槎萬里賦東征（〈由上海啟行至長崎〉）③

㈠青年黃遵憲

同治七年（1868），黃遵憲年方二十一，便作〈雜感〉詩
五首，對晚清知識分子牽拘陳腐之習，及環境的衝擊動蕩，提
出深刻的警語。時距英法聯軍陷京師之日猶未遠，太平天國之
亂又方平未定，國家危在存亡之秋，而士子困頓場屋，規規於
一己之富貴前程。他從八股取士之弊，以見時亂未懲之源，詩
云：「吁嗟制藝興，今亦五百歲。世儒習其然，老死不知悔。
精力疲丹鉛，虛榮逐冠蓋。勞勞數行中，鼎鼎百年內。束髮受
書始，即已縛杻械。英雄盡入彀，帝王心始快。」一則批判國
家設科考試，取唐宋箋注，致使「三代學校亡，空使人才
壞」，士子窮畢生之力，以為無用之學，一旦國家生變，「誦
經賊不避，清談兵既潰，儒生用口擊，國勢幾危殆」。再則論
俗儒尊古薄今，視古人糟粕為珍寶，而甘於剽盜，不僅價值觀
扭曲，失卻學術的活潑性，甚而懵懂顢頇，老死不悔。④方其
時，雖亦有早知之士，如李鴻章云：「中國士大夫沉浸於章句
小楷之積習，武夫悍卒又多粗蠢而不加細心，以致所用非所
學，所學非所用。無事則嗤外國之利器為奇技淫巧，以為不必

③ 見錢仲聯：《人境廬詩草箋注》（臺北：源流出版社，1983 年），
　 卷3，頁199。本文中凡引用《人境廬詩草》中詩句，皆於文末
　 直接標註該詩題名，所據出處同本註。
④ 所述時、事據〈黃公度先生年譜〉，同註①，頁68。所引詩句皆
　 黃遵憲〈雜感〉詩。

學；有事則驚外國之利器為變怪神奇，以為不能學。」⑤然當時言變革、談洋務者，仍望「以中國之倫常名教為原本，輔以諸國富強之術」。⑥如黃遵憲這般挑戰君王權威，入罪儒學傳統者，尚不多見。

越明年（1870），應廣東鄉試，落第歸鄉，道經香港，見割讓後的香港景況是：「帆檣通萬國，壁壘逼三城，虎穴人雄踞，鴻溝界未明。」（〈香港感懷〉十首之二）由於輕率的割地求和，香港已成內逼廣州三城之勢，儼如鼾榻心腹之患，想當年「遣使初求地，高皇全盛時」，奈何「六州誰鑄錯？一慟失燕脂」（〈香港感懷〉十首之四）。除了詩人的憤激，在這組詩歌中，還可見鮮明的政治眼光，及對外交活動的關切。同年因研究天津教案事，竟取《萬國公報》及製造局所出之書盡讀之。至此已見黃遵憲成為新派詩人和外交家的生命特質。

㈡中日締約建交始末

同治九年（明治三年，1870）六月，日本外務省提出所謂《外交急務四條》，以為「宇內形勢一變，今非昔比，隔海咫尺之地，若無使節往返，實非經略之遠圖」，因此想與中國締約遣使。⑦七月外務權大臣柳原前光，至天津謁見三口通商大臣成林、直隸總督李鴻章。成林代為上書，總理衙門覆函准

---

⑤ 見李鴻章：〈致總理衙門書〉，《中華民國開國五十年文獻》（臺北：中華民國開國五十年文獻編委會，1965年），第1編，第7冊，頁91。

⑥ 同註⑤，頁79。馮桂芬：〈采西學議〉。

許通商。唯保守疆臣，以前明倭寇為辭，不願與日本簽約，遂托言「久通友好，大信不約」。柳原前光懇請再三，遂允訂約。明年四月，日本大藏卿伊達宗城為欽差大臣，柳原前光為副使，赴中國議約。清廷以李鴻章為全權大臣，江蘇按察使應寶時、直隸津海關道陳欽，隨同幫辦。七月二十九日雙方於天津山西會館開始訂約會談，經往復商論，定《中日修好條規》十八條、通商章程二十三條，附以中國日本海關稅則。條約規定：「兩國均可派秉權大臣，并攜帶眷屬隨員駐紮京師。」自此中日建立了正式外交關係。⑧

建交後的中日關係，只見日本使節往來頻繁，并派外交官常駐中國。清廷亦感留日僑民、貿易商人已近萬人。又自一八七四年以來，中日間關於臺灣、琉球、朝鮮的交涉，關係日趨緊張，終於訂約六年後的光緒三年（明治十年，1877）任命何如璋為首任出使日本大臣。⑨何如璋乃黃遵憲之同鄉世伯，

---

⑦ 日本於德川幕府時代，專以鎖港為國是。長崎通商，唯許華商及荷蘭。同治元年（1861），日本奉行遣其屬，附荷蘭船，載貨達上海，因荷蘭領事官照料完稅。三年，英領事巴夏禮，請許其商民自報關完稅。七年，又代請許其商民至內地，給護照驗行。時尚無請約通商事。見劉錦藻：《清朝續文獻通考》（臺北：新興書局，1965年），〈四裔考二〉，頁10713。

⑧ 雙方代表往復討論經過，詳見黃遵憲：《日本國志》（臺北：文海出版社，1974年），卷6，〈鄰交志三〉。

⑨ 中國向外派遣使者，始於1876年，最初是郭嵩燾、許鈐身（後改劉錫鴻）使英、容閎使美。1876年9月許鈐身改使日本，何如璋副之。1877年1月許鈐身罷，何如璋升正使，張斯桂副之。見鍾叔河：《走向世界——近代知識分子考察西方歷史》（北京：中華書局，1985年），頁368。

因習聞其談時務之言論，邀請同行。黃遵憲充使日參贊官，雖親舊師長皆不以為然，卻使能一展鵬博九霄之志，印證其「烏知今日稗瀛環海還有九大洲」（〈和周朗山見贈作〉）的進步觀點。

㈢儒生出門論世事

在首任駐日使團中，黃遵憲是個活躍的人物，石川鴻齋稱其「入境以來，執經者、問字者、乞詩者，戶外履滿，肩趾相接，果從得其意而去」。⑩然文章究非其志，至於在日本大倡風雅，亦僅是「餘事」耳。⑪在黃遵憲心裏，對日本之行有一個更大的期許，那便是「今之遣使以政事不以文章」，所以在日本四年有餘，究心政情民隱，有感於「日本與我僅隔衣帶水，彼述我事，積屋充棟，而我所記載彼第以供一噱」。⑫矢志撰成《日本國志》，在晚清議論紛擾的內政、外交議題上，頗釐清了世論中：檢昨日之曆以用之今日的「妄」；執古方以藥今病的「謬」；不出戶庭而論天下事的「浮」；坐雲霧而觀人之國的「闇」。⑬更在「識時」與「知彼」的標的下，縷陳日本明治維新的始末，尤詳於典制變革，而為日後晚清變法維

---

⑩ 見石川鴻齋：〈日本雜事詩跋〉，《日本雜事詩廣注》（長沙：湖南人民出版社，1981 年），頁241。

⑪ 王韜〈日本雜事詩序〉云：「此特公度之餘事耳。」見《弢園外編》（北京：中華書局，1959 年），頁252。

⑫ 見黃遵憲：〈紀事只聞籌海志〉一詩自注，《日本雜事詩》（臺北：文海出版社，1974 年），卷3，頁178。

⑬ 同註⑧，頁10，凡例。

新的藍圖。其所以然者，乃在黃遵憲生當國勢隳頹之際，將奉使出洋，視為書生報國的契機。既有敏銳的視野，批判「食古不化，含混保守」的俗儒世議，又不失身為僚屬，縝密純熟的思維。因此在一定的動機和目標下，黃遵憲的日本經驗，讓他成為晚清以來中國命運的先知先覺者，所謂「困於心，衡於慮，而後作」，述此二端於下：

1. 經世致用之志：咸豐七年（1857），塾師令賦「一覽眾山小」，黃遵憲破題便云：「天下猶為小，何論眼底山。」⑭既是以四海九洲為職志，關懷時務之餘，便發現鴉片戰後，各通商港口，處處可見洋人，舉國到了「兒談海國，婢談兵」的程度，而實質的了解卻在幽昧模糊間，以致林則徐在接見遇難的英國貨船「杉達號」人員時，竟以土耳其為美國的一部份而貽笑大方。至於保守儒生則尚在「昂頭道皇古，抵掌說平治」，言及今日亂事，痛哭流涕後，是「摹寫車戰圖，胼胝過百紙，手持井田譜，畫地期一試」，所以黃遵憲說：「古人豈我欺？今昔奈勢異，儒生不出門，勿論當世事。」（〈感懷〉）

日本是黃遵憲跨出國門的第一步，居二年始發凡起例，撰《日本國志》，其內容無論全面性或正確性，均超越前人，而此一超越是黃遵憲所自覺的，他對歷代有關日本的著述，作了一番檢視後說：「《山海經》已述倭國事，而歷代史志，于輿地風土，十不一真，專書惟有《籌海圖編》，然所述薩摩事，亦影響耳。《明史‧藝文志》有李言恭《日本考》五卷、侯繼高

⑭ 同註①，頁66。

《日本風土記》四卷，書皆不行於世。余從友人處假《風土記》鈔本，不著撰人，未審侯本否？書極陋，不足觀。唐人以下，送日本僧詩至多，曾不及風俗。日本舊已有史，因海禁嚴，中土不得著於錄，惟朱竹坨收《吾妻鏡》一部，故不能詳。士大夫足跡不至其地，至者又不讀其書，謬悠無足怪也。」⑮則黃遵憲之前，有關日本的文獻，上至正史，下至稗官，大抵可用「語焉不詳，襲謬承訛，未衷諸實」形容之。如果眼見為憑，詳實記錄，是黃遵憲對於儒生論世事的第一個自覺。那麼詳今略古，經世致用的史觀，更讓他有意地把明治維新時期日人西化的經驗，介紹到中國。所以《日本國志》的凡例上說：「凡涉西法，尤加詳備，斯適用也。」《日本雜事詩》寫近代西方傳入日本的新事物，也有近四十首，這些記錄在晚清的政治史上，發生過一定的影響。

2. 外史氏之職：黃遵憲在〈日本國志敘〉中解釋自己的職銜說：「今之參贊官，即古之小行人，外史氏之職也。」在中國，古昔盛時，有所謂「輶軒使者」，其職責是於四方采集歌謠，詢其風俗，然後命小行人編之為書。所以《周禮》小行人之職，是以萬民之利害為一書；禮俗、政事、教治、刑禁之順逆為一書。至於〈春官〉外史氏之職，則在掌此四方之志。其目的是為備君王借以「觀風俗、知得失」也。黃遵憲身居僚屬，為副朝廷資諏詢謀之意，所以留居日本期間，不敢稍忘其職，在《戊寅筆話》中有一段他和石川鴻齋的對話：

---

⑮ 同註(1)。最末一首：「紀事只聞籌海志，徵文空誦送僧詩，未曾遍讀《吾妻鏡》，慚付和歌唱竹枝」詩下小註。

公度：貴國典章，聞《儀禮類典》五百餘冊，恨非漢文；《大日本史》之十二志又未刊行，有何書可以供讀否？敢問。

鴻齋：全書無。僕處古書，無可證者，間有之者，皆敝國之文。史書《大日本史》既盡矣！其他糟粕耳。……

公度：《大日本史》有紀傳而無表志。欲考典章，必於志乎。僕急急欲得如史志諸書覽之，恨其不知也。⑯

可知他想在典章制度的基礎上，用「通志」的體裁，寫一部能全面了解日本的書，為能兼及敘事、考證、議論得失、通古道今。《日本國志》中普遍采用「小注」及「外史氏曰」，以期敘、論分明。如〈禮俗志〉祭陵一條，因明治以來百度修明，獨於祭祀之禮闕而未備，黃遵憲從宮內書記詢問得之，為雙行夾注，考述詳覈達三頁整，縷述節儀器用，瞭若自家後廚。

又改正朔、易服色，是明治維新西化過程中，最受議論的一點。光緒元年（明治8年，1876）元月二十四日，李鴻章與第二任日本駐華特使森有禮，在保定直隸總督官邸，有一段關於服裝的討論。李鴻章問：「日本西學有七分否？」森有禮回答：「五分尚沒有。」李鴻章又說：「日本衣冠都變了，怎麼說沒有五分？」在李鴻章「中學為體，西學為用」的改革觀中，曆算、冠服是「祖宗之法」，焉能改變？所以他問森有禮

---

⑯ 摘引自鄭子瑜、實藤惠秀編校：《黃遵憲與日本友人筆談遺稿》（東京：早稻田大學東洋研究會，1966年），頁54。

說：「閣下對貴國舍舊服仿歐俗，拋棄獨立精神，而受歐洲支配，難道一點不感羞恥嗎？」⑰這是個有趣的問題，黃遵憲對此也有所觀察，在〈禮俗志二〉西服條下說：「維新以來競事外交，以謂寬袍博帶，失則文弱，故一變西服，以便趨作。自高官以至末吏，上直退食，無不絨帽氈衣，腳踹烏皮靴，手執鞭杖，鼻撐眼鏡。富商大賈、豪家名士，風氣所尚，出必西式。然日本舊用布、用絲，變易西服，概以氄毛為衣，而全國尚不蓄羊毛，將焉傅？不得不傾資以購遠物，東人西服，衣服雖粲，杼軸空矣。又日本席地跪坐，西服緊束，膝不可屈，殊多不便，故官長居家無不易舊衣者。」可知最初日人著西服，為的是官場趨作方便所需，所以演為民間風尚，則是豪門大戶追趕時髦所致。說到西服的惡處，是起居作息的不便，強於騖外，失之奢蕩，有害經濟民生。相較於李鴻章以道統責人，刻板僵化的神氣，黃遵憲的觀察顯得靈活且切近實際狀況。

《日本國志》還有一個特色，是全書共三十二篇的「外史氏曰」。那是黃遵憲面對急速變化的日本社會，尤其是西化政策的效應，在比較古今得失之餘，寓以自己的改革思想。如〈鄰交志一〉卷首外史氏曰：「要其尊王之說，即本於攘夷之論，攘夷之論所由興，即始於美鑑俄舶迭來劫盟時也，則其內之盛衰，亦與外交相維繫云。」文中特別凸出，海禁大開後「非留心外交，恐難安內」的時務觀。⑱以上所述，誠如石川鴻齋所說：「公度來日本未及二年，而三千年之史，八大州之

---

⑰ 以上對話引自王曉秋：《近代中日文化交流史》（北京：中華書局，1992 年），頁 165。

事,詳確如此,自非讀書十行俱下,能如此乎?」⑲衡之黃遵
憲渡日前後的思考言論,可知他所以能在短時間內,很明確的
知所作為,實得力於知識分子救世的使命感、外交官的政治敏
感度及詩人采風問俗的通俗性等三大基礎。

㈣濯足扶桑海上行

光緒三年(1877)十月十九日,大使何如璋拜摺具報出洋
日期,並奏帶隨使人員有:副使張斯桂、參贊黃遵憲、正理事
范錫朋、副理事余瓊、翻譯隨員沈鼎鍾、沈文熒、教席廖錫恩
及跟役二十六名。⑳二十二日登上護送的兵輪海安號。出發前
黃遵憲曾造半身寫真,題詩:「如此頭顱如此腹,此行萬里亦
奇哉。諸公未見靴尖趦,待我扶桑濯足來。」(〈將之日本題半
身寫真寄諸友〉)以贈諸友,幽默中難掩滿心雀躍之情。初到
日本,從船抵長崎,到使團安頓東京寓所,近一個月的經歷,
對黃遵憲而言是新奇的。

1.漢官威儀:船泊長崎,何如璋《使東述略》有一段關於
外交儀節的記載:「停泊後,施礮二十一聲,桅換日章,日本
戍即掛龍旗,礮如數,互相為敬,西人所謂『祝礮之儀』也。
少頃,泰西各兵艦,均具儀如款賓然,我船亦依次答之。」雖

---

⑱ 見黃遵楷:〈先兄公度先生事實略〉,收入《日本雜事詩》(臺
    北:文海出版社,1974 年,《近代中國史料叢刊續編》本),第
    10 輯,頁 184。
⑲ 同註⑱。
⑳ 見何如璋:《使東述略并雜詠》(臺北:文海出版社,1970 年,
    《近代中國史料叢刊》本),第 59 輯,頁 6。

　　然使團因未進國書，不便私見商人，但長崎華商歡迎盛況可知。在黃遵憲的記憶裏是「馮夷歌舞山靈喜，一路傳呼萬歲聲」，不自覺地便以為這次出使是：「使星遠曜臨三島，帝澤旁流遍裨瀛。」（〈由上海啟行至長崎〉）十一月二十四日，黃遵憲隨何、張二使赴王宮，呈進國書。此事被日本漢學者稱為：「自隋、唐通好以來，千有餘載，及是使者始奉皇帝國書，待以鄰交之禮，書之史冊實為至榮。」[21]較引以為異的是，日皇西服免冠，拱立中央，過程進退均三鞠躬，王答如禮。二十八日為西曆元旦，使團隨例趨賀，黃遵憲特別記下「前趨客座爭攜手，俯拜君前小折腰」等握手鞠躬之禮。今觀《日本國志》中引大久保通利疏請日皇降等威、去繁文，以為：「今天下萬國，正不知幾人稱帝，幾人稱王，乃盛儀衛、修邊幅，與井底蛙何異？」隱然對日本西化後，從事簡易，質勝於文，持肯定態度。

　　2. 參贊事務：據何如璋《使東述略》所載，使團初抵日本，諸事紛紜之際，許多重要事務均有黃遵憲參與。尤其在抵橫濱後，更忙於往返橫濱、東京間。十一月十六日，使團在東京上岸，寓出張所，即先行赴東京見外務卿，約觀見日期。後因使館館舍未定，雖頻遣人擇館，皆不如式，且索值昂。十二月十三日，再往東京，租定芝山月界僧院，則黃遵憲的交涉長才，已可見一斑。另外在行程中，黃遵憲特別記得一件突發的小事，十一月初三抵神戶時，有琉球國臣馬兼才，夜半「斜簪

---

[21] 同註(8)。〈鄰交志三〉，頁189。

頹髻，衣裳襤褸，徑入舟，即伏地痛哭。……出國王密敕，言終必亡國，令其求救於使臣」。㉒可見其對琉球情勢的關心。後琉球事作，何使與總署、北洋，文牘往返數十函，策當時日本國勢，謂「我若堅持，彼必我屈」，洞若觀火，纖悉周備。據梁啟超《飲冰室詩話》以為「其出先生（黃遵憲）之手者，十七八也」。㉓其弟遵庚亦言：「故使館中事多待決於先生。」㉔當是可信。

　　3. 海上桃源：船到長崎，何如璋便有詩云：「縹渺仙山路竟通，停舟未信引回風。煙嵐萬疊波千頃，不在詩中即畫中。」數日後，夜泊小豆島，何如璋偕黃遵憲、廖錫恩等登岸閒步，眼見：「夕陽在山，黃葉滿徑，梯田露積，畦薺霜餘，樵牧晚歸，見異邦人，聚而相語，惜不通其語言。」這畫面宛如漁人誤入桃花源。及寓芝山月界僧院，外是「萬松森植，無囂塵」。所住屋舍，「木而不石，四面皆玻璃，風作則顛搖鼓動，如泛一葉之舟於大海中」。所述雖皆風土景物，然友好親近之情，與美國官員培理等初到日本，對其輕視、責難的態度大不相同。

㉒ 見同註①。另於《人境廬詩草》卷3〈流求歌〉中亦有如下的詩句：「白髮老臣倚牆哭，頹髻斜簪衣慘綠，自嗟流蕩作波臣，訴說興亡溯天蹴。」
㉓ 轉引自錢仲聯輯：《黃遵憲詩論評》（臺北：文海出版社，1973年，《近代中國史料叢刊》本），第96輯，頁15。
㉔ 同註①，頁73。

三、采風擷俗話扶桑

在日本東京琦玉縣北，足利郡大和田村的野火止平林寺內，有一個詩冢，裏面埋著《日本雜事詩》的部分手稿。據源輝聲〈葬詩冢碑陰志〉，知是黃遵憲在東京署參贊官時，「退食之暇，批覽載籍、諮詢故老、采風問俗、搜求逸事，著〈日本雜事詩〉百餘首」。㉕源氏一見愛之甚，原想乞藏於家，因黃遵憲願得一片清淨壤埋藏之，所以聚會詩友，酒至半酣，由黃遵憲盛稿於囊，納穴掩土，並澆酒祝說：「一卷詩兮一抔土，詩與土兮共千古。乞神佛兮護持之，葬詩魂兮墨江潯。」則詩冢原在隅田川右岸，源氏舊宅桂林閣。源輝聲歿後，其子乃移至平林寺源氏家族的墓葬地。㉖

雜記、詩歌原是中日

《日本雜事詩》書影

㉕ 關於碑陰志的全文可參見《近代中日文化交流史》，同註⑰，頁148。

建交以來，駐日外交官、訪日考察專員，乃至私人參訪遊歷，用以記錄見聞的普遍模式，走筆所到，不免「佳山水處且勾留」的風雅況味，《日本雜事詩》以詩家的方式保存，便是此一特質的呈現。然而附庸風雅之餘，「胸中自有憂樂」的使命感，使采風擷俗的工作，不僅是「據事直書，按而不斷」，而是有明顯的目的性和思想性。《日本雜事詩》的詩稿未刊前，曾經重野安繹、岡千仞、青山延壽、蒲生重章四人校改，凡四易稿而後謄清。光緒五年（1879）呈總理各國事務衙門，以同文館聚珍版刊行，此後至定本刊行，又經七次刊印。[27]在日本有鳳文書坊、東西京書肆翻刻印行，可見中日詩人、學者多視此書為重要參考資料。光緒二十四年（1898）黃遵憲手定舊本，刪去五首，增加五十五首，共得二百首，是為定本。據其定本自序云：「及閱歷日深，聞見日拓，頗悉窮變通久之理，乃信其改從西法，革故取新，卓然能自樹立，故所作《日本國志》，序論往往與詩意相乖背，久而遊美洲，見歐人，其政治學術竟與日本無大異。今年日本已開議院矣，進步之速，為古今萬國所未有。時與彼國穹官碩學言及東事，輒斂手推服無異辭。使事多暇，偶翻舊編，頗悔少作，點竄增損，時有改正，共得詩數十首。不及改者，亦姑仍之。」可見其意主記事，不在修辭。小注內容更是對時世沿革、政體殊異、山川風土、服飾技

㉖ 因平林寺地處偏僻，日久漸為日人淡忘，1938 年大東文化大學教授鈴木由次郎找出此家，刊照片於《東方文化》。鈴木虎雄追述經過，發表於《支那學》9 卷 1 號。詳見鄭子瑜：《人境廬叢考》（新加坡：商務印書館，1959 年），頁165-166 。

㉗ 見同註⑫，黃遵憲跋語。

藝網羅無遺。除了對社會橫剖面的觀察，黃遵憲於日本的對外
關係、歷史的變革發展，亦多比較思考。所以王韜說他是「敘
述風土，記載方言，錯綜事跡，感慨古今」。定本的出現，更
可見其不僅求事詳，還求眼光角度的客觀進步。所以周作人在
作完原本、定本的比較後說：「我覺得最重要的還是看作者的
思想，其次是日本事物的記載。」㉘無疑的透過黃遵憲的著
作，凡《日本雜事詩》、《日本國志》、《人境廬詩草》的日本
卷，正是明治初、中期日本風情最好的呈現。

㈠十分難別是櫻花

　　光緒八年（1882），黃遵憲奉調美國舊金山總領事，臨行
與日本諸君子餞別於墨江酒樓，為詩云：「一日得閒便山水，
十分難別是櫻花。」流連難捨之情溢於言表。賞花遊讌是日本
長久以來的風雅傳統，黃遵憲在《日本國志·禮俗志》有一段
「外史氏曰」，縷述其歷史說：「《後漢書》言倭人嗜飲食、喜
歌舞，至今猶然。余聞之，東人大抵絃酒之貲過於飯蔬，遊讌
之費多於居室云。自桓武嵯峨好遊，賞花、釣魚、調鷹、戲
馬，月或數舉，上行下效，因襲成風。德川氏承戰爭擾攘之
餘，思以觴酒之歡，銷兵戈之氣，武將健卒，皆賞花、品茗，
自命風流。遊冶之事無一不具，二百餘載，優遊太平，可謂樂
矣。」所以儘管明治維新，屢下詔書，以勤簡為務，佚蕩為
戒，唯漸積難以驟挽。賞花以隅田川一帶為盛：墨江水自西北

㉘ 同註⑼，第20章〈黃遵憲及其日本研究〉，頁407。

來，堤長四、五里，兩岸白櫻，大抵自卯至酉，紅塵四合，宮
娥結伴，各撚花以為笑樂。酒樓茶屋，有賣櫻飯、櫻餅者，甚
而點櫻為湯，稍下以鹽，為櫻茶，謂可醒酒。如若黃遵憲與友
人，「竟將馬車緩走花叢中，適月色朦朧，淡香疏影，於梅花
外別開境界。迴車憩茶寮，遇一群女郎，款門殷殷，食以百果
之飯。」㉙

　　又賞花外一旂妮風光。亦有求別趣者，如岡千仞云：「賞
花者只稱上野、墨陀，僕謂二地皆俗地，不若飛鳥山幽邃，純
於野趣。」㉚大抵每年三月舉國為花狂喜，為此黃遵憲一面以
為「雖曰過於逸樂，而一國之人自成風氣，要亦無害」，而願
其「丸泥封關再閉一千載」（〈櫻花歌〉），以留住世外桃源的生
活。一面又感明治政府，見歐美人善居積，能勞苦，而競競焉
以教其民，為知所先務。可見其面對傳統、西化時的矛盾情
結。

　　賞花之餘，又不免詩酒酬唱。因建交初期，駐日外交官員
多文人學者，所以漢詩唱和，便成為中日文化交流的一種特殊
方式。使團赴日後第一個櫻花盛開的季節，在源輝聲的邀請
下，與日本漢詩人加藤櫻老等人，到墨江向島飲酒賞花，至夜
間九時才興盡而歸，經源輝聲整理，得筆談、詩歌共四十五
頁。如此的風雅盛會，到第二任公使黎庶昌在任時期，進一步

㉙ 同註⑯，〈戊寅筆話〉，第9卷，第60話，頁89，廖錫恩語。
㉚ 同註⑯。〈庚辰筆話〉，第7卷，第47話，頁317。岡千仞，號鹿
　門，原仙台藩士，明治後任史館編修。王韜稱為「東京不凡之士」
　的佼佼者。1884年5月至1885年4月遊中國，著《觀光遊記》。

發展為定期的大規模活動，誠如中村正直詩云：「兩邦宿好文為友，滿座半酣花是媒。」亦近代中日外交史上一大盛事。

㈡海外蓬瀛別有天

　　根據黃遵憲的考察，日本開國以來，國之大事莫大於祀。因日本國自神武開基，崇神肇國，神功遠征，皆以神道行之。所以歷代詔書，每曰：「祭與政出於一。」國有大事，若遷都、遷宮、與外國征戰，必告於神。雖上古之世禮神重祭，而以一切國政出於神道，則日本所獨有。幕府時期，霸府僭竊祭典，及德川還政，朝廷下太上復古詔曰：「天運循環，百度維新，宜亟明治之教，以宣揚神道。」所以黃遵憲在〈國統志〉中特別強調「尊王攘夷」口號在維新變法中的積極作用。維新志士借此擴大王、霸間的矛盾，即是以宗教性質，肯定天皇的永久性。打破後期水戶派學者，以「敬幕」即是「尊王」的秩序論㉛，進而達到倒幕維新的目的。㉜此一觀點既符史實，又為日本學界所接受。黃遵憲更據此推測，世所傳方士徐福之

以日本學者的角度，觀察晚清中國，痛陳時弊。

㉛ 關於水戶後期學者如：漆田幽谷、會澤正志齋的「尊王攘夷」論，詳見王家驊：《儒家思想與日本文化》（臺北：淑馨出版社，1994年），頁210。

㉜ 關於此一論點，黃遵憲在《日本國志‧學術志》中闡述極為詳悉。其云：「自德川氏好文尚學，親藩德川光國著《大日本史》，隱然寓斥武門崇王室之意，其後高山彥九郎、蒲生君平、賴襄，概以此意著書立說，子孫徒黨繼續而起，浸淫漸積，民益知義。逮外舶事起，始主攘夷，繼主尊王，以攘夷終主尊王，皆假《春秋》論，以成明治中興之功。」

說，殆非無因。而日本三種傳國神器：劍、鏡、璽，亦皆秦器，所以《日本雜事詩》云：「避秦男女渡三千，海外蓬瀛別有天。鏡璽永傳笠縫殿，倘疑世系出神仙。」正是借神道以說明中日兩國淵源流長的關係。而黃遵憲很有名的一首譯詩〈都踊歌〉，寫的是西京舊俗，每年七月十五日至晦日，舞蹈達旦，有歌以音節者，類似漢人〈董逃行〉。其中：「百千萬億化身菩薩兮受此花，荷荷！三千一百三十二座大神兮聽我歌，荷荷！」正反映了自室町時代以來，以神道為中心，神、道、儒融合的現象。

至於地理位置的介紹，「依舊蜻蜓點水飛」是黃遵憲筆下日本列島鮮活的形象，並說明「全國瀕海，分四大島、九道、八十三國」，已經明顯的改正了徐繼畬、魏源稱日本三島為：對馬、長崎、薩峒馬的錯誤。另外在與歷史文化相結合的古地理問題上，黃遵憲亦表現了特殊的敏銳度，如在「多少榮華留物語，白髮宮女說先朝」詩下小注，提及邪馬台國在畿內大和境。〈鄰交志〉亦言：「大倭王居邪馬台國，邪馬台即大和之譯音，崇神時蓋已都大和矣，謂委奴國非其王室，此語不誣。」可說是開了日本學界對此一問題討論的先河。

三假字流傳伊呂波

「不難三歲識之無，學語牙牙便學書。春蚓秋蛇紛滿紙，問娘眠食近何如？」這首充滿天真童趣的雜事詩，是黃遵憲對日本語言文字的觀察，吸引他注意的是日本假名「簡便」的特質，所以三歲孩兒亦能作家書。而其所以簡便，又在於語言文

字的結合。黃遵憲以為：「文字者，語言之所從出也。」所以進一步認為：「語言與文字離，則通文者少；語言與文字合，則通文者多，其勢然也。然則日本之假名，有裨於東方文教者多矣。」③③日本原無文字，卻取語言完全不同的漢文用之，由於學習的困難，故而讀書寫字、受教育，成了少數人的特權。僧空海為使民便於用，乃借漢字伊、呂、波四十七字，以附土音，創為「イ、ロ、ヘ……」，此後漢字、假名，大小相間成文。假名之於漢字，「或如譯人之變異其辭，或如紹介之通達其意，或如瞽者之相之指示其所行」。所以假名之行是勢所必然，不可廢也。

有了上述的觀察，黃遵憲更加肯定「語言文字相合的程度，與文教昌盛成正比」的進步觀點。所以說「余聞羅馬古時僅用臘丁語，各國以語言殊異，病其難用。自法國易以法音，英國易以英音，而英法諸國文字始盛」。再則泰西論者以為，五大部洲中，以中國文字為最古，學中國文字為最難，亦是語言文字不相合故也。所以在欲令天下農工商賈、婦女幼稚，皆能通文字之用，必不得不求一簡易之法的前題下，其預測「又烏知夫他日者，不更變一文體，為適用於今，通行於俗者乎」？這樣的思想方向，在於黃遵憲而言是持續性的。所以到了光緒二十八年（1902），在給嚴復的信函中，便提出他個人對於文字改革的具體方案。③④其內容雖仍屬淺陋，缺乏專業語

㉝ 以上有關語言與文字的關係，見〈學術志二〉外史氏曰。同註(8)，頁815。

㉞ 方案的詳細內容，見同註①，頁118。

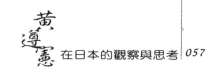

言學的周詳。但今日閱讀五四時期，有關文學革新與文字改革的文章，不難發現他們喜歡將二者混著說，甚而將中國文學體質的改變，和民族思想的進化，全寄託於文字改革一途。㉟便可見黃遵憲對於時勢變革的敏銳度。

㈣東方君子國多賢

黃遵憲初到日本，所與遊者多安井息軒之門。㊱而時值明治維新的第十年，西學大行，各藩文廟或改為官署，廢棄者半。漢學之士多潦倒擯棄，卒不得志。所以微言刺譏、咨嗟太息充溢於耳。除了對猶碪碪抱遺稿、守祭器的保守學者，和前貴族感到哀衿外。黃遵憲的日本友人，還有少數的開明知識分子和維新派領袖。他們或主張各異，但大抵有一定的漢學基礎。從初期在〈戊寅筆話〉中對青山延壽說：「近者士大夫為洙泗之學，想亦寥寥。竊以謂西法之善者，兼采而用之可也，舍己而從，似可不必。」㊲到《日本國志》外史氏曰：「漢學之興不指日可待乎？吾願日本之治漢學者，益騖其遠大，以待時用可也。」黃遵憲的態度隨思考而有所轉變，而他對日本漢學的觀察，亦呈現幾個不同的層次。

1. 日本漢學的歷史與成就：「西條書記考文篇，曾入琳瑯甲乙編。道學儒林尋列傳，東方君子國多賢。」一詩的注，引

㉟ 關於五四學者對此一議題的討論，詳見《新青年》第 4、5 兩卷。（上海：上海書店影印，1988 年）
㊱ 見同註①，光緒 4 年條下，引黃遵憲：〈壬寅論學牋〉。
㊲ 見同註⑯，第 4 卷，第 42 話，頁 33。

用物徂徠㊳的話，說明王仁、吉備真備、菅原道真、藤原惺窩四人在日本漢學史上的貢獻。而〈學術志一〉中，自藤原惺窩下，列述了程朱學者百五十人、陽明學者六人、不喜宋學自樹一幟的學者七十人、漢學者（斥宋學）者六十四人、專治漢唐注疏者六十人。又有經說書目，列諸家解經著述凡四百五十七種，是從目錄學的角度呈現日本漢學「文獻粲然、人才輩出」的一面。又述其興替云：「萌於魏，盛於唐，中衰於宋、元，復起於明季，迨乎近日幾廢，而又將興。」所以「將興」是指明治十三、四年間（1880-1881）西說益盛，朝廷念漢學有助於世道，於時乃有倡「斯文會」者，專以崇漢學為主。㊴

2.儒學衰微、漢籍散出：日人喜收藏，當典章日備、教化益隆之世，學必藏經典。後武門之爭迭起，因佛寺多以石室鐵壁藏經，故斯文寄於浮屠。《日本雜事詩》中有云：「鐵壁能逃劫火燒，金繩幾縛錦囊苞。彩鸞詩韻公羊傳，頗有唐人手筆鈔。」知僧院所存多珍本，黃遵憲曾於西京知恩寺僧處，見西魏《菩薩處胎經》，歷一千五百餘年，而紙墨皆不蝕，即是一例。然而，維新初期大批的漢籍，因儒學衰微淪為無用之物，而被連檔綑載，販之羊城。據詩注云：「余到東京時，既稍加珍重，然唐鈔宋刻時復邂逅相遇。及楊惺吾廣文來，余語以此事，亦屬其廣為搜輯。黎蒓齋星使因有《古逸叢書》之舉。此

㊳ 即荻生徂徠（1666-1728），又稱物茂卿，名雙松，小字總右衛門，號徂徠，又號蘐園。故其所創古文辭派又稱「蘐園學派」。

㊴ 斯文會，1880年6月由朝野名流組成，次年推熾仁親王為會長，展開所謂「道德運動」，與自由民權運動、和開明派的歐化主義相對抗。

後則購取甚難矣。」略可知光緒六年（1880）起，楊守敬在日本訪書的淵源。

　　至於儒學衰微的原因，黃遵憲並不全然歸咎於維新運動。而以為其中有彼習漢學者有以招之者。他說：「而究其拘迂泥古，浮華鮮實，卒歸於空談無補，有識之士故既心焉鄙之，一旦有事，終不能驅此輩清流，使之誦經以避賊，執筆以卻敵。」情形正與其所見晚清朝中的俗儒世議相似。

　　3. 維新運動與漢學的關係：在《人境廬詩草》卷三中有〈西鄉星歌〉、〈近世愛國志士歌〉等，所歌頌的都是維新運動的先驅志士，如維新三傑：西鄉隆盛、木戶孝允、大久保利通，還有遭幕府逮捕而死難者，如：高山正之、蒲生秀實、林子平、佐久間啟、吉田松陰、僧月照、佐倉宗五郎。諸人固皆以「尊王攘夷」為號召，所以黃遵憲以為「明治中興之功，斯亦崇漢學之效也」。然究之思想的淵源與轉變：如佐久間啟在鴉片戰爭前篤信朱子學，而後潛心洋學，提出「東洋道德，西洋藝術」以解救民族危機。此一思想其實深受魏源「師夷之長技以制夷」的影響，與中國洋務派「中學為體，西學為用」的理論亦有相通處。吉田松陰、西鄉隆盛則皆服膺陽明學者佐藤一齋的學說。⑩則維新運動，實有著較複雜的儒學淵源，對儒學傳統亦有不同的反思與批判。藉由對初期維新志士的同情與了解，黃遵憲實質地認知到：漢學在維新運動初發時的積極意

---

⑩ 佐藤一齋（1772-1859）原從林述齋攻讀朱子學，後來致力宣揚陽明學，於朱、王之學採調合的立場，其思想對幕末的思想家有較大的影響。見同註㉛，頁109。

義。這與近世學者：「日本人最早是通過中國文化才得以認識西洋，並且又以中國傳統文化作為鍛鍊從事維新所必須的人格。」④的結論相近。

㈤化書奇器問新編

《日本雜事詩》中，與維新後所出現的新事物有關的詩，約有四十餘首。且在注中，舉凡官制改革、租稅改革、刑法、兵制、學制，乃至一切相關於民生者，均詳述其始末得失。可見黃遵憲不僅對這些新景象感到好奇，更希望能藉以思考，與日本處境極相似的晚清社會變革。如「減租恩詔普醲膏，碩鼠被民敢告勞」，寫明治後奉田歸公，政府減租為十分取三。「方驚警枕鐘聲到，已報馳車救火歸」，寫消防局救火的效率。「化書奇器問新編，航海遙尋鬼谷賢」，寫留學生出洋。「捧書長跪藉紅毹，吟罷拈針弄繡襦」，寫女子師範學校。「縮地補天皆有術，火輪舟外又飛車」，寫學校教育中的新課程。這些繽紛的事物，與滿清政府且信且疑的西化政策相較，顯然明快有效率得多。

相較於雜事詩中活潑的色彩，《日本國志》中的記載便顯得理性而專業。尤其是重要議題，如各項制度有往復分析達數頁者，宛如政府再造的白皮書。其中攸關民生國力者，如〈食貨志六〉云：「逮明治五年（1872），制定文武官禮服，一用

---

④ 參見嚴紹璗、源了圓編：《中日文化交流史大系‧思想卷》（杭州：浙江人民出版社，1996 年），第 3 編〈近代轉型期的中日思想交流〉，頁304。

洋式，而服色一變矣。房屋舊皆以木製，幕府之末，惟一延寮館築之以石，蓋亦以館賓者，既而官廳、學校、工場，皆效西式層樓，傑閣穹窿壯麗人耳目，……而居處又稍變矣。」這樣的西式生活進入日本，產生的後遺症是：1.奢靡成風：上行下效的結果是：「居家不以巴黎斯之葡萄酒、古巴之淡巴菰餉客，輒若有慚色，……即下至窮鄉陋邑，小戶下民，偶有餘蓄，亦購猩紅氈為褥，碧琉璃崁窗，以之耀鄉里。」2.進出口貿易失衡：因民生所需，「以故外物叢集，……輸出入貨值既不足相抵，金銀日益濫出」，又「通商之始，未諳外情，所訂條約以貨幣互換為言，……外商不勞而獲厚利，百方交換，其時流出者蓋不知凡幾」。則明治政府之財政困境可知矣。然而西化既為時勢所趨，則黃遵憲於日本百度悉從西法，而獨遲遲未行的國會，以為「小民亦取其最便於己者，促開國會，……此牽連而及者亦勢也」。㊷

四、海外偏留文字緣

「漢文筆談」是晚清中日文化交流的一種模式，因為日本知識分子多能讀寫漢文，而駐日使團成員又鮮有能說日語者，所以無論是思想的溝通、情誼的交流、學術的討論，乃至日常瑣事的交辦、詢問，多存乎隻字片語間。黃遵憲在日本期間，曾廣泛結交各方人士，部份筆談資料，幸賴源輝聲刻意的整

㊷ 見同註⑧，〈國統志三〉，頁132。

理、保存。源輝聲原是世襲的高崎藩主，維新後閒居墨江畔，因慕漢學、好風雅，所以喜與清人交遊，每有筆談，必精心裝裱，排序成冊，共有「《清、韓筆話》百卷藏於家」。⑷這批資料經整理，共存九十六卷，九十四本，統稱《大河內文書‧清韓筆話》，原先藏於平林寺書庫，現在有三分之一存早稻田大學圖書館，三分之二存大東文化大學東洋研究所。一九六四年實藤惠秀與鄭子瑜，將其中和黃遵憲相關的部分，整理成《黃遵憲與日本友人筆談遺稿》一書，是為研究黃遵憲與日本友人間深厚情誼的重要參考資料。

㈠雅倡風流

黃遵憲等人初到日本的前兩年，所與往來者多儒者文人，所談亦以文章風雅之事為主，一如沈文熒對源輝聲說的：「貴邦維新之際，亦多事之秋，我輩今日且談文墨可也。」⑷而黃遵憲素喜吟詠，又有較深的漢學根柢，故承日人仰慕，「執贄求見者，戶外屨滿」。而他對所呈詩文亦都悉心指其疵謬所在。對於日人能詩者更是不吝推許，如其在《日本雜事詩》的注云：「七絕最所擅場，近市河靜子、大窪天民、柏林昶、菊池五山皆稱絕句名家，文酒之會，援毫長吟高唱，往往逼唐宋。」所以儘管時值日本西化盛行時期，黃遵憲與日本文人的密切交流，卻也是日本漢詩史上一件盛事。⑷

⑷ 此為約數。見〈大河內桂閣君墓碑〉，轉引自《黃遵憲與日本友人筆談遺稿》，見同註⑯，實藤惠秀序，頁4。
⑷ 見同註⑯。〈戊寅筆話〉第4卷，第27話，頁5。

在往返酬唱的友人中，有宮島誠一郎，雖古詩尚未成家，但「絕詩、律詩極有佳者」。⑤而最令黃遵憲欣賞的是龜谷省軒，嘗評其詩文曰：「二十年後，必負天下盛名。」並認為其「古詩大可成家」。在〈己卯筆話〉中，二人有一段關於詩學境界與學習的交談：

> 公度：閣下詩學杜甚好，專意習之必有進境。……
> 省軒：敝土詩近來纖靡成風，識者愧之，與栗香（宮島誠一郎）筆談，亦慨之。與有志之士二三筆約，欲矯以宋、唐；願得閣下提撕，一振頹風，以扶大雅。
> 公度：僕不肖，何敢當此？願得隨諸君子後，力著一鞭耳。詩之纖靡，一由於性，一由於習，習之弊又深於性，欲挽救之，仍不外老生常談。曰：「多讀書，以廣其識，以壯其氣；多讀杜、韓大家，以觀其如何耳。」

黃遵憲提出多讀杜、韓等大家詩，以藥纖靡詩風，正是欲從開拓胸襟氣識矯之，以為「尋章摘句，於字句（間）求生活，是為無用人耳」。於此他也曾對石川鴻齋說：「日本文人之弊，一曰不讀書，一曰器小，一曰氣弱，一曰字冗，是皆通患，悉除之，則善矣！」他期許日本文壇能以「博大昌明」為

---

⑤ 日本現代作家大町桂月認為，明治時代是日本漢詩史上最輝煌的時代，漢詩水平達到最高水平。鄭海麟以為，這和黃遵憲等中國詩人，對日本詩風的批評有分不開的關係。見鄭海麟：《黃遵憲與近代中國》（北京：三聯書店，1988年），頁70。

⑯ 見同註⑯，〈己卯筆話〉，第15卷，第88話，頁287。

宗，並將《紅樓夢》推薦給日本友人，以為「《紅樓夢》乃開天闢地，從古到今，第一部好小說，當與日月爭光，萬古不磨者」，「論其文章，直當與《左》、《史》、《漢》并妙」，並將圈點過的全本送給源輝聲。這與他早年主張「我手寫我口」，及至後來的「自曹、鮑、陶、謝、李、杜、韓、蘇迄於晚近小家，不名一格，不專一體，要不失乎為我之詩」的詩歌理論，實有一脈相承的痕跡可尋。

除了文人，還與古琴樂人加藤櫻老，書法家成瀨溫、日下部東作，史學家青山延壽，隱者秋月種樹，皆有深厚的情誼。所以黃遵憲在日後的詩作，如：〈奉命為美國三富蘭西士果總領事留別日本諸君子〉、〈續懷人詩〉等詩中，仍時時流露出對日本友人的眷念之情。

唯在提倡風雅之餘，黃遵憲對部分儒者，及漢詩文家的保守心態，亦多有相左。如一八七八年五月，維新志士大久保利通遭暗殺，黃遵憲與他有數面之緣，並曾訪其家，向他詢問有關日本政治的事情。⑰因敬他是偉大的政治家，故不理源輝聲的反對，出席他的葬禮。另外在筆談中，與源輝聲的衝突亦時有可見。如〈戊寅筆話〉中：

> 桂閣：弟常以謂往屨祥號，與王泰、王琴兩位相談，譬猶在自己家中，與渾家談論家事，其言嚴恪謹肅，奉命只頓首耳。往月界院與黃（遵憲）、廖（錫恩）、沈（文熒）三

⑰ 見同註⑯。〈戊寅筆話〉，第15卷，頁132。

君相談，譬猶在煙花裡接於名妹，其言婉麗有風趣，聞言
只戀戀不忍去耳。君之於東洋人亦有此感否？

（中略）

公度：晏子所謂入狗國則入狗竇（是弟譬喻語耳，不得牽
涉貴國），與君言，固宜言如此事，一笑。

桂閣：狗竇中何者班狗，能來馴尊府，而其吠聲亦適君意
乎？……

公度：搖尾而不入其門，固甚喜之。近洋學盛行，西洋人
性愛狗，僕亦染此習也。

桂閣：辯爺搖頭，猶狗搖尾，呵呵！

公度：然則君比沐猴宜矣。此一辯者，比諸孔雀之翎，庶
幾似之，吾國旗畫龍，即曰龍尾亦可。

桂閣：沐猴之名，起自項王，項王亦貴國人也；東聖神州
孫神聖亦非敝邦之人，君之胡言可笑。

原是戲言，何以竟至反唇相譏？其實黃遵憲於當時，中日文人
聚會，每招妓冶遊，淫靡之習，時有不諧之感。故在〈庚辰筆
話〉的另一次衝突中，便有「出妻妾敬客，勝於呼妓，吾謂詩
五、虞臣初來，主人敬客當如此」的話語以告源輝聲。

㈡手編新史

從筆話中可知，黃遵憲與任職史館的友人，交流密切。除
了詢問日本國的歷史、制度、典籍外，在史識觀點上亦多有討
論，如他曾與石川鴻齋論及山陽《外史》，石川氏以為：「山

陽著《外史》，文章粗漏，事實大誤，非士君子間可行也。」
黃遵憲告以：「山陽蓋一時豪傑，近於蘇氏父子者流……後人
從其書而正其誤，亦可以補正其失，然其人不可得而毀也。」
⑱此與青山延壽說「山陽吾邦蘇宗也，其論猶老蘇之於宋」，
不謀而合。另外何如璋曾問道：「貴國維新之後，改革紛紜，
先置六十餘府縣，頃定三府三十五縣，封域已盡否？又近日兵
刑各大政如何？所改定者有編輯成書者乎？」青山延壽回答
說：「在吾邦，自有正史在，舍正史猥論之，實不知國體也。」
此一觀點對日後《日本國志》的完成，有關維新歷史的記載，
多採各官省年報及布告之書，或有一定的啟發。至於源光國草
創十志而未竟其業，黃遵憲除「深恨人無褚少孫」，一面發凡
起例創為《日本國志》外，一面對日本史學界亦深致期許，以
為「誠得有志之士數人，編為巨典，仿《通考》、《通志》，則
二千年來典章文獻，不至無用。」並與史館中重野氏、川田氏
等諸公言之。⑲則黃遵憲於補日本史籍中志書之不足的缺憾，
可謂有功矣！

　　有關《日本國志》一書的完成，在筆談中也保存了許多珍
貴的資料，如在〈己卯筆話〉（1879）中黃遵憲提到：「近來
方編《日本國志》，恐至明年此時方能脫稿，為目十有二：曰
國統、曰鄰交、曰天文、曰地輿、曰職官、曰食貨、曰兵、曰
刑、曰學術、曰禮俗、曰物產、曰工藝。」核之成書，僅改

---

⑱ 見同前註，頁155。

⑲ 以上黃遵憲對日本史學界期許的話，詳見同註⑯，〈己卯筆話〉，
　　第15卷，第88話，頁285，與龜谷省軒的筆談。

《日本國志》書影

「地輿」為「地理」。約五、六十卷為四十卷。知草創之初，即構思周延。又〈庚辰筆話〉（1880）中有黃遵憲與岡千仞的一段交談：

> 鹿門：聞之石川君，閣下近草《日本國志》，仿何書體？既曰志，與史異其體者。此事水戶史官所欲為而不能為，蓋無足以供史料者也，蒲生君亦有此志，中途而止，亦坐無史料耳。
>
> 公度：有志焉，而恐力未逮，至速亦須明年乃能脫草，……此事大難，恐不成書。

大抵史志之作，日本史家尚感史料殘缺，難以成書。況黃遵憲為滿清駐日官僚，欲草域外史志，自是倍感艱辛。所以慨

嘆著書有三難：1.采輯之難：因日本古無志書，近世之作，皆漢文之史，殘缺不完，則考古難；維新以來之職制章程，條教號令，概用和文，不可勝譯，徵今亦難。2.編纂之難:因寓居日淺，語言不達，故詢訪難，復以襄助乏人，瀏覽所及，鈔撮亦難。3.校讎之難：因非耳目經見之書，又多名稱僻異之處。故每感力小任重，時欲中輟。(50)至一八八二年始成草稿，期間賴日本友人之助者有三：

1.蒐集資料：據岡千仞自云：「《日本史》，僕有刑法、兵馬二志。」(51)龜谷省軒在〈己卯筆話〉中亦有「弟曾在史官，欲為國家造一代大典，網羅十餘函，分門數十，其書未成，弟亦罷官……惟有《職官表》一冊僅存」的話。此友人中曾致力於史志編撰有成者，提供自己的著述。至如石川鴻齋在回答黃遵憲：「有何書可供讀否？」的詢問時，說：「《日本外史初卷》有引書標目，僕不悉記，請在館中示之耳。」(52)龜谷省軒主動問道：「所引用之書已具否？弟有所知亦應言之。」是熟諳史料的友人，給予查閱資料時的協助。另外明治政府中相關文獻資料的取得，則有賴國史館官員的幫忙。誠如蒲地典子所說：「宮島栗香是國史館的一位官員，他與大久保利通交往密切。無疑黃遵憲對一八七〇至一八八〇年間立憲運動的了解，是由於獲得了類似宮島這樣的官員提供的材料。」(53)以《日本

---

(50) 有關《日本國志》著述之難處，詳見同註⑧，卷首凡例，頁9-10。

(51) 見同註⑯，〈庚辰筆話〉，第7卷，第47話，頁321。

(52) 見同註⑯，〈戊寅筆話〉，第15卷，第101話，頁155。

國志》大篇幅引用官方資料觀之，此說當是有據。

2.翻譯：在〈戊寅筆話〉中記錄了，黃遵憲商請石川鴻齋翻譯《國史略》的情形：

> 公度：此篇自「政體」以下，祈代為譯漢，但何以酬勞，祈足下自度，與王黍園言之。
>
> 鴻齋：「政體」以來迄尾譯之歟？
>
> 公度：是書譯畢，他尚有煩君者。一切紙筆之費，僕以為不如計篇數，如每十篇需多少，足下自審度之，可也。

因為史館中雖有翻譯員，唯通西人語言文字者多，通日本語言文字者少。又如源輝聲所言，日本文字之作用有數樣，雖其邦人亦未能悉辨。能得熟史如石川鴻齋者，以意潤色貫穿譯之，當可幫助黃遵憲稍解使用和文史料時的困難。

3.繪製地圖：據一八九七年黃遵憲〈致汪穰卿手札〉，知《日本國志》初屬稿時，〈地理志〉有附圖數幅，包括：兵制分管之圖、學校分區之圖、裁判所分設之圖、物產圖。並請託陸軍參謀部少佐木村信卿，以精銅刻版。後因遭人告訐，木村氏以洩漏軍事祕密下獄，雖賴黃遵憲友人大山巖奔走，仍於閉門半年後停官，所刻地圖亦作罷。而今本〈地理志〉三卷，均無附圖，此其然也。⑭《日本國志》為清末言域外地理的傑

---

⑬ 轉引自《黃遵憲與近代中國》中，Norika Kamachi：《Reformin China Huang Tsun—hsien annd the Japanese Model》，頁40，相關論述的譯文。見同註⑥，頁74。

作，固是黃遵憲積歷年歲，黽勉朝夕的心血，而其間日本友人
的襄助，亦是中日文化交流史上的一段佳話。

五、橐筆東瀛抱隱憂

中日甲午戰後的第四年（光緒25年，1899），黃遵憲仿
龔自珍《己亥雜詩》，作了一組共八十九首的七絕詩。自述其
年過半百，遍歷亞、美、歐、非四大洲的經歷，作為一次思想
的沉澱。詩中可見其自一八七七年以來，四年有餘的日本經
驗，在日後不斷累積的外交歷練下，對其欲施於中國的政治理
想，呈現更清晰的自信。在「滔滔海水日趨東，萬法從新要大
同。後二十年言定驗，手書《心史》并函中」。一詩自注中，
他回顧在日本時，曾與何如璋有言：「中國必變從新法，其變
法也，或如日本之自強，或如埃及之被逼，或如印度之受轄，
或如波蘭之瓜分，則吾不敢知，要之必變。將此藏之石函，三
十年後，其言必驗。」所以他作《日本國志》，期望能於日本
的維新經驗中有所取法。然而預言的結果卻是戰敗苦澀。一八
九五年，中日馬關條約簽訂後，袁昶到南京見張之洞，行篋中
攜《日本國志》，於煮酒論時事之餘，嘆曰：「此書早流布，
直可省歲幣。」⑸一八九六年梁啟超為《日本國志》作後序，
亦言：「憑憤責黃子曰：乃今知中國，知中國之所以弱，在黃

⑸ 黃遵憲：〈致汪穰卿手札〉，藏上海圖書館，筆者未親見。本文所
　見，轉引自《黃遵憲與近代中國》，同前註。

⑸ 見同註⑶，卷10，〈三哀詩・哀袁爽秋京卿〉自註。

子成書十年，久謙讓不流通，令中國人寡知日本，不鑒、不備、不患、不悚，以至今日也。」⑤⑥清末知識分子的痛心扼腕，豈在一書刊布之早晚，而在事本有可為，只因當事者昧於知，致一誤再誤！

其實黃遵憲對日本的情感與認識，有著許多層次，首先，他喜歡日本民風的淳樸友好，所以在採風問俗、搜求逸事的過程中，時有淨土落花，人間桃源之感。離日赴美時，懷日本友人，慨歎「桑乾夢醒夢并州」（〈續懷人詩〉），直把日本視為第二故鄉。其次，無論就地理位置、人種語言，乃至歷史命運而言，他始終認為兩國命脈相連，既然「同在亞細亞，自昔鄰封輯。譬若輔車依，譬若其犄角立」。自當「同類爭奮興，外侮自潛匿。解甲歌太平，傳之千萬億」（〈陸軍官校開學典禮呈有栖川熾仁親王〉）。但這樣的依存情愫，並未減弱他對明治維新後，逐漸萌芽的軍國主義的強烈反抗態度。方其時，中國上下群未知日本之可畏，黃遵憲已直言：「日本維新之效成則且霸，而首先受其衝者為吾中國。」⑤⑦

㈠精衛無窮填海心（〈贈梁任父同年〉）

黃遵憲對維新後的日本，君臣上下皆視外交議題的突破為第一要務，深表推許。但對其在長期致力恢復民族獨立，爭取修改不平等條約的同時，卻採取「失之歐洲，取之亞洲」的錯誤政策，開始侵略亞洲弱小民族，又倍感憂心，亟思對應策

⑤⑥ 見同註⑧，頁1003。
⑤⑦ 見梁啟超：〈嘉應黃先生墓誌銘〉，同註㉓，頁133。

略。如：同治十三年（1874）犯臺灣蕃社，並倡言琉球為其屬地；一八七五年策動「江華島事件」，侵略朝鮮，次年迫使朝鮮簽訂不平等的「江華島條約」；光緒五年（1879）滅琉球，並據以脅迫中國改約。對此一連串的事件，於一八七七年抵達日本的黃遵憲以為：「日本國勢之現狀，不過一部份之野心家，欲借以嘗試耳。苟持以堅忍，示以必爭，並責以滅國絕祀之義，違背合約之言。彼雖貪橫，亦未必甘冒天下以大不韙。」⑱惜當道者，以「俄事方殷，中國力難兼顧，且日本多所要求，允之大受損，拒之則樹一敵，唯有延宕之法最相宜」。⑲自是而事事處於被動，日人益輕中國矣。下述黃遵憲在對日政策上的建言，一以見其對外交事務的熟稔，再以見中國的日本政策，如何從一再退卻，至無可挽回。

　　1.琉球三策：光緒五年（1879），日本謀奪琉球，黃遵憲為何如璋星使致書總理各國事務衙門，獻三策以圖存之，並以為各國縱橫之局，必先審勢而後可以言理。中土雖弱，猶勝日本，彼雖狂惑，尚不敢妄開邊釁。琉球苟滅，後患滋深。故以清廷隱忍不言的對策，為失體敗事。因為不爭，正所以萌邊患也。而日人終夷琉球為郡縣。再有美國前總理格蘭忒從中排解，日本乃欲借琉球案，要求修改「中日修好條規」，計以球南諸島割歸中國，中國許其享有內地通商、領事裁判權及利益均霑等款。駐日使館二度去函總署，力陳其弊。當道者雖奏請

---

⑱ 見黃遵楷：〈先兄公度先生事實略〉三、出使日本參贊時期，同
　　註⑫，頁185。
⑲ 見同註⑺。〈四裔考二〉，頁10715。

宜用支展之法，延緩換約事宜，卻未能切實了解，日人在中國享有「治外法權」，其為害之深。此事終因循日使宍戶璣之請，以琉球南部宮古、八重山二島歸中國，而在「中日修好條規」中加入內地通商照各國利異均霑之條。⑥致使中日最初所訂的平等條約，一變而如歐美列強所要脅之不平等條約。

2.朝鮮策略：光緒六年（1880），日本方陷琉球，又覬及朝鮮，黃遵憲告訴何星使，當乘彼謀未定，先發制之。故上書總署，請將朝鮮廢為郡縣，以絕後患。不從，乃亟上主持朝鮮外交。廷議以朝鮮政事向係自主，尼之。及朝鮮金宏集使日，黃遵憲又著〈朝鮮策略〉以警告其國人，使親中國。並為之草商約，作〈條約問答〉，反覆辨難，申明其意，以釋朝鮮之疑。當時橫濱法文報館譯載全稿，日人再譯且書其篇後云：「論黃某之官職，不如李鴻章遠甚，而李鴻章之識見，又不如黃某遠甚。」⑥此即梁啟超所謂「具牘數千言，陳利害甚悉，東人至今誦之，而當事不省」者。果不二十年，中日事起。繼有日俄之役，日軍大勝，俄國所獲於朝鮮暨租借旅、大、南滿鐵路各權，盡數轉移於日人之手。

3.馬關紀事：光緒二十年（1894）中日甲午戰起，日人先後敗清軍於平壤、大東溝，再陷旅順。當時張之洞自湖廣總督移署兩江，以籌防需人受事之日，即電奏調時任新加坡總領事的黃遵憲回國，惜未能重用而置之閒散。⑥次年李鴻章與伊藤博文在馬關簽定媾和條約，割地賠款，喪權辱國。於此黃遵憲

⑥ 見同註③，卷3，頁315，〈琉球歌〉自註。
⑥ 同註⑱。

寫下〈悲平壤〉、〈東溝行〉、〈哀旅順〉、〈哭威海〉、〈馬關紀事〉、〈降將軍歌〉等一系列悲慟的詩篇。及聞抗拒日人接收的「臺灣獨立民主共和國」潰棄，又作〈臺灣行〉以記之。對於當事者的輕率，直言割讓臺灣是「竟賣廬龍塞，非徒棄一州」(〈馬關紀事〉)，然事已至此，其情之痛，亦只能指天問道：「天胡棄我天何怒，取我脂膏供仇虜。眈眈無厭彼碩鼠，民則何辜罹此苦？」(〈臺灣行〉)

　　除了割地賠款外，「馬關條約」並許以蘇州、杭州兩地為日租借。清廷以交涉權屬南洋大臣劉坤一，劉坤一以全權授黃遵憲，使與日領事珍田舍己會議。黃素知「治外法權」為天下不均不平之政，通商以來一切禍端均因此而有以招之。此在《日本國志》中已往復申論，故獨靳治外法權弗與。珍田氏，日本第一流外交家也，而莫能難。迨畫諾矣，竟中蜚語，以其受外賂，為他人計便安。日政府亦怒珍田氏辱命，並抗嚴議於清廷，清廷屈服，所擬之約遂廢。至此真是縱使有「杜鵑再拜憂天淚，精衛無窮填海心」，黃遵憲的外交識見，乃至日本經驗，終無可使力之處。

---

⑥ 據《黃公度先生年譜》光緒20、21年條下，述黃遵憲歸國始末。21年黃遵憲至江寧謁張之洞，「昂首足加膝，搖頭而大言」。康有為〈黃公度詩集序〉亦言：「其以才識自負，而日中無權貴若此，卒以得罪張督。」陳衍《石遺室詩話》卷8則有言：「廣雅置之閒散，公度甚不樂。」

㈡變加富爾為瑪志尼之志

　　光緒二十三年（1897），陳寶箴為湖南巡撫，行新政。黃
遵憲相與助其成，首倡民治於眾，曰：「亦自治其身，自治其
鄉而已。由一鄉推之一縣、一府、一省，以迄全國，可以成共
和之郅治，臻大同之盛軌，並以此為凡百新政之根柢。於是略
仿西國巡警之制，設保衛局，凡與民利、民瘼相麗，而為一方
民力能舉者，悉統焉，領以民望，而官輔其不及。」⑥暨湖南
之治稱天下，光緒帝命翁同龢進《日本國志》，繼再索一部。
後命以三品京堂充出使日本大臣，三詔嚴催入京，黃遵憲因病
滯滬，故有詩云：「病中泣讀維新詔，深恨鋒車就召遲。」
（〈己亥雜詩〉）再以京變起，有奏康、梁匿其處，以兵二百名
圍守，賴日本前首相伊藤博文抗議此舉有礙中日交誼，又英人
遣兵保護，乃得旨放歸。自此廢放鄉里，用「天下英雄聊種菜」
的心境，過「無心我卻如雲懶，偶而栽花偶看花」（〈己亥雜詩〉）
的生活，而後國事更無可為。迨及八國聯軍入京，亦僅能抱以
「斗室蒼茫吾獨立，萬家酣夢几人醒」（〈夜起〉）的悲慟。此或
如梁啟超所謂「古有以一人之用舍，繫一國之興亡者，觀先
生，其信之矣」。⑥

　　然而僅用「公才不世出，潦倒以詩名」，為黃遵憲的生命
作最後的注腳，顯然是不足的。據光緒二十八年（1902），他
給梁啟超的信上說：「吾之不欲明與公等往來者。以為使公等

---

⑥ 詳細內容見同註⑴，頁106。
⑥ 同註⑰。

頭顱無可評之價，盜賊無可指之名，昭雪表示，或終在吾手。故終且濡忍以待時。雖然，棄而不可留者年也，流而不知所屆者時勢也，再閱數年，加富爾變而為瑪志尼，吾亦不敢知也，公忍待之。」所謂瑪志尼之見者，早在光緒二十三年（1897），黃遵憲便曾對日本駐華公使矢野文雄說：「二十世紀之政體，必法英之共主。」當時矢野力加禁誡，爾後乃閉口結舌，唯於此志無一日稍忘。光緒三十一年（1905）元月十八日最後致梁啟超書中，還諄諄以為「只要一息尚存，便尚有生人應盡之義務」，人生在世「無辟死之法，而有不虛生之責，孔子所謂君子息焉，死而後已，未死則無息已之時」。⑥時距其二月二十三日卒於家，僅一月有餘。

參考書目

黃遵憲與日本友人筆談遺稿　鄭子瑜、實藤惠秀編　東京　日本早稻田大學　東洋研究會　1966年

日本雜事詩（附黃遵楷　先兄公度先生事實略）　黃遵憲　近代中國史料叢刊續編　第10輯　臺北　文海出版社　1974年　12月

日本國志　黃遵憲編撰　近代中國史料叢刊續編　第10輯　臺北　文海出版社　1974年12月

人境廬詩草箋注　黃遵憲撰　錢仲聯箋注　臺北　源流出版社

---

⑥ 見同注⑴，頁127，引由甫藏書稿。

1983 年

黃遵憲詩選　曹旭選注　上海　華東師範大學出版社　1990 年

人境廬叢考　鄭子瑜輯　新加坡　商務印書館　1959 年

弢園外編　王韜　北京　中華書局　1959 年

清末中日文人筆談手稿的發現與整理　實藤惠秀　南洋學報
　　第 17 卷第 2 輯　1963 年

黃遵憲與源桂閣等筆談編校　鄭子瑜　南洋學報　第 17 卷第
　　2 輯　1963 年

日本所見有關黃遵憲的遺物　鄭子瑜　南洋學報　第 17 卷第
　　2 輯　1963 年

使東述略（附使東雜咏）　何如璋　近代中國史料叢刊　第 59
　　輯　臺北　文海出版社　1970 年 12 月

扶桑遊記　王韜　近代中國史料叢刊　第 62 輯　臺北　文海
　　出版社　1971 年 3 月

黃遵憲與日人之情誼及其《日本國志》　程光裕　百年來中日
　　關係論文集　輯者自印　1968 年

黃遵憲詩論評　錢仲聯輯　近代中國史料叢刊　第 96 輯　臺
　　北　文海出版社　1973 年 10 月

黃遵憲與梁啟超　王德昭　晚清思想　臺北　臺灣時報出版公
　　司　1980 年

走向世界──近代知識份子考察西方的歷史　鍾叔河　北京
　　中華書局　1985 年

黃遵憲與近代中國　鄭海麟　北京　三聯書店　1988 年

黃遵憲及其詩研究　張堂錡　臺北　文史哲出版社　1991 年

近代中日文化交流史　王曉秋　北京　中華書局　1992 年

晚清黃遵憲與明治日本的關係　鄭子瑜　近百年中日關係論文
　集　新店　中華民國史料研究中心　1992 年

黃遵憲的政治改革思想及其渡日經驗　吳偉明　近百年中日關
　係論文集　新店　中華民國史料研究中心　1992 年

王韜、黃遵憲旅日心態研究　夏曉虹　學人　第 4 輯　南京
　江蘇文藝　1993 年

由「臺灣行」看黃遵憲的臺灣觀　鄒桂苑　臺灣文學觀察雜誌
　第 8 期　1993 年 9 月　頁47-61

黃遵憲與清末「詩界革命」　魏仲佑　臺北　國立編譯館
　1994 年

儒家思想與日本文化　王家驊　臺北　淑馨出版社　1994 年

由「師友論學牋」探討黃遵憲民權與儒家思想　彭潭周　大陸
　雜誌　第 93 卷第 1 期　1996 年 7 月　頁1-20

相關文獻

鄭子瑜　　黃遵憲與日本的關係
　　　　　南洋學報　第 17 卷第 1 期　頁17-24　1962 年 4 月
羅立新　　黃遵憲在日本
　　　　　瞭望　1982 年第 4 期　頁38　1982 年
佐藤　保　黃遵憲と日本
　　　　　近代文學における中國と日本　頁55-76　東京
　　　　　汲古書院　1986 年

鄭子瑜　　黃遵憲與源桂閣等筆談手稿的編校
　　　　　南洋學報　第17卷第2期　頁4-6　1963年11月

實藤惠秀等　黃遵憲與源桂閣初次筆談
　　　　　南洋學報　第17卷第2期　頁7-10　1963年11月

楊天石　　黃遵憲與宮島誠一郎：宮島吉亮先生家藏資料研究
　　　　　之一
　　　　　世界史研究動態　1992年第10期　頁16-24
　　　　　1992年10月

鄭海麟　　岡千仞與黃遵憲——明治前期中日文化交流最具學
　　　　　術思想性的一章
　　　　　學士　卷二　頁124-147　廣州　廣東高等教育出
　　　　　版社　1996年12月

鄭子瑜　　日本東京所見有關黃遵憲的遺物
　　　　　南洋學報　第17卷第2期　頁11-16　1963年11月

程光裕　　黃遵憲與日人之情誼及其《日本國志》
　　　　　東西文化　第12期　頁26-34　1968年6月
　　　　　百年來中日關係論文集　頁515-537　出版者，出
　　　　　版地不詳　1968年

傅醒民　　黃遵憲與《日本國志》
　　　　　日本研究　第179期　頁32-33　1979年11月

王曉秋　　黃遵憲《日本國志》初探
　　　　　中日文化交流史論文集　頁222-256　北京　人民
　　　　　出版社　1982年10月

王曉秋　　近代中國研究日本的代表作——黃遵憲《日本國志》

研究

近代中日啟示錄　頁165-191　北京　北京出版社
1987 年10 月

伊原澤周　《日本國志》編寫的探討：從黃遵憲初次東渡為中心
近代史研究　1993 年第 1 期　頁7-26　1993 年1 月

陳其泰　《日本國志》的時代價值
史學與中國文化傳統（增訂本）　頁325-336　北
京　學苑出版社　1999 年8 月

陳國文　黃遵憲的《日本國志》及其明治維新觀
貴州文史叢刊　1999 年第4 期（總第87 期）　頁
33-36　1999 年

王立興　《日本國志》——維新變法的啟蒙傑作
傑出人物與中國思想史　頁325-336　南京　江蘇
教育出版社　2000 年10 月

劉雨珍　黃遵憲《日本國志》述論（下）
日本研究論集　頁213-231　天津　天津人民出版
社　2002 年5 月

石田道博　黃遵憲的《日本國志》和《日本雜事詩》——清代
對日本的研究（上・中・下）
茨城大學人文學部紀要（文學科論集）　第7 至9
號　總74 頁　1974 年2 月至1976 年3 月

汪向榮　黃遵憲的《日本雜事詩》稿塚
人民日報　1978 年8 月24 日

管　林　讀黃遵憲的《日本雜事詩廣注》札記

光明日報　第4版　1981年6月28日

鍾叔河　　《日本雜事詩廣注》

　　　　　長沙　湖南人民出版社　242面　1981年10月

陳復興　　中日友好的先驅之歌（略論黃遵憲的《日本雜事
　　　　　詩》）

　　　　　吉林大學社會科學學報　1982年第1期　頁91-96
　　　　　1982年1月

莊光茂樹　黃遵憲について──中國近代詩界革命と《日本雜
　　　　　事志》，《日本國志》

　　　　　日大　第54卷第1，2期　頁109-120　1984年10月

芳賀　徹　清國外交官の見た明治日本──黃遵憲の《日本雜
　　　　　事詩》

　　　　　外交フォーラム　1993年第8號　頁80-87　1993年

遠藤光正　黃遵憲が見た明治維新後の日本──《日本雜事詩》
　　　　　の政治類・文學類を中心にして

　　　　　栗原規介博士頌壽記念東洋學論集　頁465-486
　　　　　東京　汲古書院　1995年3月

李曉輝　　《日本雜事詩》《日本國志》與黃遵憲的維新思想
　　　　　外國問題研究　1996年第2期　頁56-57　1996年

筧久美子　黃遵憲《日本雜事詩》譯注稿㈠
　　　　　未名13號（神戶大學中文研究會）　頁167-186
　　　　　1995年3月

筧久美子　黃遵憲《日本雜事詩》譯注稿㈡
　　　　　未名14號（神戶大學中文研究會）　頁147-186

　　　　　　1996 年3 月

筧久美子　　黃遵憲《日本雜事詩》譯注稿㊂

　　　　　　未名15 號（神戶大學中文研究會）　　頁151-176

　　　　　　1997 年3 月

筧久美子　　黃遵憲《日本雜事詩》譯注稿㊃

　　　　　　未名16 號（神戶大學中文研究會）　　頁153-196

　　　　　　1998 年3 月

筧久美子　　黃遵憲《日本雜事詩》譯注稿㊄

　　　　　　未名17 號（神戶大學中文研究會）　　頁125-155

　　　　　　1999 年3 月

林香奈、劉雨珍　　黃遵憲《日本雜事詩》譯注稿㊅

　　　　　　未名18 號（神戶大學中文研究會）　　頁181-202

　　　　　　2000 年3 月

林香奈、劉雨珍　　黃遵憲《日本雜事詩》譯注稿㊆

　　　　　　未名19 號（神戶大學中文研究會）　　頁137-160

　　　　　　2001 年3 月

林香奈、劉雨珍　　黃遵憲《日本雜事詩》譯注稿㊇

　　　　　　未名20 號（神戶大學中文研究會）　　頁109-135

　　　　　　2002 年3 月

實藤惠秀、鄭子瑜編校　　黃遵憲與日本友人筆談遺稿

　　　　　　近代中國史料叢刊續編　第10 輯　臺北　文海出

　　　　　　版社　1974 年10 月

張存武　　實藤惠秀、鄭子瑜編校《黃遵憲與日本友人筆談遺

　　　　　　稿》評介

思與言　第 7 卷第 3 期　頁 57-58　1969 年 9 月

張　兵　　黃遵憲與日本友人筆談遺稿
　　　　　新民晚報　第 5 版　1984 年 9 月 11 日

山根幸夫　《黃遵憲文集》序言
　　　　　學土　卷二　頁 148-151　廣州　廣東高等教育出
　　　　　版社　1996 年 12 月

楊知秋　　日中友誼的歌手——黃遵憲
　　　　　昆明師院學報（哲學社會版）　1980 第 3 期　頁
　　　　　46-49　1980 年

王曉秋　　有這樣一個外交家——記詩人黃遵憲與日中傳統友誼
　　　　　人物　1981 年第 2 期　頁 84-88　1981 年 3 月

劉發清　　「葬詩魂兮墨江滸」——黃遵憲與日中傳統友誼
　　　　　隨筆　1981 年第 13 集　頁 28　1981 年

汪向榮　　黃遵憲和日本友人
　　　　　中國的近代化與日本　頁 136-142　長沙　湖南人
　　　　　民出版社　1987 年 3 月

蔣英豪　　黃遵憲師友記
　　　　　上海　上海書店出版社　410 面　2002 年 8 月

實藤惠秀　平林寺と黃遵憲の詩碑
　　　　　中國文學月報　第 65 號　第 6 卷　頁 256-261
　　　　　1940 年 9 月

楊天石　　海外偏留文字緣
　　　　　光明日報　1978 年 10 月 29 日

夏曉虹　　海外偏留文字緣——說黃遵憲的「真率」

舊年人物　頁32-41　北京　中國廣播電視出版社
1997年2月

夏曉虹　　王韜‧黃遵憲‧明治詩文
舊年人物　頁115-117　北京　中國廣播電視出版
社　1997年2月

張永芳　　黃遵憲與日本民歌
北京晚報　第3版　1982年6月12日

羅冠群　　黃遵憲在日本的葬詩塚
嶺南文史　1989年第1期　頁26-27　1989年

鄭海麟　　黃遵憲對中日文化交流的貢獻
從徐福到黃遵憲　頁272-297　北京　時事出版社
1985年12月

鍾叔河　　論黃遵憲的日本研究
人文論叢　1988年卷　頁312-330　北京　書目文
獻出版社　1998年10月

鍾叔河　　黃遵憲及其日本研究
走向世界　頁389-408　北京　中華書局　2000年
7月

夏曉虹　　王韜、黃遵憲旅日心態研究
學人　第4輯　頁295-317　南京　江蘇文藝出版
社　1993年7月

蔣淑賢、鄧韶玉　近代中日文化交流的先行者──黃遵憲
松遼學刊（社科版）　1992年第4期　頁32-35轉
頁31　1992年

彭梅嬌　　論黃遵憲在中日文化交流中的貢獻

　　　　　廣州師院學報（社科版）　1991年第4期　頁57-
　　　　　63　1991年12月

李長林　　黃遵憲對中日友好的貢獻

　　　　　長沙水電師院社會科學學報　1988年第2期　頁
　　　　　150-152　1988年

徐光仁　　中日友好懷前賢：黃遵憲任職日本期間的貢獻

　　　　　嶺南文史　1993年第1期　頁36-40　1993年

盛邦和　　黃遵憲與日本明治史學　華東師範大學學報（哲學
　　　　　社會科學版）　1984年第5期　頁52-57　1984年
　　　　　10月

陳建華　　黃遵憲〈櫻花歌〉詩旨與德川幕政

　　　　　復旦學報（社會科學版）　1991年第1期　頁99-
　　　　　108　1991年1月

鄭子瑜　　晚清黃遵憲與明治日本的關係

　　　　　近百年中日關係論文集　頁69-78　臺北　中華民
　　　　　國史料研究中心　1992年6月

吳偉明　　黃遵憲的政治改革思想及其渡日經驗

　　　　　近百年中日關係論文集　頁79-90　臺北　中華民
　　　　　國史料研究中心　1992年6月

夏曉虹　　黃遵憲與日本明治社會

　　　　　晚清社會與文化　頁1-28　武漢　湖北教育出版社
　　　　　2001年3月

王　璽　　黃遵憲對日本的認識

　　　　　大陸雜誌　第49卷第1期　頁23-32　1974年7月

張　洧　黃遵憲における日本理解の序幕
　　　　　比較文學文化論集　第8號　頁38-47　東京　東
　　　　　京大學比較文學　文化研究會　1991年

張偉雄　海外蓬瀛，別に天あり——黃遵憲の日本理解
　　　　　異文化を生きた人人　頁186-207　東京　中央公
　　　　　論社　1993年

麓保孝　清末の黃公度の觀た日本
　　　　　歷史教育　第8卷第1號　頁52-61　1960年

早田美穗　試論黃遵憲的日本觀
　　　　　齊齊哈爾師範學院學報　1988年第6期　頁63-67
　　　　　1988年

管　林　黃遵憲研究在日本
　　　　　光明日報　第4版　1981年6月28日

一衣帶水——東遊日本的王韜

陳進益 *

一、序曲

　　清道光八年（1828）的蘇州甫里，一個塾師家中，歡歡喜喜地迎接著一個新生的男孩，他名叫王利賓。在他三十四歲的那年，他叫自己為王韜。自此，濟世的抱負直接在名字上展現出來。韜，謀略的意思。

　　那是個怎樣的年代啊！

　　鴉片戰爭，中國第一次被西方的船堅砲利所震懾，一時還不知該如何反應，沒人想到那金髮高鼻的蠻夷竟有如此能耐，於是便在手忙腳亂、心慌意亂，卻又故做姿態的情況下，簽下所謂「南京條約」，開始了喪權辱國的中國近代史。（道光22年，西元1842年簽定「南京條約」。）①

　　那年，王韜十四歲。喔！不。那時他還叫利賓呢！

　　咸豐八年（1858），英法聯軍艦隊北上，攻陷大沽砲台。

＊陳進益，清雲技術學院共同科講師。

① 清史稿校註編纂小組編纂：《清史稿校註》（臺北：國史館，1986-1991年），卷19，本紀19，宣宗三，頁668。

中國人再度遭到西人船堅砲
利的挑戰。如果上一次的鴉
片戰爭並不算失敗，只不過
是個意外，或者是宣宗皇帝
「因億萬生靈」，「以民命為
重」②，所以才不與番邦計
較。那麼，這次的戰敗，便
再也找不到藉口了。

　　同時，太平天國之亂猶
然方興未艾。俄國也在北方
虎視眈眈。③

王韜 像

　　於是咸豐十年（1860）又有與俄國訂定的「北京條約」。

　　那時，王韜已年逾三十，又在科考上屢試不中，只在甫里
的鄉下考上秀才。道光二十九年（1849），他到上海英國傳教
士所辦的墨海書館工作，前後達十三年之久。這十三年中，他
學習了許多西方的現代知識，也了解西學優於中學之處。同治
元年（1862），他三十四歲。因為以黃畹為化名寫了〈上逢天
義劉大人稟〉，建議太平天國停攻或續攻上海，以先取長江上
游，因此被清廷通緝，逃往香港。④

　　這時，中國已是內憂外患之際。

---

② 見前註，引文。
③ 同前註，頁740-742 。
④《弢園文錄外編、王韜與弢園文錄外編》（鄭州：中州古籍出版
　社，1998年9月），頁2。

在香港期間，他隨著英國傳教士理雅各翻譯經書，思想更加受到西方影響，並且先後到了歐洲的英、法、俄、土耳其等國考察，接觸了許多前所未聞的事物，因此更加強了他變法改良的主張，創辦了《循環日報》，成為清末政治改良的倡導者之一。

同治十年（1871），歐洲爆發了普魯士與法國的戰爭，新興的普魯士最終竟打敗了一直稱雄於歐洲的法國，也因此，歐洲的形勢發生了許多變化。此時四十三歲的王韜，既已多受西方思潮的影響，又已遊歷歐洲各國，於是便對這場戰爭的前因後果，以及經過情形詳加敘述，還對這場戰爭的勝敗因素加以分析，更大膽預測戰後國際情勢的轉變方向。而這本《普法戰紀》也同時替王韜打開了彼時正極力向西方學習、實行明治維新的日本的大門。王韜因為這本書在日本學界享有極高的名聲，也使得日人積極的想要邀請他到日本一遊。⑤

二、東遊

就在這樣的情勢下，光緒五年（1879），王韜應日本友人之邀，東遊扶桑。⑥那年，他已五十一歲。當然，東遊日本之

⑤《扶桑遊記‧岡千仞跋》：「《普法戰紀》傳于我邦，讀之者始知有紫詮王先生，之以卓識偉論，鼓舞一世風痺，實為當世偉人矣。」見沈雲龍主編：《近代中國史料叢刊》（臺北：文海出版社，1971 年），第62 輯，頁237。

⑥《扶桑遊記‧自序》：「今春（光緒5 年，西元1879 年），寺田望南書來，以為千日之醉，百牢之享，敢不維命是聽。於是東道有人，決然定行計。」（頁5）

　　行，既滿足了他年少時對於海上仙山的夢想⑦，也使他時常被日本友人所挑起的好奇之心得到了補償。⑧更重要的是，王韜空有一身才學，卻在自己的國家被長期冷漠對待，那種強烈的孤獨與失落之感，終須尋找適度的撫慰，而日人對他的極力邀約與重視，適時的填補了他這方面的空虛。⑨

　　一衣帶水，隔海相望，王韜決計東遊扶桑了。

三、綺羅香

　　他心中固然為自己的才識終究還是有人了解而感到欣慰，另一方面，也為了在自己的國家卻懷才不遇而感到慨嘆。於是，失意文人既然無法在現實政治上得到滿足，便只有投入綺羅香中，銷魂。

　　狎妓宴遊，成了他東遊日本時，最為常做的事情。

---

⑦《扶桑遊記·自序》：「余少時即有海上三神山之想，以為秦漢方士所云，蓬萊諸島在虛無縹緲間。」（頁3）
⑧《扶桑遊記·自序》：「余多日東文士交，每相見，筆談往復，輒誇述其山川之佳麗，士女之便娟，謂相近若此，曷不一游。又言至東瀛者，自古罕文士，先生若往，開其先聲，此千載一時也。聆之躍躍心動，神已飛於方壺員嶠間矣。」（頁4）
⑨《扶桑遊記·重野安繹序》：「余嘗觀先生所著書，美其文藻，愛慕其襟度通儻，不規規乎繩墨，欲一相見請教。」（頁72）《扶桑遊記·中村正直序》：「聞此人（王韜）有東遊之意，果然，則吾儕之幸也。」（頁154）《扶桑遊記·龜谷行跋》：「戊寅之春，余與栗本匏菴、佐白田茅探梅於龜井戶，歸途飲於柳島。匏菴曰：『吾聞有弢園王先生者，今寓粵東，學博而材偉，足跡殆遍海外，曾讀其《普法戰紀》，行文雄奇，其人可想。若得飄然來游，願為東道主。』」（頁67）

抵達日本後（長崎，農曆 3 月 11 日）的第二天，即有友人招待他去西洋酒樓，找了兩名藝妓過來陪酒表演，他仔細的描述了日本藝妓的模樣說：

> 一年僅十四、五齡許，雛髮覆額，憨態可掬，顧其裝束殊可駭人，唇塗朱，項傳粉，赤者太赤，白者太白，驟見不覺目眩。攜三弦琴來，以牙板撥之，聲韻悠揚，歌多咿啞之音聲，嗚嗚然有類於哭。兩歌既闋，一則起而翩翩作舞。日本女子，無不廣袖長裾，腰束錦帶，帶餘則垂於背，衣多織花卉禽蟲，綺錯繡交，其舞之進退疾徐，亦饒有古法。凡客至，必有妓侍飲，名曰藝妓，但能當筵之奏，不能為房中之曲。聞日本士大夫家，有婚嫁則呼之，會親戚則呼之，蓋如唐宋間營妓官妓，又如今京師之梨園子弟也。（《扶桑遊記》，頁 12-13）

這麼詳細的把日本藝妓的表演、穿著、打扮以及服務的方式描述出來，當然與一般性好漁色之徒

扶桑遊記自序

余少時即有海上三神山之想。以為秦漢方士所云蓬萊諸島在虛無縹緲間。此臆說耳。安知非卽徐福所至之地。彼欲去而迷其途乎。顧自此東瀛始通文字書籍。由漸流入。其人之容貌音聲性情風俗。固有與中土相髣髴者。邇來與泰

〈扶桑遊記自序〉書影

不同，王韜亦自有花費心力，考察風俗的用意在。只是，既已
了解，考察藝妓方面的工作也該結束，但是，我們卻在他東遊
日本時所寫的日記——《扶桑遊記》中，不斷看到他召妓、宴
遊，且樂在其中。

　　例如：農曆三月五日（抵日後第 4 天，這時他已在神
戶），他與朋友朱秀芳、許友琴同遊楠公廟後，回到朱秀芳的
住所，與朋友飲酒相談。朱秀芳在當日便為他找了一位名叫
「阿朵」的日本女子，供他旅日時為伴。雖這女子姿僅中人，
且有點像男生，但因僅十六、七歲，倒也「頗快人意」。⑩

　　三月二十日，他與朋友們同去看戲，回家後，住所的主人
便好意為王韜介紹了一個陪他過夜的人，但因第一個女子長得
太老、太醜，所以辭而不要。接著，主人又再找了一個年約十
五、六歲的年輕女子，雖說王韜也並不滿意，又覺得她太瘦
小，但因其年輕，皮膚又潔白無比，而自己也累了，所以便勉
強的「擁之而眠」了。

　　那夜，約沒發生什麼事，所以他說：「柳下坐懷，實非難
事。」可是，看他日記的記載，恐怕是因姿色不合他的味口，
而且他又年老又累，所以才沒發生事情吧！（時年五十一歲）
以此來看，柳下惠的坐懷不亂，恐怕也不一定是易事了。⑪

---

⑩《扶桑遊記》：「季方為予覓一女子，曰阿朵，年十六、七齡，
　姿僅中人，而微作男子相，爰賃樓一椽，為藏嬌金屋，即移寓
　焉。」（頁19）

⑪《扶桑遊記》：「時寓主為余覓鷹寢之人，始招一妓，年若徐
　孃，而容如媒母，因遣去之。繼至則十五、六齡小女子也，身材
　瑣弱，燈下視之，潔白無比，余倦已甚，擁之而眠，不覺東方之
　既白。柳下坐懷，實非難事。」（頁27）

　　雖說王韜喜愛美色，然而他也是自視頗高的。他以為自己也是一個風流男子，對於女人，自有一番吸引力。如他在《扶桑遊記》中記載著：「余偕白茅茂吉，攜歌妓小勝，乘舟從流而歸。……旋亦別去。」這字裡行間無不充滿著對自我的認同，且自比為范蠡與西施，亦可見其自視之風流了。

　　在四月十三日的日記中，他詳記召妓宴飲的狀況，並且將日人各種妓女的差別記載出來。在這場盛大的宴會中，他也作了十二首絕句〈芳原新詠〉，記載當日的盛況，並詳細為之註解（頁91-93）。而在隔天，他便與友人至歌妓桃予的住處小憩，最後並以一個月七金的代價，租下了名為阿藥的女子，作為旅日的伴侶。十五日，朋友來訪，又邀四妓來伴，有清癯綽約、善解人意的桃予，有豐腴秀碩而作飛燕依人狀的美吉、若吉，還有年齒尚雅而意態流逸的信吉。於是當晚便「歌舞並陳，管絃迭奏，備極其樂」了（頁95）。雖說他玩得如此快樂，然而在前天才以一個月七金租下的僅有中人之姿的阿藥，卻在十六日的早上離去，不再回來，並託人告訴王韜，她的離去是因為王韜的「寓樓偏狹，不能容膝」的緣故。至於事實的情況究竟如何，由於王韜的日記沒寫出來，我們也就不可得知了。

　　隔天（17日），他又與友人狎妓宴樂，再召四妓，有清癯嫻雅的玉八，淡遠秀麗的清志，跌宕風流的小三，以及豐腴溫潤的小兼。當夜大夥又划酒拳，想亦熱鬧非常。

　　類似召妓宴飲的記載，在王韜的《扶桑遊記》中至少有數十次之多，近三分之二的日子留有召妓的記載。由此可見王氏

的好色實是無法掩飾的。

同時，他的好色也相當程度地銷磨了志氣，這種志氣的銷磨集中地表現在他的詩作〈芳原新詠〉中，有「十萬名花齊待汝，人生何再覓封侯」之句（頁93）。又農曆五月七日（陽曆6月26日），與友人召妓夜飲，作詩云：

> 藥姬去後玉姬來，伴我一月山中宿。靈丹九轉已入喉，石髓初凝還果腹。人生此即萬戶侯，何須再要千鍾粟。世間富貴只尋常，天上神仙有嗜欲。一瞥功名安足問，百種溫存莫自促。（同上，頁136-137）

由這些文字，我們看到身陷綺羅香中的王韜，幾幾乎要忘卻了自己曾有的雄心壯志。因為，綺羅香中，男兒自是銷魂。

四、寂寞衷腸

然而，如果我們說王韜只是單純的好色、失志之徒，那又與實際情況不能吻合。例如他在四月二十五日至岡田文助的處所宴飲時，召藝妓小菊、小今、紫園、菊次等人，在石井南橋（內務府官員）作詩贈他之後，和詩一首，其中有云：

> 暫撇思家一寸腸，且教小住鬱金堂。神仙潦倒逃蓬島，雲雨荒唐說楚王。自有詩成三百首，且看酒罄十千觴。王郎跋扈飛揚態，莫笑今宵入醉鄉。（同上，頁121）

又云：

老我溫柔百折腸，樽開今夕敞華堂。舞來窈窕當筵妓，醉
倒瑯瑯大道王。眉可通詞時倩筆，花能解語必傾觴。羇人
只有神山樂，不解清涼憶故鄉。（同上，頁122）

他將自己比做潦倒的神仙、流浪的旅人，於是，如果他不
在神山遊樂，沒有雲雨巫山，又如何能澆胸中的塊壘，又何以
遣不遇的愴悲？

如此看來，香草美人，自有其寂寞衷腸！

此外，他又屢次藉白居易、杜牧聊表心境。既有「天涯我
久嗟淪落，差同白傳青衫哭」（頁55），又有「樂天老去樊川
謫，尚得天涯薄倖名」（頁81），及「王郎掉臂作東游，潦倒
青衫嗟不遇。胸中熱血吹不涼，肝膽還向酒邊露」（頁87）等
詩句。將他一介書生，飄泊江湖，流連巫山神女之間的淒涼無
奈，盡數寫出，並以樂天的「青衫濕」、樊川的「薄倖名」自
比。

在二十二日寫的〈致余元眉中翰〉的信中，他便直直的說
出心裡的真話了。他說：

東游之作，頗有豪氣，日本諸文士皆乞留兩閏月，願作東
道主，行李或匱，供其困乏。日在花天酒地中作活，幾不
知有人世事，日本諸文士，亦解鄙意，只談風月，我黨中

倘有行者，則我亦欲西耳。東京煙花藪澤，如芳原柳橋，
皆驅車過之，游覽一周，有小紫者，誠所謂第一樓中第一
人也，亦經飽看，但覺尋常此來，深入花叢中，而反如見
慣司空，味同嚼蠟。釋迦牟尼，大徹大悟，當作如是觀。
（同上，頁116）

看王韜在日本的生活，他自己也說：「日在花天酒地中作
活，幾不知有人世事」。然而，他是真喜流戀花叢生活的人
嗎？其實，他也已感到味如嚼蠟了。既然味如嚼蠟，他又為何
幾乎日日流戀呢？實在是現實的世界不能盡如人意，無法展現
自我的才能，所以只有在萬分無奈之下，躲到花叢之中了。這
種苦，恐怕是一種沈淪無奈的悲悽吧！

瞧，他也在四月十二日與友人宴樂時，作詩說道：

王郎掉臂作東游，潦倒青衫嗟不遇。胸中熱血吹不涼，肝
膽還向酒邊露。東來日日看花醉，身入花叢屢迴顧。（同
上，頁87）

他實在是因為自己懷才不遇，才想要藉著酒杯來澆自己心
中的塊壘，而趁酒酣耳熱之際，將自己胸中的滾滾熱血藉著酒
氣衝出，一吐心中的鬱結。

因此，雖然他在日本每天醉倒在花街柳巷之中，卻又是屢
屢頻頻的回首啊！回首著什麼呢？不就是回頭看看是不是能夠
重新在現實世界中一展才華，脫離日日沈淪於花叢中的莫可奈

何！只是，這樣的期盼終究是要落空的，現實世界終究是不屬於他的。於是，他只有愈加地沈淪了。

否則，又能如何呢？

面對這樣陸沈下僚的景況、有志難伸的心情，王韜反應於外，尚有另一個面貌。在閏三月三十日，他回答日人本多正訥問的：「你做什麼官？又為了什麼事而來？」時，表示自己是因為仕途不得意，又不喜作官，反而可以逍遙世外，優游於山林泉石之間，還可以寫寫書，表達自己的意見。⑫

姑且不論他是不是為了面子而說的場面話，但確實可見他因不遇於當世，而盡可能表現出不計功名，安之若素，處之泰然的豁達瀟灑，或者優游於山林之間，或者流連於雲雨巫山之中了。

這種深沈的不遇之感是偶然出現的嗎？當然不是。他在四月十七日（陽曆6月6日）和友人到重野家，看了以西鄉隆盛為首的鹿兒島叛亂經過，而慨嘆著以西鄉隆盛原本享有的赫赫之功，最後卻也落得敗亡的下場。一邊作詩紀念西鄉，一邊也為自己的遭遇而慨嘆。在一首長歌的最後寫著：

> 歎有此才弗善用，不為鸞鳳為鷹隼。聽歌我尚有餘悲，主人勸我且吟詩。詩成一曲歌未終，美人烈士吾心同。（同上，頁101）

---

⑫《扶桑遊記》：「因讒被廢，素性不樂仕進，以此反得逍遙世外，優游泉石，頤養性天，立說著書，以自表見。……安貧樂道，處之怡然。」（頁43）

其實，像這樣的感嘆常常可見於他所作的詩中。如五月十六日（陽曆7月5日）與友人小飲之後，贈人詩作：「才子失意佳人老，一樣飄零日暮時。」（頁148）將自己的不得意，比作美人遲暮，懷有無限哀傷。

又在他〈與曾田貢書〉中，感慨曾田貢有非常之才，卻不能為時所用，只好在泉林書酒間逍遙度日⑬，實在是沒有辦法的事。而王韜亦同時自況，將自己寄身於山光水色、酒色聲娛之外的真情實感，藉著贈詩表達出來：

> 苔岑異地結深契，慷慨意氣尤相投。年來我亦持清議，睊言家國懷殷憂。論事往往攖眾怒，世人欲殺狂奴囚。掉首東遊得識君，此興不孤同登樓。（同上，頁78-79）

這種憾恨，大約也只有找尋天涯淪落之人，藉以相互安慰，方能暫得消解了。

五、海外得知己

如果王韜真能選擇自己的命運，他該是有著鴻鵠之志，而非甘心日日流連於醇酒美人之間的吧！看他遊歷古河驛時，眼

---

⑬《扶桑遊記》：「閣下抱非常之才，而不以供非常之用。文人失職，烈士暮年，其為抑塞。初何可言？不佞於此。未嘗不歎造物者不能彌此缺憾也。」（頁79）

見幕府時代的城址，不免興起了「男兒不朽在微名，一死榮辱何由驚」的壯語。縱然含有人事變遷、興亡盛衰的嘆息，也有著對自己年華老去，卻又一事無成而生的感慨啊！

在這種無法見用於自己家國的孤寂下，王韜來到了日本。在日本的他，首次嚐到了被人重視的尊崇與欣慰。不僅他的撰著《普法戰紀》深受日人寶愛⑭，認為這部書更勝於魏默深的《海國圖志》⑮；並將他這一個稱不上名流的人物，錄列在記載清朝忠臣義士的《清史逸話》中。⑯日人又屢次請他改詩、作跋⑰，甚至還有請他在扇上題字⑱、收為弟子的呢！⑲更沒想到的是，這些非親非故的異國友人還會為他的遭遇抱不平！如：

⑭《扶桑遊記‧平安西尾為忠跋》：「余始讀《普法戰紀》，喜其敘事之明，行文之爽快。」（頁149）《扶桑遊記‧岡千仞跋》：「《普法戰紀》傳于我邦，讀之者始知有紫詮王先生，之以卓識偉論，鼓舞一世風痺，實為當世偉人矣。」（頁237）

⑮《扶桑遊記》：「默深所著《海國圖志》等書，僕亦嘗一再讀之，其憂國之心深矣。然於海外情形，未能洞若蓍龜，於先生所言，不免大有逕庭。竊謂默深未足以比先生也。」（頁48）

⑯《扶桑遊記》：「其所著《清史逸話》見示，則皆記我國之忠臣義士高節畸行，發潛德而闡幽光，蓋有足多者。其所采輯，皆出自近人著述，而鄙撰亦蒙甄錄。」（頁138）

⑰《扶桑遊記》：「（本多正訥訪王韜）正訥出詩求改，並饋白紵一端。」（頁42）《扶桑遊記》：「正訥特出其所著《清史逸話》見示，已成三編，皆采輯我朝近時名流，爰作一跋。」（頁218）《扶桑遊記》：「改宮島誠一《粟香詩鈔》。」（頁137）

⑱《扶桑遊記》：「增田岳陽來，持扇乞書。」（頁178）

⑲《扶桑遊記》：「西京岸田湘煙女史，年十有八，識字工詩，皓齒明眸，斗神秀曼。寄詩求余筆削，謂願仿隨園例，附絳帳女弟子之列。」（頁183）

　　昔讀君詩感君遇，今日遇君為君訴。立身須自定千秋，那
管旁人來毀譽。（同上，頁34）

　　鼓勵他且做自己，立言還在立功之前呢！又何必管他人的
閒言閒語呢？既然前有《普法戰紀》之作，不如再寫一部東遊
集，就用這隻健筆讓自己名留千古吧！

　　王韜在日本的一百二十八天中，幾乎日日都有文士來訪。
⑳或飲酒作詩，或出遊賞景，或談論中西歷史，皆讓日人對他
欽佩不已，「追從如雲，極一時之盛」，也使得「都下名士爭
與先生交」。㉑甚至有人將王韜與杜甫、陸游相提並論，鼎足
三分㉒，更是讓過了大半輩子，卻不被見用，默默無聞的他，
心中湧起一股被人了解、倍受重視的感激與感嘆。

　　日人石川稱贊王韜：

　　只看鳳鳥翔千仞，難縛中原結網中。宏名轟耳恰如雷，何
幸今朝共舉杯。（同上，頁87）

　　在了解他的日本人當中，以岡鹿門對他最為推崇備至，他
說：

---

⑳《扶桑遊記》，頁116。
㉑《扶桑遊記‧中村正直序》，頁155。
㉒《扶桑遊記》：「杜老浣花陸劍南，天南遯叟鼎而三。」（頁34）

嬉笑怒罵，無不成詩。下筆吟哦，汨汨然自在流出。惟覺
平易，不少艱辛，是真藝林獨步，文壇壯觀。（同上，頁
126）

王韜聽後，雖說「譽我溢分，不敢當」，但我們是可以想
見他是滿心喜悅、充滿驕傲的。因此，當他一聽日人中村敬宇
說：「貴國文人學士游敝邦者，百餘年間，時時有之。先生
者，可謂後來者駕而居上。」他也並不反駁，反而表示：過早
的朝代我也不是很清楚，但明朝的朱舜水等人來此，節義文
章，至今留傳。我雖然感嘆來得晚了，但終究是「吾道不孤」
啊！他是將自己與朱舜水相提並論的。

此外，在日記中他寫著歸國在即，臨別餞行的盛況：

自我國星使參贊以下，至者不下百人，余戲謂是日之會，
冠裳蹌濟，可與葵邱踐土之會，後先爭勝。眾推子執牛
耳，媿不敢當。（同上，頁222）

想王韜一介無名小卒，人過中年，卻沒有半點功名，能在
近百人的盛筵中，居首位、執牛耳，更別提他們都是來為他送
別的，而其中還不乏各界俊傑之士。

此時，王韜不免會想：面對自己的血親同胞，我反而得遠
離家鄉、逃到香港，處於長期的失意憂憤之中，曾說道：「余
青衫老矣，落拓天涯，苦無知己」；卻在一衣帶水的日本，受
到這樣熱切的款待與崇敬。這實在是令他始料未及，又感念遙

深的。

　　此間種種厚愛，實在是王韜在國內怎麼想也想不到，怎麼盼也盼不著的。

　　也因此，他不只一次地嘆道：「苔岑之契，金石之交，乃得之於海外，此真意想不到者也。」

六、問訊湖邊春色

　　懷著這樣既感傷在自己國家不被見用，又欣慰在異國訪得知己的心境，王韜在日本待了一百二十八天。而以他素有山水之癖的個性看來，想必是花費眾多精神於覽山川、觀風俗。

　　沒錯，在他的日記《扶桑遊記》中，他先後來到千鳥瀑布、墨川、飛鳥山、日光山等名勝，也行遍大小寺宇，參觀各地博覽會，每到一地，便以詩文記載當地的秀麗風貌。如他在四月初三日（陽曆 5 月 22 日）與友人同遊墨川時，便極力誇耀墨川的美麗，他說：

　　按墨川之水，來自西北，

《扶桑遊記》書影

一碧瀠洄,四時之景,無不相宜。宜雨宜晴,宜畫宜夜,
宜雪宜月,宜於斜陽,宜於曉靄。總之淡妝濃抹,俱有意
致。而尤宜於夏夜納涼,畫艦迎花,舫船載酒,燈火萬
家,蟲聲兩岸,清飆徐至,披襟當之,以徘徊於葦渚蓼汀
間,幾忘人世之有酷暑,不亦樂歟。(同上,頁53)

將墨川之美形容得萬分引人入勝,恨不能在葦渚蓼汀之
間,觀賞淡妝濃抹總相宜的墨川之水。

另外,使王韜更無法忘懷的,還有前後共一星期的日光山
之遊了(6月14日至6月21日)。他在遊歷的最後一日寫道:

日光之游至此而畢。山中勝景,非筆墨所能盡,或謂萬壑
爭流,千巖競秀二語,可移以品題,然恐未足以概之也。
(同上,頁212)

可見得王韜對日光山的喜愛尤勝墨川。墨川在他的筆下已
是美不勝收,而日光山之美卻是無法言喻、非筆墨能形容的,
由此更可以想見他對於日光山美景的陶醉了。

王韜除了著力於山光水色的描寫外,還對日本的建築詳加
描述,不僅是尋常人家的屋前風光:

庭前必有方池蓄魚,荇藻繽紛,令人有濠濮間想。池旁雜
花小草,藉作點綴。屋皆覆木片,有西秦板屋之風。(同
上,頁23)

還對佛教寺廟多所描寫：

> 遍游寺宇，所供多觀音像。他如釋迦牟尼、三世如來，金
> 碧裝嚴，髣髴中土，其招提之雄壯，紺宇紅墻，迤邐數
> 里，則弗逮也。惟長松天矯，古木參差，茂綠深蒼，迷雲
> 翳日，則凡在梵剎，無不如是。一寺有松，偃曲如蓋，就
> 其勢結而為棚，濃陰如幄，藉蔽驕陽。有一樹，於綠葉
> 上，生紅子，其狀若蟲。（同上，頁22-23）

> 日東佛法盛行，堂塔寺剎，窮極華麗，競以金碧繪畫相
> 尚，頗有泰西風，其源皆出自印度。（同上，頁209）

　　由此可見王韜對於地理、人情濃厚的興趣。這實在是雖然
兩國隔海相望，卻風俗殊異、風景迥然不同之故。使初來乍到
的王韜感到興奮莫名，對什麼都充滿好奇。

　　相較於靜態的景物，王韜更以多樣化的方式，記載了日本
的風俗人情。如日人共浴的習慣，他先後兩次提到：一次是初
到日本的第九天午後，他與友人前往某溫泉，見到池中有男、
有女，皆是赤身裸體，不禁大嘆：「真如入無遮大會！」㉓另
一次則是在返國途中，經神戶時，與友人坐在瀑布邊消暑，見
日人男男女女裸身在瀑布下洗浴，他說得妙：「是亦此輩避暑

㉓《扶桑遊記》：「往浴於溫泉。一室中方池如鑑，縱橫約二丈
　許，男女並裸體而入，真如入無遮大會中！」（頁19）

快事,然未免為山靈所笑矣!」⑭

　　至於,為什麼會被山靈所笑?我們無從想像。不過,想當然耳,日本的山靈必定早已司空見慣,何來恥笑呢?應該是王韜自己受了中國傳統禮教的約束,仍無法感受到日本人在公眾場合男女共浴的樂趣吧!

　　又如日人凡是招待客人,必召妓侍飲的風俗,在他的日記中也屢屢出現。但他以一個垂垂老矣的男人,飽經閱歷後,對召來的妓女卻又有著不少的評論。如在四月初十,有歌妓八人侍飲,並表演歌舞助興,他在日記中便這樣寫著:

> 諸妓中以可依綠為冠,雖雛髮未燥,而容華玉映,豔傾一時。其頎身玉立,媚眼流波者,則阿濱也。珠喉乍囀,響遏行雲者,則阿清也。有谷哈那者,年僅十五齡,如流鶯之出谷,作飛燕之依人,獻媚爭妍,並皆佳妙。(同上,頁82)

　　此外,在經過長崎、下關、神戶、大阪、西京、橫濱、東京各地的「平康里」後,還能對各地女子的美貌加以評比。⑮大約是東京女子嬌小纖細,大阪女子豐腴秀麗,西京雖高䠷纖瘦,卻也豐腴可人。並推得一個小小的結論:這可能是水土自

---

⑭《扶桑遊記》:「移坐與瀑布相對,靜坐小憩,胸鬲殊爽。瀑布處,男女裸體往浴,是亦此輩避暑快事,然未免為山靈所笑矣!」(頁230-231)

⑮《扶桑遊記》:「東京者軀短而腰纖,大坂多豐碩修整,西京則玉立頎身,曲眉豐頰,大抵由水土使然也。」(頁95)

然造成的吧！

　　更誇張的是，他也詳加記載了日本召妓的流程。首先，要先前往「茶屋」，那應該只是開胃菜吧！在茶屋中吃飯喝酒，並有藝妓表演，等到酒足飯飽，更深露重，客人再假意稱倦，此時便由藝妓帶往娼樓，選一個入眼的女人，美其名是幫人寬衣就寢，實際上呢，是不言而喻的囉！㉖

　　而每一處的青樓酒館各有不同的規矩，王韜凡去過的，都特別都加以記載。如芳原一帶：

　　　　紅樓夾道，廣廈崢嶸，以西法照妓像懸於屋外，俾遊客辨
　　　　其妍媸，而後締好焉。（同上，頁91）

而福原一帶：

　　　　一至黃昏，明燈萬點，絃管之聲如沸，各妓列坐，以便人
　　　　擇肥瘠、辨妍媸焉。頃叟遊人漸眾，近窺遠望，或目擊意
　　　　指，或評鸞品鳳，間有如洛神出水，天女墜空，儀態整
　　　　齊，不可逼視，則名妓下樓邀客也。（同上，頁21-22）

雖同是妓館，但各有不同。而王韜此時亦抱持著遊玩的心境，

㉖《扶桑遊記》：「日本探花之例，以茶屋為先導，謂之引手。先
　於茶屋中開綺筵招藝妓，歌舞既終，管絃亦歇，更闌燭炧，客意
　告倦，藝妓乃導之娼樓，擇其美者，解淳于髡之襦，而薦宓妃之
　枕焉。」（頁89）

將各處風貌詳實記錄。

　　由他的日記，可見日本青樓的盛況，且都集聚一地，頗有風化街、平康里之況。王韜對於考察日本妓女的民情，真不可謂不用心啊！

　　事實上，藉由他的日記，我們也得見日本妓女的分類之細：

　　抵西京時，時已曛黑，遽詣寓樓，翦燭開筵，合尊促坐。藝妓來者四五輩，裝束華麗，又勝大坂一籌。酒行甫半，有言近處有劇場，適當開演，盍往觀之。於是挈妓同行。……時帷幕下垂，燈火千萬盞，皎同白晝，樂作幕啟，則正面坐女子十六人，以八為行，蓋舞妓也。兩旁各坐十人，皆手操三絃琴，蓋歌妓也。（同上，頁26）

　　大約有招來家中、或行至酒館，以供飲酒助興的藝妓，但只能當筵表演樂舞，不能行房中之樂；亦有專門在劇場從事歌舞表演的歌妓、舞妓；當然，能薦枕暖床的色妓也是一行。

　　在歌舞劇的表演外，他也去看了演劇表演。當時日人的劇場是從早上七點開始，至凌晨一點結束。至於當時的盛況，他也詳細地作了描寫：

　　每一齣終，則下幔略停刻許。觀劇坐位殊密，幾無隙地，從高視之，方罫縱橫，如畫井田。至夕亦燃煤氣燈，火光

明皎同白晝。（同上，頁107）

　　但他對於日本優人則頗有意見。他以為日本優伶善於搬演悲歡離合之情，但女子多作男聲，使人聽了不是很舒服。㉗可是不論他喜愛與否，我們都可以藉由他在看戲之後，對東西戲劇的比較㉘，而了解他對東西方的戲劇確實是多有考察體會的。

七、樽前猶是故國人

　　然而，就算他在日本是如何地稱心快活，也難以磨滅他身為中國讀書人的事實。不論何時何地，當他看見與故國文物類似的物件，總不免記上一筆。如閏三月十二日的日記中，他對於當地茶寮的茶具、司茶女子的妝扮都覺得是「亦如粵東」、「隋唐遺俗」。㉙又如日本的十三絃琴，日人叫「紫筑箏」，王韜亦認為是「固中國之箏也」。㉚見到幕府時期的金屏風，上

㉗《扶桑遊記》：「惟所扮婦女多作男子聲，如為阿傳者，其聲聞之欲嘔。」（頁108）

㉘《扶桑遊記》：「總之東西洋戲劇，魚龍曼衍，光怪陸離，則以西國勝。廬舍山水，樹木舟車，無不逼真，兼以頃刻變幻，有如空中樓閣，彈指即現，則以日本為長。」（頁109）

㉙《扶桑遊記》：「寮中茶具，製皆精雅，有如粵之潮州，閩之泉漳。婦女雲鬟，多盤旋作髻，如古宮妝，疑是隋唐時遺俗。」（頁14）

㉚《扶桑遊記》：「按十三絃者，日人名為筑紫箏。行之已四五百年，筑紫即今西海道，蓋自長崎傳入，固中國之箏也。」（頁112）

繪有古樂圖，應是秦王破陣樂，他也可一眼看出這是「隋唐時
所流入者也」。㉛

　　更明顯的家國之別，是表現在四月二十五日，聽老翁及他
的兩個孫子吹彈笙、笛、十三絃琴時，他們說是「隋唐遺
曲」，但王韜毫不留情地在日記上寫：在我聽來，仍然不過是
「倭音」而已。㉜寥寥數字，將自己與待他極熱烈豐厚的日人
分別開了。華夷之分，畢竟由來已久。就算是再如何的與那些
日人相見恨晚，也終究是不比故國之情的。

　　有一日，他與友人前往以骨董為業的主人家時，雖席地而
坐，但還另在一旁擺上六張桌几，安置筆硯。他便說：雖然席
地而坐是古禮，但必定要放置矮几。今日你們日本大多不放矮
几，真是學古學得不完全啊！㉝

　　由此看來，他仍是有著身為中國人的優越感。對於日本向
中國學習的器物、音樂、繪畫、禮俗，他是無不悉心記載，加
以評論的。

八、日本是中國的借鏡

　　他前去日本的主要目的，大約是要觀察日本在明治維新前

㉛《扶桑遊記》：「上繪古樂圖，昔時掌自伶人，秦王破陣樂，其
　　法尚傳，隋唐時所流入者也。」（頁197）
㉜《扶桑遊記》：「所奏謂是隋唐遺曲，所彈謂是古樂，乃娥皇彈
　　以娛虞舜者也。自我聽之，仍操倭音而已。」（頁119）
㉝《扶桑遊記》：「余謂席地而坐古禮也。惟必有几，乃與周制
　　合。今東國多不設矮几，豈學古未全歟？」（頁102）

後社會、經濟的變遷，以供將來在中國實行改革時之用。這樣的記載在日記中也偶有提出。如當本多正納求他改詩時，他便提到日本封建時代的三等門第階層──華族、士族、民族。明治維新以後，廢封建藩侯，歸土地於王朝，原本的諸侯也不再擁有任何政治上的地位了。㉞

這種政治制度的變化，在他遊覽古河驛時，又再次提出。㉟但此時親眼所見古河城址，想維新前各擅一方的諸侯，而今日安在？就連宮殿也成了田圃，荒蕪一片；昔日掌生殺大權的侯王們也只是枯骨一堆，徒留下斷垣殘壁，供人憑弔。因而觸動了王韜的慨嘆，真有「眼見他起高樓，眼見他宴賓客，眼見他樓塌了」的千古悲哀！

當然，明治維新的政治變遷，更使得原本便對西方多有認識的王韜，愈發注意到日本其他方面的轉變。他在五月二十二日同友人參觀「新燧社」或「火寸製場」（應該便是今日的火柴吧！）時，他詳細地介紹生產過程，尤其是特別提出「悉用西法」，且「運售香港上海，年中不知凡幾」。更將購買法國的新式機器，當作事半功倍的主要因素。因此，他對西方工業革命後的現代化器具及技術，更產生了無限嚮往之情。

但是在對過往的感傷與今日的期待中，他也屢次發現了日本在傳統與西化間的衝突矛盾。就像是他與友人同往神田聖廟、日東聖廟參觀，發現原本幕府時期的事孔盛禮，在明治維新後，因專尚西學，而全盤皆廢。㊱對於這一點，他不僅一次

㉞《扶桑遊記》，頁42。
㉟《扶桑遊記》，頁190。

地提到：西法中有適合於國情的，便可學習；若有不適的，也不必全盤西化。㉟而當時的日本便是在學習西方時，太操之過急，又只是先學習工業、經濟、政治制度等㊱，而忘卻了教育、文化這些百年大計，才會出現這種不僅過份崇洋媚外，而且也過份拋棄傳統的情形。

對王韜而言，這似乎可以當作中國的借鏡。只是，他終究是不能為時所用啊！

九、率性而行，流露天真

雖然，他是如此認真地吸收日本的經驗，考察日本的風俗，賞玩日本的山水，但是因他的本性實在是過於率性、天真㊲，所以大部分的時間，還是在飲酒、狎妓、作詩中度過的。甚至有許多不太入流的趣味之作，也可以從日記中信手捻來，隨處可見。例如他去白茅家拜訪，見到白茅的小妻，認為她綽約可人，便作詩調戲她：

味奇流媚在秋波，總費千金亦不多。妒殺佐郎消受慣，花前月下儘吟哦。（同上，頁80-81）

㉟《扶桑遊記》，頁133。
㊱《扶桑遊記》：「故善為治者，不必盡與西法同。」（頁105）
㊲《扶桑遊記》：「其病在行之太驟，而摹之太似也。」（頁130）
㊳《扶桑遊記》：「此亦專從性情中出，必先見我之所獨見，而後乃能言人之所未言。」（頁219）

文詞雖雅，含意卻容易令人想入非非。

就連他自己因為一個月中換了兩位侍姬，而遭友人調侃，他也沒有絲毫辯解，反而又作一詩說明這種銷磨與溫存：

> 一月之中易兩姬，要使餐花比饌玉。兩行紅粉皆嫣然，如余好色流媚目。三女成粲我所歡，惜若蟠桃猶未熟。（同上，頁136）

表明自己實在是喜歡這種秀色可餐的快意。

就連一些日本人都不能了解，為何年紀一大把的王韜，還會如此性好漁色、流連花叢，而說他是「兒女之情有餘，風雲之志不足」。[40]

姑且不論他的風雲之志如何，但就他在日本活動的一百二十八天來看，他的風流之事、趣味之作未免太多，使人不免對他來到日本的主要目的究竟為何而感到疑惑？尤其他屢次提到「海上三仙山」時，總是與召妓之樂脫不了關係。如他在〈芳原新詠〉中所提到的：

> 余偶從諸名士，買醉紅樓，看花曲里，覽異鄉之風景，瞻勝地之娟妍，覺海上三神山，即在此間。（同上，頁91）

> 殿春花放我東來，入夢繁華眼倦開。不數揚州花月盛，本

---

[40] 《扶桑遊記・岡千仞跋》，頁237。

來此處是蓬萊。（同上）

讓人實在不免多作「巫山神女」之想！

十、文章千古事，得失寸心知

雖然，王韜表現了過多的嗜酒好色，但他仍認為自己是「狂而不失於正，樂而不傷於淫」，真要談到讀書論學，他也還是頭頭是道。如他藉著評改日人的詩，而說明自己的詩論：

> 余謂詩之奇者，不在格奇句奇，而在意奇。此亦專從性情中出，必先見我之所獨見，而後乃能言人所未言。夫尊韓推杜，則不離於摹擬；模山範水，則不脫於硾逕；儷青配白，則不出乎詞藻，皆未足以言奇也。蓋以山川風月、花木蟲魚，盡人所同見；君臣父子、夫婦朋友，盡人所同具。而能以一己之神明，入乎其中，則歷千古而常新，而後始得稱之為奇。……余於詩，亦欲以奇鳴。（同上，頁218-219）

又藉著日人屢次捧書請他賜教，而在三言兩語中，提到他自己在讀書論學上的態度。如日人毅堂將老師豬飼敬所所著的《西河析妄》捧給王韜覽閱，書中大多是駁斥毛氏經問的文字。因為豬飼敬所對於《禮經》頗有研究，因此學生毅堂也精通《三禮》之學。而王韜便大嘆：

　　日本多文士而少經生，誠可謂矯矯異眾者矣！（同上，頁129）

　　這是他對日本的了解，也是對豬飼敬所留心古制之用心的敬意呀！㊶

　　而對於岡本監輔的《萬國史略》及《要言類纂》二書，王韜推崇備至。前者是搜羅各國掌故之書，這對於極力西化的日本頗有助益。後者則是概括古今說理的書，其中內容仍不脫孔孟思想。其中令王韜最為稱道的，是岡本監輔認為孔孟之學放諸四海皆準㊷，他以這是「具特識者」的。

　　他又針對西法而提出：

　　道也者人道也，不外乎人情者也。苟外乎人情，斷不能行之久遠。故佛教、道教、天方教、天主教，有盛必有衰，而儒教之所謂人道者，當與天地同盡。天不變，道亦不變。（同上，頁103-104）

　　這樣的理論，具體的表現了傳統儒家思想對他的影響。這

㊶《扶桑遊記》：「敬所有考正寢廟、正寢、堂室、門塾之制，令匠製造木屋，垂為定式。其留心於古制可知也。」（頁129）
㊷《扶桑遊記》：「著有《萬國史略》，搜羅頗廣，有志於泰西掌故者，不可不觀。……近日又著《要言類纂》，就古今言理諸書，綜其要而櫽括之，皆孔孟遺意。彼以為是說也，天下可行也。」（頁130）

種「應時變通，循環不窮」的理論，是他對於日人盲目崇拜學習西法的一些不同意見。

「沒有三兩三，哪敢上梁山？」王韜若沒有一點真才實學，哪敢東遊日本？又哪能使異國文人，不論是喜好漢學的，或崇拜西學的，都能由衷欽佩？所以，他自謂是「具國風好色之心，而有離騷美人之感」㊸，是「能忍之時偽」的真豪傑啊！㊹也因此在回國之前，他為自己在日本的一百二十八天作了一個註腳：

> 兩國相通三千年，文士來遊自我始。敢云提唱開宗風，結社清華爭倒屣。某年日月我去來，大書特書補青史。
>
> （同上，頁223）

十一、終究是——天涯未歸人

但當他看了想看的，遊了當遊的，心中卻升起了一股空虛之感，「雖與文士往來，非所樂也」㊺，畢竟日本不是他的家，因而有了「回家」的念頭。

雖然，他也知道，這一回鄉，就算是有萬般抱負，也未必就能為人所用。只是，當他在日本看盡人事滄桑變化，看著一別十七年的故人，今日貌已蒼蒼時㊻，豈能沒有「人，已非舊

㊸《扶桑遊記》，頁128。
㊹《扶桑遊記》，頁128。
㊺《扶桑遊記》，頁56。

時人；事，已非當年事」的人事之嘆。在這種情緒下，哪怕是「青衫幾潦倒」、「老歲奮功名」，也想要奮力一搏，再為國家做一點什麼，所以他才說：「何必嗟華皓」呀！

此時他又正好在異鄉生病臥床，便益發懷念起故國家鄉了。

因此，回家去吧！

這樣的心情，便一發不可收拾。

在歸途中，他與在日的中國友人說道：

> 從茲一別七千里，此後重逢五大洲。天下事今猶可挽，出山霖雨為民謀。⑰

將自己對國家仍然抱希望、仍然想為國家盡一己之力的念頭，在近鄉情怯的心情下，全部宣洩出來。

是啊！當他「潦倒尚深憂世志」時⑱，我們便可以想見，那樣一個內憂外患、動蕩不安的年代中，一個自小飽讀聖賢書的讀書人，會有著如何一番經世濟民的時代使命感啊！更別說他還是一個熟知西方事務，親自前往歐州、日本觀察過的人啊！在這樣一份捨我其誰的志向下，回國，是王韜必定要走的路。

歸國，是源於對家國的思念與憂慮呀！

歸國，是心有未甘呀！

---

⑯《扶桑遊記》，頁175。
⑰《扶桑遊記》，頁232。

只是，回去後，真的會有所不同嗎？

王韜不敢也不願去多想吧！他只是在經過四個月的去國後，不免有所懷鄉！而且，日本友人再熱情，也終究不是自己的故人哪！因此，他懷抱著始終不被人所用的心理建設，說道：

> 彌見憂時憤世情，久薄微官等鞅掌。黃山歸去好躬耕，慷慨論心意氣豪。（同上，頁232）

大不了管竹、管山、管水，且耕、且讀、且論吧！這樣一個「不作人間第二流」的人物⑭，便是——王韜！

相關文獻

布施知足　王紫銓的《扶桑遊記》

　　　　　東亞研究講座　第84號　1938年12月

陳復興　王韜和《扶桑遊記》

　　　　社會科學戰線　1981年第2期　頁293-299　1981年4月

呂萬和　王韜的訪日及其《扶桑遊記》

　　　　歷史知識　1983年第5期　頁50　1983年

張柄清　王韜《扶桑遊記》史料價值發微

---

⑭《扶桑遊記》，頁88。
⑭《扶桑遊記》，頁33。

綏化師專學報　1985年第1期　1985年

忻　平　　王韜與中日文化交流

日本的中國移民　頁204-226　北京　三聯書店
1987年3月

夏曉虹　　王韜、黃遵憲旅日心態研究

學人　第4輯　頁295-317　南京　江蘇文藝出版
社　1993年7月

實藤惠秀　王韜的來遊與日本友人

近代日支文化論　頁52-100　東京　大東出版社
1941年10月

實藤惠秀著，張銘三譯　王韜的渡日和日本文人

日本研究　第3卷第6期　頁27-39　1944年12月

中田吉信　岡千仞と王韜

參考書誌研究　第13卷　頁1-21　1976年8月

鄭海麟　　關於王韜與岡千仞——跋東洋文庫藏王韜與岡千
仞書稿

學土　卷一　頁196-207　廣州　廣東高等教育出
版社　1996年12月

夏曉虹　　王韜‧黃遵憲‧明治詩文

舊年人物　頁115-117　北京　中國廣播電視出版
社　1997年2月

闞家安　　王韜的日本之行

歷史教學　1995年第8期　頁49-50　1995年

鍾叔河　　王韜的海外漫遊——扶桑之遊

走向世界　頁157-161　北京　中華書局　2000年7月

王曉秋　　王韜日本之遊補論

王韜與近代世界　頁395-409　香港　香港教育圖書出版公司　2000年

大谷敏夫　清末開港後の文教政策と文人王韜に關する考察

追手門學院　第36期　頁168-182　2000年

村山吉廣　レッグと王韜──稿本《毛詩集釋》の周邊

詩經研究　第15號　頁11-18　1991年2月

增田　涉　王韜について──その輪廓

人文研究　第14卷第7號　頁90-100　1963年10月

楊守敬在日本

曹美秀 *

一、楊守敬生平概述

　　楊守敬，字惺吾，號鄰蘇，生於道光十九年（1839），卒
於民國四年（1915），湖北宜都人。四歲時父親便去世，六歲
起母親親自教他識字，八歲始就外傅，當年便能背誦《四
書》。十一歲時，因祖父已年近七十，家中經營的商店需人幫
忙，便輟學在家從祖父習商，但仍利用晚間自習讀書。十四歲
開始從朱鳳池學習，與當時一般追求利祿的學子不同，楊守敬
厭惡八股文，而喜讀當代名家文章，朱鳳池因此對他刮目相
視。十七歲與李氏成婚。十八歲參加湖北學院試不第，取考中
之人文章來看，以為都比不上自己，因此認為是因為當時學政
馮展雲工小楷，但楊守敬書法草率，所以見擯，於是十九歲時
跟隨擅長書法的朱景雲讀書。當時譚力臣（大勳）常來館中與
朱先生及房東許滋生論古，楊守敬自云：「得聞國朝諸儒之學
自此始。」①二十四歲，自設館授徒，同年考中鄉試舉人第八

十名，餘杭鄭譜香向當時主考官顏雪廬推薦楊守敬說：「此人年少好學，他日必為傳人。」②之後又曾七次進京參加會試都沒有中舉。第六次會試不中後，於光緒六年（1880）適巧有機會赴日本任職，在日本前後共四年的時間，搜羅了大量的中國書籍。回國後又參加最後一次會試，當時他已四十八

楊守敬 像

歲，但仍然沒有考中，於是便絕意功名，專心著述。並於次年於黃州築「鄰蘇園」（因城北即蘇東坡當年寫〈赤壁賦〉的地方，故名）以藏書。

雖然屢次會試不中，但藉由入都會試的機會，楊守敬得以遍遊書肆，購買相關圖籍資料，對於增廣見聞有很大助益；同時藉此結識當地學者，如同治元年（1862）於赴禮部考試的路上遇陳喬森，二人一見如故，同治二年經由陳喬森的介紹，又認識了精於書法的潘存和鄧承脩，楊守敬並受到二人很大的啟發，他自己說「得聞緒論，智識日開」。③第二次參加會試雖

---

① 楊守敬撰：《鄰蘇老人年譜》，收入《楊守敬集》（武漢：湖北人民出版社，1988 年4月），第1冊，「丁巳，十九歲」條，頁9。

② 楊守敬撰：《鄰蘇老人年譜》，《楊守敬集》，第1冊，「壬戌，同治元年，二十四歲」條，頁23。

③ 楊守敬撰：《鄰蘇老人年譜》，「癸亥，二十五歲」條，頁10。

不第，但朋友勸他留在京都，楊守敬亦因都中人文淵藪，可與共賞奇析疑，為了學問進步，而決定留下，同年四月又考取景山教習，遂得以長留京都，每日散學之後，便步行到琉璃廠搜羅書籍及碑版文字，加以楊守敬好古的天性④，以及與當地學者共同討論學問，奠定了他在金石、版本、目錄等方面的深厚根基，計其一生有地理、金石方面的著述數十種。⑤有幾件事，可以說明他在這些方面的造詣之深：清代著名學者龔自珍的兒子龔橙，也是著名文字學家段玉裁的外孫，為當時著名的藏書家和金石、碑版收藏家，楊守敬曾在上海待過一段時間，時和龔橙討論金石、目錄之學，以龔橙在這方面的造詣，對楊守敬的學問都十分佩服、稱讚，為了方便與楊守敬討論，龔橙還為楊守敬選擇一較大的房舍，並負擔楊守敬的住宿及伙食費。⑥又，清代學者端方曾於光緒三十二年（1906）及宣統元年（1910）二次特地請楊守敬到家中鑒別、題跋所藏金石碑版。因楊守敬在金石碑版方面的造詣，當時人稱楊守敬與李葆恂為金石學南北二大家。另外，他曾花費十年的工夫著成《水經注疏》一書，這本書博采漢、魏、宋、齊人有關地理方面的

---

④ 楊守敬於《鄰蘇老人年譜》記載他在5歲的時候，曾經在數錢的時候拿起古錢來玩弄，他自己認為這是「天性然也」。詳見《鄰蘇老人年譜》，「癸卯，五歲」條，頁7。

⑤ 楊守敬在地理學方面的著作有：《隋書地理志考證》及《補遺》、《漢書地理志補校》、《禹貢本義》、《三國郡縣表補正》、《輯古地志》、《歷代疆域志》等；金石學方面，輯有《望堂金石》初、二輯。

⑥ 楊守敬撰：《鄰蘇老人年譜》，「乙亥，光緒元年，三十七歲」條，頁15。

資料、記載，總結前人研究《水經》的得失，在他六十六歲
（1904）時寫成，成書後還反覆再三校訂，去世後由他的弟子
熊會貞繼續這項工作，凡六、七校，經六次寫定而後成書。一
九三四年日本京都研究所曾派遣松浦嘉三郎來武昌，想要用重
金購買《水經注疏》原稿，可見此書價值之高，所幸熊會貞嚴
詞拒絕，此書原稿才沒有流到日本去。清代著名學者羅振玉曾
讚嘆道：楊守敬的地理學與王懷祖（念孫）、段若膺（玉裁）
的小學、李壬叔（善蘭）的算學為清朝三絕。⑦所以雖然沒有
中舉，當時權貴與學界在學問方面都很敬重他。

　　楊守敬早年便不願隨俗一味學習八股文，所以在科舉路上
並不順利，但由於對中國文化深切熱愛，故中年後願棄功名，
專力學問，所以當他得著難得的機會前往日本時，便不遺餘力
地加以搜羅當地漢籍。他的版本學造詣，使他有足夠的眼光作
揀擇，金石方面的收藏並為他在日本搜購古籍時發揮重要的作
用；同時因與當地學者密切往來，對日本漢學界也起了一定的
影響，所以楊守敬在日本的時間雖只有短短四年，在中、日漢
學交流史中卻值得大書一筆。

二、渡日訪書之背景與機緣

　　漢籍是古代漢字文化圈諸國的共同文化財富，至少在公元
六世紀末漢籍就傳到了日本列島，日本學者內藤虎次郎便曾說

---

⑦ 楊守敬撰：《鄰蘇老人年譜》，「乙巳，六十七歲」條，頁23。

過：日本文化便是中華文化的延長，是從中國的古代文化一直延續到現在。而且無論人文或自然因素都使日本的漢籍保存得比中國本土還要好。在自然因素方面，日本氣候宜人，較少霉爛腐蝕之虞；人文因素方面，日本戰亂也比中國少得多，同時由於崇尚佛法，即使發生戰事，日人也絕不破壞佛寺，而很幸運的，中國傳入日本的佛經及書籍，往往保存在寺院裏，加上日本佛寺都以石室鐵壁來收藏書籍，所以流傳日本的漢籍資料保存得相當完整；另一方面，流傳日本的中國漢籍之日抄本多用螢紙，質地相當堅固，更延長了書籍的壽命。相反地，我們中國卻屢經戰亂，從唐、宋以迄元、明，許多國內古籍都付之兵燹，用紙也較脆弱，以及氣候潮濕等因素，導致許多中華古籍竟成飄零異邦的絕版孤魂。清初有一日本學者山井鼎據該國所藏活字本著成《七經孟子考文》一書，此書傳入中國，乾嘉考證學家為之驚羨不已；後來阮元編輯《四庫全書未收書目》時，曾採入日本人林述齋編刊的《佚存叢書》十七種中的十種，國內學界方驚於日人保存中國文獻之珍貴。這兩件驚動中國學術界的事，使清代學者、藏書家、目錄學者們深刻了解到日藏漢籍的價值。做為中國文人，一方面基於學術研究的需求，一方面出於對故國文化瑰寶的憐愛，他們亟欲渡日索求遺書，卻苦於沒有機會。早在北宋時，歐陽脩便作有一首題為〈日本刀歌〉的詩⑧，藉一把寶刀重歸故土，而抒發對中國古書流落海外的錐心之痛，並渴望這些書籍回到故土。歐陽脩只看到了一把寶刀便有如此深的感慨，清朝學者更進一步體驗到流傳外域書籍的重要，其渴求之情當更甚，楊守敬則幸運的得

到了當時學者夢寐以求的大好機會。

　　楊守敬渡日以前，已有過幾次的漢籍回流的記錄，如宋太宗雍熙元年（984）入宋的日僧奝然帶來不少日藏漢籍，楊守敬曾說自己所搜得的書，「雖然沒有當年秦始皇未焚毀的書，卻有奝然未獻進者」。⑨可見楊守敬亦自覺地欲繼奝然獻書後，進一步讓更多日本所藏漢籍回歸中國。奝然來華幾年後，太宗至道元年（995）杭州奉先寺僧源清以自著之書遣人送往日本，並訪求當時中土所佚的佛經。次年，日本僧人覺慶遣弟子攜各經寫本入宋，此後，入宋的日僧都會攜來部分經書。另外，與中國關係一向密切的高麗（朝鮮），也屢次進獻圖書。這都可視為楊守敬在日本訪書的先導。

　　光緒五年（1879）年底，楊守敬收到出使日本大臣何如璋的信，請他共赴日本擔任隨員的工作，光緒六年（1880），楊守敬便攜家眷經天津、上海前往日本，楊守敬抵日後，何如璋調往他處，由許景澄繼任，不久後許景澄丁憂離職，由黎庶昌繼任，楊氏都續任此職，直到光緒十年（1883）回國，在日本共計四年的時間。其間楊守敬廣結日本學者，頻繁出入東京的舊書店和學者、藏書家的書齋，搜集大量古抄舊刻，成為後來刊行《日本訪書志》和《留真譜》的基本資料。

---

⑧ 這首〈日本刀歌〉的重要部分如下：「昆夷道遠不復通，世傳切玉誰能窮；寶刀近出日本國，越賈得之滄海東。……徐福行時書未焚，逸書百篇之尚存；嚴令不許傳中國，舉世無人識古文。先王大典藏夷貊，蒼波浩蕩無通津；令人感激坐流涕。」
⑨ 楊守敬撰：〈日本訪書志緣起〉，《日本訪書志》，收入《楊守敬集》，第8冊，頁27。

日本訪書志緣起

余生僻陋家鮮藏書目錄之學素無淵源庚辰東來
日本念歐陽公百篇尚存之語頗有搜羅放佚之
志茫然無津涯未知佚而存者爲何本乃日遊市
上凡板已毀壞者皆購之不一年遂有三萬餘卷
其中雖無秦火不焚之籍實有歐然未獻之書因
以識家讀錄參互考訂凡有異同及罕見者皆
錄之夫以其所不見遂謂人之所不見遠家所
以貽識然亦徜有秘文墜簡經余表章而出者不
可謂非採風之一助也
日本舊有鈔本經籍訪古志七卷近時澁江道純森
立之同撰所載今頗有不可踪跡者然余之所得
爲此志之所遺正復不少今不相沿襲凡非目覩
者別爲待訪錄
訪古志所錄明刊本彼以爲罕見而實我　國通行
者如劉節之藝文類聚安國徐守銘之初學記馬
元調之元白集之類今並不載亦有彼國習見而
中土今罕遇者又有彼國翻刻舊本而未西渡者

〈日本訪書志緣起〉書影

　　楊守敬渡日前，第一任駐日使團參贊官黃遵憲便將他在日
本所見日人唾棄漢學的情形告訴楊守敬，且囑咐他赴日後要廣
為搜集，加以受到歐陽脩〈日本刀歌〉的影響⑩，楊守敬的訪
書活動是早有計畫的，故一到日本，便馬上進行訪書的行動。
就訪書的角度來看，除了到日本任職的難得機會，楊守敬還碰
著一個大好時機，即黃遵憲所云日人對漢籍的不重視，因此時
日本明治維新運動的餘波仍盪樣著，在明治維新期間，日人一
味學習西方的實用之學，認為封建社會遺留下來的思想、文化

⑩ 楊守敬曾自云：「庚辰來日本，念歐陽公百篇尚存之語，頗有搜
　羅放佚之志。」（〈日本訪書志緣起〉，《日本訪書志》，收入《楊
　守敬集》，第8冊，頁27）其中「念歐陽公百篇尚存之語」即指歐
　陽脩在〈日本刀歌〉一詩中所云「逸書百篇之尚存」，楊守敬讀過
　歐陽脩此詩，便念念不忘日本存有中土書籍之事，故一有機會赴
　日，便積極搜羅。

等是舊弊的、因循的、無用的，加以明治四年（1871）推行新
學制，停止舊私塾，使用新的教科書，於是以中華文明為根柢
的日本傳統文化結構激烈震盪，以致於原來為日人所珍視的漢
籍、儒家經典，此時都棄如敝屣，當時日本收藏家出售舊藏漢
籍，甚至以斤兩計價，所以在楊守敬赴日之前，已有許多原藏
日本的漢籍散落日本以外，所以楊守敬說自己到日本搜羅古籍
只能收到一些「殘賸」，並為自己不能早幾年來日本感到憾
恨。⑪但從另一個角度來看，日人不重視漢籍的情形，正好對
楊守敬訪書、求書行動有著莫大的助益。

三、《古逸叢書》之刊刻

繼何如璋、許景澄之後上任的駐日本大臣黎庶昌是個古文
家，同樣也珍愛書籍、力圖保存漢籍資料，楊守敬與之便相得
益彰。黎庶昌赴日前便已聽說楊守敬訪書的成果，來到日本
後，看到楊守敬所做的〈日本訪書緣起條例〉，為其保存中國
文獻圖籍之心所感動，於是決定刊刻《古逸叢書》。⑫理所當
然地，黎庶昌請楊守敬擔任刻書的助手，並擔任校書的工作，
此書於光緒八年（1881）開刻，至光緒十年（1883）間完成。
這本書收錄了許多國內所沒有的唐、宋、元版古籍，為了確保
刻本的品質，楊守敬親臨車間監督，與刻字工人打成一片，所
以此書刻印極精，潘祖蔭、李鴻裔等人稱讚此書說：這樣的刻

---

⑪ 楊守敬撰：〈日本訪書志緣起〉，《日本訪書志》，頁28。
⑫ 楊守敬撰：《鄰蘇老人年譜》，「辛巳，四十三歲條」，頁17。

《古逸叢書》書影

板，是宋以後所沒有的。楊守敬在自訂《鄰蘇老人年譜》（下省稱為《年譜》）中曾記述當時刻《古逸叢書》的情形說：日本的刻工刻書都很謹慎，一點也不草率，日人也佩服我鑒別的精細，每刻一書，我都先選擇刻工中技藝最精良的為標準，讓其餘刻工效法其刀法，等到每個人都學得很好了才讓他們動工，所以即使技藝較差的，刻出來的書版也都有相當的水準。而我辨別刻工的好壞，不用印刷樣本，只要用刻版直接辨識就可以分出高低。⑬這段敘述一方面可見出楊守敬對刊刻《古逸叢書》的認真態度，一方面可見出楊守敬在版本鑑別上的深厚功力及自信。關於楊守敬在這方面的功力之深，《年譜》還載有一條相關的趣事，日本刻書店曾經為了測試楊守敬的眼力，挑出十八個師傅刻出同樣的版片，讓楊守敬從十八片刻版中挑出其中刻工最佳的人所刻的版片，楊守敬逐一端詳刻板後，從其中拿出一刻板，說這應該就是這片，當時在場的人一齊起立，掌聲如雷。隔天，這件事還上了新聞，在日本刻版業間盛傳。

---

⑬ 楊守敬撰：《鄰蘇老人年譜》，「癸未，四十五歲條」，頁18。

在監刻《古逸叢書》期間，楊守敬並未中止搜訪古書的工作，他白天在外進行搜訪古籍的工作，並時常接待日本學者、藏書家，晚上則校書，工作之辛勞勤奮，可謂夜以繼日，日本人都驚詫他的過人精力，這件事也登上當時的報紙。⑭

《古逸叢書》共收書二十六種，二百卷，其中幾種有楊守敬的跋語，黎庶昌在自序中說，由於所收的書都是「古本逸編」，所以叫《古逸叢書》，所謂「古本」是指古代的本子，「逸編」就是在中國已亡佚不傳的書，由此看來，這套《古逸叢書》應該相當具有價值，但楊守敬對《古逸叢書》並不盡滿意，他在《年譜》中說：《古逸叢書》印出來後，黎庶昌先生用來贈送給當時顯貴，他們都稱讚不已，但是我覺得，其實其中所刻的書並不盡然是重要典籍，如蔡刻《杜詩》，廣東仍有刻本流傳；《莊子注疏》在《道藏輯要》中也有，但慧琳《一切經音義》及楊上善《太素經》等書都沒有刻，我實在感到無限遺憾，但這件事是由黎庶昌先生做主的，怎麼能盡如我的意思呢？⑮可見黎庶昌在這方面的造詣較楊守敬遜色許多，亦可見楊守敬日以繼夜認真刊刻《古逸叢書》，乃是基於保存文物的使命感，希望藉此保存流傳海外的珍貴典籍，故國內已有之版本，他以為便不必再刻了，但黎庶昌並沒有這樣的眼光，以致書中收入的書籍並不盡為「古逸」本，而一些真正的「古逸」本並未收入。雖然如此，客觀地看，《古逸叢書》還是收有一些中土早已不見傳本的珍本祕笈，如《琱玉集》⑯、《天台山

---

⑭ 楊守敬撰：《鄰蘇老人年譜》，「癸未，四十五歲」條，頁18。
⑮ 楊守敬撰：《鄰蘇老人年譜》，「甲申，四十六歲條」，頁19。

記》⑰、《玉燭寶典》⑱等，故在保存佚書上，《古逸叢書》
還是發揮了相當的作用。

四、訪書工作的進行

　　初到日本，楊守敬亟欲搜羅散佚漢籍，卻又不知從何下手
時，此時有一部書對他起了相當大的指引作用，那便是森立之
⑲與澀江抽齋、海保漁村、伊澤蘭軒等共同討論編撰成的《經
籍訪古志》，此書收編日本國內六十多家藏書處所收漢籍善本
六百五十四種，是當時最佳的日藏漢籍目錄，楊守敬便根據這
本《經籍訪古志》一一搜尋，對楊守敬訪書起了極大的指引作
用。森立之所整理的《清客筆話》⑳一書中有一些類似這樣的

---

⑯《琱玉集》，撰人不詳，《古逸叢書》所刊殘存 2 卷，據日本舊抄
　　卷子本影刊。見《古逸叢書》之16（臺北：藝文印書館，《百部
　　叢書集成》）。
⑰《天台山記》為唐徐靈撰，《古逸叢書》乃據日本舊抄卷子本影
　　刊。見《古逸叢書》之25。
⑱《玉燭寶典》為隋杜臺卿撰，《古逸叢書》收殘存 12 卷，乃據日
　　本舊抄卷子本影刊。見《古逸叢書》之14。
⑲ 森立之，幼名伊織，後改名養真、養竹，字立夫，號楳園，又號
　　醒齋節齋、二端道人、水谷山人、浴仙、泊齋、自言居士等，出
　　身世代醫家，是江戶後期到明治初期的著名考證學者和醫生。楊
　　守敬在日本期間與森立之交誼最深，往來最頻繁，在訪書工作上
　　得到森立之的幫助也最多，詳見下文。
⑳ 此書是日本學者森立之將自己與楊守敬會面時以筆代言的部分筆
　　談真跡及名片、短簡、來訪不遇時的留言、借書借條、邀請信等
　　有關資料粘貼整理而成的一部筆談資料集。由此書可見楊守敬與
　　森立之間的交往情形，尤其是對漢學及書籍方面的來往及意見交
　　換。

記載：有一條記載楊守敬帶著《隸釋》一書問森立之：「這本書《經籍訪古志》中並沒有記載，為什麼呢？」㉑另一條記載楊守敬問森立之：「我前幾天看到的《易經》單疏本是《經籍訪古志》中的哪一種呢？」㉒從這些零星話語，可見出所謂按《經籍訪古志》一一搜索的確不假。

楊守敬搜訪古書一般有幾種途徑，其中很重要的是在書市購買，而交易方式，又有以金錢購買，或以物易物的不同。金錢的購買當然是書市最常見的方式，如《日本訪書志》的「監本《論語集解》」條說：這本書是書商從西京搜得的，前後都沒有日本人的注解，非常難得，我用很高的價錢才購買到。㉓

但楊守敬本人的金錢能力有限，所幸他在渡日時，身上帶了一些漢魏碑版，於是，若遇見珍貴罕見的書籍或書版，書主不願以金錢出售，或楊守敬買不起的，他就用碑版來交換，如北宋刊《廣韻》，《日本訪書志》記載，這本書原本是寺田望南所收藏的，後來歸町田久成所有，楊守敬曾經多方想購得都買不到，後來黎庶昌先生議刻《古逸叢書》時想將這本書列入，但町田久成堅持不肯出讓；適巧町田久成喜愛鐫刻，看到楊守敬所藏的漢印譜也愛不釋手，於是二人互相交換，各得其所。㉔其中，森立之是楊守敬交換書籍的重要對象。如《清客

㉑《清客筆話》，卷2（收於《楊守敬集》第13冊），明治14年5月17日，頁529。

㉒《清客筆話》，卷2，明治14年7月21日，頁530。

㉓ 楊守敬撰：《日本訪書志》（臺北：廣文書局，1981年8月，再版），卷2，頁81。

㉔ 楊守敬撰：《日本訪書志》，卷3，頁165。

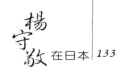

筆話》卷三記載明治十四年七月五日楊守敬去拜訪森立之，當時楊守敬帶了刀品、布品拓片各一冊，兩人有以下的對話：

楊：錢冊，不欲留乎？

森：三四日熟覽是祈，定是諸家藏品。此為誰藏？彼為誰氏藏？逐一可知乎？

楊：僕所藏有十品，其他可一一注明也。公喜真錢乎？僕有之，可換書，公欲否？

森：一覽之後可拜答也。

楊：公藏有古錢乎？

森：正用品日本錢，僅備數耳。先年少有，皆為烏有，今攜于此邦者，刀布其他，孔方亦有之乎？

楊：僕金石是夙好，書則今日始好。近日好書甚，故欲以金石換之。僕藏刀布約二十品，公欲得數品亦可，公能以書割愛乎？㉕

楊守敬必然已先知道森立之喜古錢，所以特地先拿出古錢拓片，希望引起森立之興趣，以為要求換書的條件。可是森立之亦是極為謹慎的人，要求帶回觀覽鑑別三、四天，再作決定；於是楊守敬又告訴森立之，手上還有更多拓片及古錢，並再次強調要用書來交換。類似的記錄不少，可見以古錢刀布拓片交換，是楊守敬勸說森立之出讓藏書的重要手段之一。而從

㉕《清客筆話》，卷3，明治14年7月5日，頁531。

這些對話可清楚看出楊守敬當時對搜集書籍的渴望，他念茲在茲的就是書，以致對森立之的問題有答非所問的情形，不論森立之問什麼，楊守敬都要提示自己願將所藏古錢換書之事，並不斷提醒森立之自己所藏古錢之珍貴；而森立之也是酷愛書籍的人，所以雖然對於楊守敬的拓片很有興趣，卻也不肯輕易割讓自己的書，故要求親自觀覽這些拓片才能下決定，在這種情形下，楊守敬要從他那兒得到珍貴圖書，還得費一番工夫。《清客筆話》還有一則記載，更可見兩人在金石與書籍間的斟酌、取捨：

> 楊：公若喜此，則以書換。
> 森：刀布吾所好。雖然，若以書換之，則自檢點先生藏品
> 　　而請之耳。㉖

　　楊守敬態度非常堅定，表明非以書交換不可，森立之則要求親自檢視那些刀布再作決定。可見楊守敬的堅持，以及善用現有資源、善於窺測森立之的心理，森立之顯然對那些刀布極有興趣，不過一點也不草率，因為要在二者間作抉擇，對他而言並非易事，所以他再次要求親自看過所有收藏品，如果值得，他才肯交換。由此亦可見二人互取所需，卻又互相對峙的微妙氣氛，所以當時在日本的訪書工作，並不是憑著一股熱情便能做到，還需要相當的智慧，才能獲致一定的成果，而楊守敬無疑是具備這個條件的。

㉖《清客筆話》，卷5，壬午3月，頁535。

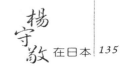

楊守敬在《年譜》中曾說：我剛到日本時，看到書店中的書大多是我從來沒見過的，雖然沒有能力買下來，但心裏都默默記著。所幸我此行所帶的漢、魏、六朝碑版，也多是日本人所沒見過的，而且古錢、古印是日本人所羨慕希求的，於是以有易無，換來滿篋的書籍。㉗可見楊守敬本人的財力實在有限，故以物易物成為楊守敬搜購海外遺書的重要方法。雖然將自己心儀的碑版拓片出讓，但他仍滿心歡喜，從上面他話中所透露的欣喜之情，可知他為此無怨無悔。

另外，也有從學者處用金錢購買的，如南宋三山黃唐刻本《尚書注疏》，這是最早一部《尚書》注疏合刻本，他一到日本就極力想搜羅此書，花了很多時間才得知此書在大阪某位藏書家手上，便託人去洽購，並有多次書信往返，但對方價錢開得太高了，始終無法成交。但楊守仍不死心，直到要回國前，他要同行人先上船，自己由神戶特地繞道大阪，欲買得此書，但書主仍居奇不售，後來楊守敬用盡行囊中所有的錢，終於購得這部海內孤本。楊守敬自述這件事說：

> 余以日本古籍有所見，志在必得，沖（筆者按：當是「況」字之誤）此宋槧經書，為海內孤本，交臂失之，留此遺憾。幸歸裝尚有餘金，迺破慳得之。攜書歸，時同行者方詫余獨自入大阪，及攜書歸舟，把玩不置，莫不竊笑癖而且癡，而余不顧也。㉘

㉗ 楊守敬撰：《鄰蘇老人年譜》，「壬午，四十四歲」條，頁17。
㉘ 楊守敬撰：《日本訪書志》，卷1，《尚書注疏》條，頁19。

當時同行諸人都為他獨自到大阪一事感到驚訝，當他帶著這本珍貴的書與同行人會合，在船上把玩摩娑不已，同行的人都笑他這近乎傻痴的愛書癖，但楊守敬並不理會。這是一位愛書者的真實告白，再昂貴不易得的書，楊守敬都不願放棄一絲購獲的希望，因為他堅持一個想法：中國學人難得來日本，漢籍又是中國文化的珍貴遺產，所以趁此行來日本的機會，凡是能見到的珍貴書籍，都要不惜代價帶回中國。這種努力的搜羅，不為任何利益，而是出於一個中國文人對文化傳承的強烈使命感，以及讀書人愛書的真心。

凡是懂得中國文化的人都知道古本、罕見本古籍的重要，那些日本藏書家或學者對於這些書當然也是愛不釋手，楊守敬要從他們手上獲得這些書顯然並非易事，就購買而言，楊守敬本人的財力實在有限，但他仍能搜得數量相當的書籍，在於他善於掌握日本學者的心理，前面所提到的用金石拓片交換，便是利用日人喜愛這些東西的心態。另外，如楊守敬深知讀書人恐著作不傳於後的心理，曾主動提出要為森立之刊刻著作，以為勸其售書的手段，如《清客筆話》記載楊守敬勸森立之云：

先生所注《本草》卷帙似甚繁，刊板不易。然先生一生心血，何可不令於生前傳之。弟夙有拙稿數十，亦因力不能刻，近日遂以所藏金石售之，以為刻書貲。先生何不以重復之書，或不甚愛惜之書而售之，弟為作緣，則一舉兩得也。[20]

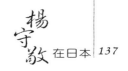

《本草》指森立之所著《本草經考注》。楊守敬以自己為例，說自己想要刻書而經費有限，於是只好出售一些金石收藏，以為刻書的資金，雖然心裡很是捨不得，但為了讓自己心血所注的書籍流傳於世，這是不得已的作法，同時他也表明自己極欲購得森立之藏書的心意，所以說如果森立之願意出售所藏書籍以刊刻自己的著作，楊守敬也可得到想要的書籍，真是一舉兩得。可見同樣作為漢學學者，楊守敬能緊緊抓住森立之的心，利用他想將所著書刊行的願望，不費吹灰之力，便使森立之出讓所藏書籍。

再者，楊守敬本人的毅力、鍥而不捨的精神，也是他能搜得珍貴罕見書籍的重要原因，如楊守敬知道森立之藏有宋版《玉篇》、《廣韻》二書，於明治十四年一月與森立之會面時問起二書，森立之回答：已獻上官庫，現在不在我家。楊守敬請求能一見此書，森立之說：今天恐怕沒辦法，改天我把它帶來，然後再以書信告知你。⑳一直到五月，楊守敬都沒有見到此書，於是再次問起，森立之卻說：在兩三年前已經賣掉了。楊守敬說：一定還在這裏。森立之只好實答：其實是我與別人已約定要賣給他，但是他還沒帶錢過來，所以暫時放在這裏，但我們已約定不能賣給第三者，所以我只好回答你已賣掉了。㉛這樣看來，楊守敬是沒有機會得到這部書了，但他仍在尋找

㉙《清客筆話》，卷2，明治14年3月29日，頁522。
㉚《清客筆話》，卷1，明治14年1月21日，頁519。
㉛《清客筆話》，卷2，明治14年5月17日，頁528。

機會。到了明治十五年三月，已事隔一年了，楊守敬又提出這兩部書來詢問森立之，森立之明告楊守敬，這兩本書楊守敬已不可能得到，但他仍不死心，繼續追問：

楊：《廣韻》、《玉篇》二部共價若何？

森：右二部已沽卻了，今不在家，其人則高木壽穎也。

楊：此人云公與約而未定。

森：何日出此言乎？右二書高木已獻于書籍館，君言未知何也。

楊：我前日在公處猶見之。

森：其後賣于彼，彼已獻于上也。

楊：然則此近日事乎？

森：二書從去年有約，定為五十圓。一旦約之，故自諸方雖有請之者，不許，而賣與彼也。

楊：前日二書猶在公處，今云已賣與壽穎，恐託辭也。

森：吾嘗不食言。先生屢以此二書責吾，吾辭以前言已久矣。先生可知焉。有前約者，不讓于他，是為義也。君夫察之。

楊：然則此書竟不得再見乎？或高木有獻書之意而尚未決乎？㉜

可見楊守敬為了這二部書在森立之與高木壽穎處窮追不

㉜《清客筆話》，卷5，壬午年3月，頁535-536。

捨。當他知道森立之與高木壽穎作了約定，但未成交，馬上來問森立之其價錢，顯然有想要捷足先登之意；但到森立之處，森立之又說已賣掉，而且高木已經獻給書籍館了，楊守敬驚訝地問：這是最近的事嗎？一方面為自己的失算感到扼腕，一方面又為此書之不可得深為憾恨。即使如此，他還是覺得自己的預測不會錯，於是又不放棄地追問：幾天前才在您（指森立之）這裡看到的，怎麼今天卻說已經賣掉了，這恐怕是您的推委之辭！當森立之告訴他與人先有約定，便不可再轉讓給第三者，是守義的行為時，楊守敬也無話可說，只好發出遺憾的問句：難道再也看不到了嗎？可見楊守敬為了這二本書窮追不捨，雖然事隔一年，他仍不放棄任何希望，並且為了這二部書，他非常細心地觀察、探詢消息，而最後確定已無法再見到這兩部書時，他內心的遺憾之深，從上面所引的兩個問句表露無遺。但楊守敬仍抱著最後希望，繼續追問森立之是否曾經用宋本與翻刻本校勘，希望從這些蛛絲馬跡得知宋本的大概，其精神實令人感佩。

　　另外，經由友人中介、借鈔或接受日人贈書也是楊守敬取得書籍的重要途徑。在這當中，森立之也給予楊守敬許多幫助，例如《玉燭寶典》一書是楊守敬與森立之二人共同心儀的書，後來森立之先取得了，便在一次會面時向楊守敬介紹此書，楊守敬知道要森立之轉讓是很難的，但又希望得到此書，更希望這種珍本能流傳不墜，便向森立之說：這種古書若不趁現在刊刻傳世，恐怕來日又要失傳，您不希望這本書重刻行世嗎？所以我希望您能借我抄來刊刻，我也不將此書帶回家中，

只要請先生您找來寫工抄寫上木就好了，可以嗎？㉝森立之也是深愛中國典籍的人，聽到楊守敬的話，便馬上請來抄工。四個月後，二人碰面時，森立之告訴楊守敬《玉燭寶典》已經抄寫一半了，再過半個月就可以完成了。㉞並且討論了關於此書的版本問題，楊守敬還要求森立之要再仔細校對過。可見二人對此書的重刻都非常重視，森立之更是極其珍寶，故到此書重刻之前，都不願讓楊守敬看看原本；楊守敬則是極盡能力欲獲此書，雖然得不到原本，退而求其次，還是獲得了抄本，而由於手上沒有原本，所以楊守敬特別注重抄寫時的精確，故一再交待森立之校對時要精準。又如古鈔卷子本《春秋左傳集解》，乃是由楓山官庫中借得鈔來的，楊守敬初得知這本書的訊息也是森立之告訴他的，森立之還將這本書稱為「日本驚人秘笈」㉟，楊守敬知日本有此書後，便託書記官巖谷修㊱幫忙探訪確實消息，當楊守敬得知此書無恙後，便百方慫恿楓山官庫的負責人將此書借給他鈔，後來終於借得，但限十日內還書，楊守敬一時找不到這麼多抄手如期完成抄書工作，便向森立之求助，森立之立刻介紹三名寫工在楊守敬家中日以繼夜地抄，使楊守敬得以在時間內完成抄書工作，今日國內才得以見到此海內孤本，可見若非森立之，楊守敬在日本搜書的成果必大打折扣。另外，高根虎松也在抄書、校書方面給予楊守敬相

㉝《清客筆話》，卷1，明治14年3月28日，頁523。
㉞《清客筆話》，卷2，明治14年7月21日，頁529。
㉟ 楊守敬撰：《日本訪書志》，卷1，頁37。
㊱ 巖谷脩（1834-1905），字誠卿，號一六、迂堂、古梅等。歷任總裁局史官、修史館一等編修、內閣書記官等。

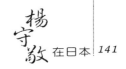

當的幫助，如影宋刊《集韻》便是高根虎松幫忙抄校的。另有少數書籍是日本學人贈送的，如高麗藏本《一切經音義》為由島田蕃根所贈。

除了與楊守敬討論學問、交換書籍碑版外，森立之在楊守敬購求書籍時還起了中間人的作用，一方面經由森立之介紹，楊守敬得以結識許多該地學者、藏書家，如前面講到的巖谷修、小島學古等。巖谷修為楓山官庫書記官，小島學古則為著名醫官兼藏書家。經由小島學古，楊守敬才得以一睹流傳日本的古醫書，根據《日本訪書志》所記，楊守敬在日訪得的書中，得自小島學古的最多，這也是《日本訪書志》收錄的書中，醫書數目最多的原因。《清客筆話》有一段記載楊守敬對森立之說的話，他說：您與我因為尚未互相深知，所以您的書我都不敢借走，其實並無妨，您珍愛的藏書日下部、巖谷修等人也常借去，到現在還放在他們那兒的不下數十種呢！㊲由此可知楊守敬與巖谷修、日下部等人關係也很密切，也可見在日本學界這些學者、藏書家間書籍往來流通應該相當頻繁，楊守敬由於出使日本的機會，加上他本人的積極參與，得以深入這些交流圈中，為他尋訪古籍開了方便之門。

另一方面，森立之常與楊守敬交換相關訊息，如森立之曾寫信給楊守敬，將所知的珍罕本書籍告知楊守敬，信中說：我已經知道《秘府略》、《玉燭寶典》、《類聚國史》等書的古鈔原本在那裏了，忍不住內心的喜悅，所以先寫信告訴你。㊳可

㊲《清客筆話》卷2，明治14年5月17日，頁528。

見此時二人的交情已極深厚，對於所知的訊息絕不視為秘密私產，而是互相分享，這是楊守敬在訪書之外的另一重大收獲，中、日學界的交流，便在這種私人情誼中更擴展與加深。

在不斷搜羅訪求，擴大搜求範圍的努力下，楊守敬甚至搜得連《經籍訪古志》都未著錄的漢籍善本數百種。同時，由於楊守敬的大量搜購，日人也漸漸注意到中國古籍的價值，楊守敬便說，因為他的搜購，當地人一反棄如敝屣的態度，漢籍價格驟然攀升，書商甚至連嘉靖本也視為珍本。價格的上漲，無疑對楊守敬的購書造成一大困難，但楊守敬並不在乎，他真正在意的是日本人對漢籍的重視，因為這才是遏止漢籍散佚的根本方法。楊守敬在一封給友人黃萼的信上，說到自己在日本刊刻《古逸叢書》、撰寫《日本訪書志》以及帶回的大量圖書，非常慶幸自己能有這種奇遇，所以一切富貴功名，都已不放在心上。[39]可見楊守敬對於搜集流傳海外的古籍不僅具強烈的使命感，為了搜書，他連富貴功名都可放棄，因為有這樣的精神，他才肯用盡囊中錢財只為了換取一本舊書，國人也才能見到如《尚書注疏》這樣的稀有珍本。而他對自己搜書所得之欣喜與滿意之情溢於言表，我們似乎看見了楊守敬敘述此事時眉飛色舞之狀。故我們現在所能見到的楊守敬藏書章有「惺吾海外訪得祕笈」、「惺吾在東瀛訪得祕笈」、「宜都楊氏藏書記」等，其中有二個特別標明「海外」、「東瀛」，便是指日本，可

---

[38] 川瀨一馬：《森立之‧約之父子》。

[39] 轉引自容肇祖：〈史地學家楊守敬〉，《禹貢半月刊》第3卷第1期（臺北：大通書局，1972年4月），頁16。

見楊守敬對在日本四年期間訪書的成績，並以此自傲。日本學者岡千仞在其《觀光記遊》中記載楊守敬敘述自己在日本四年，他覺得沒任何功勞可回報國家，惟一值得稱道的只有為黎庶昌搜羅古書，刊刻《古逸叢書》二十六種，並買得遺佚的隋、唐書籍百餘箱。除此之外，並參考日本古書，撰寫《日本訪書錄》二十卷，這些都是宋、元時儒者所沒有看過的，所以楊守敬自己覺得，雖然回國時行囊蕭澀，一點也不覺得後悔。⑩可見在日本四年間，他最重視的不是國際交流，不是觀覽異國風情，更不是個人的薪資俸給，而是以中國為本位的宣揚中華文化，及彌補國內相關資訊的不足，而由行囊蕭澀的情形，可見楊守敬為此已作了最大的努力，也可見他對自己在日本期間搜書所得的自信，以及精神上的滿足。而且在日本期間，他從未對這方面的工作鬆懈過，如在回國前一天他還曾寫信給森立之，提到想要森立之出讓《玉台新詠》的事；而前面講過的，楊守敬在卸職歸國上船前，還特地遠道至大阪，只為了購得《尚書》注疏合刊本一書，可見楊守敬直到臨行前還在為搜書作最後的努力。

　　除了搜書、鈔書，以便將這些書籍帶回國內，基於保存古籍，尤其是流傳異域或即將失傳的孤本的強烈使命感，對於無法獲得的書，楊守敬也極盡保存之能事，故亟力勸人將這些珍貴書籍刻印，以求能廣為流傳不致散佚滅絕，而不像許多藏書家，一得珍本便秘藏不現，其胸襟開闊與用心良苦，絕非一般

藏書家所能比。如南宋聞人模刊《春秋經傳集解》一書，楊守敬在日本見到時便勸黎庶昌刊刻，最後因經費不足才不得已放棄；高麗藏本《一切經音義》也是如此。而《玉燭寶典》一書即使不能購得，亦無緣親見，仍求助於森立之使之刊刻行世。對於極珍貴的書，而在日本無法刊行的，楊守敬便將它帶回國，希望能再刊刻，如北宋本《尚書正義》，這本書是從書官嚴谷脩借得原本㊶，用西方的影印法印得，由於在日本遲遲未能籌足經費，帶回國後，雖亦為經費花了很長的時間，仍無法刊行，到了光緒十二年（1886），楊守敬又將此書帶入北京，請李木齋（盛鐸）重刊，可見他鍥而不捨的精神。

五、關於《日本訪書志》

今日我們所能見到楊守敬訪書的具體成果就是他所編撰的《日本訪書志》一書，此書於光緒二十三年（1897）開雕，光緒二十七年（1901）完成，共十六卷，卷一至卷四經部，卷五至六史部，卷七至十一子部，卷十二至十四集部，卷十五佛經，卷十六補遺，共收書二百二十六種（或曰：二三五種），其中小學、醫書和總集最多。書內各書解題中少數有記年月者，大致在光緒壬午、癸未、甲申、乙酉這幾年（即光緒八年至十一年間，1882-1885），正是楊守敬在日本最後三年和回國後一年，而大多數未記年月者，根據版本及楊守敬自序判斷，

㊶ 楊守敬撰：《日本訪書志》，卷1，頁16-17。

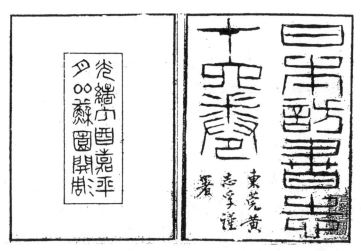

《日本訪書志》書影

絕大多數是在日本完成的，可知此書主要是楊守敬在日本期間，每訪得一書隨時所記，只有少數幾條是回國後補入。楊守敬在《日本訪書志》自序中說：他原本並不想急於將此書付梓出版，而想要將在日時所作札記帶回與同好互相參究，並為各書寫提要，無奈他回國後即赴黃岡任教官，當時並無同好可互相切磋，所以只好就手稿部分，挑出字畫清晰的，請書手謄鈔，分為十六冊付梓，所以現在所見《日本訪書志》對楊守敬而言並非完稿，只是在日本寫的初稿而已，但因回國後苦無人共同切磋，故補入者只有寥寥數條而已，這使楊守敬有無限遺憾。

這本書著錄的最重要原則，楊守敬在〈日本訪書志緣起〉說便是：「詳人所略」，一般的著錄之書都以簡要為原則，但楊守敬卻不惜繁冗，一方面因為他著錄的書都是在國內戰火後

　　殘留於域外的，如果不詳細記載，國內學者必有所懷疑；另一方面，便是他的傳承使命感促使他考慮到這些書的將來，他擔心所著錄的書萬一將來散佚了，後人還可藉《日本訪書志》的記載得知該書的一些大概情況。基於這個原則，《日本訪書志》中所錄的不少明刊本，日人以為稀世珍本，其實在我國是通行的本子，如劉節之《藝文類聚》、安國徐守銘《初學記》等，在《日本訪書志》中便不再記載；但有些日人翻刻舊本，而我國卻從未見過的，由於對國人而言非常珍貴，所以一併錄入。他又說：凡是《四庫全書》沒有收入的，宋、元以上的版本書籍，他都載錄該書序跋，明本則選擇有考證的部分錄入，對版面及行款的敘述記載也以宋、元版本為主，對日本翻刻本則較簡略，可見楊守敬在撰寫《日本訪書志》時並不是凡遇書便錄，而是以國內書籍情況作為去取的考量，以便提供中國學者對日本所藏漢籍的資訊，所以凡是國內習見的書，便不載作者姓名，罕見的，便詳細著錄作者姓氏、爵里。

　　至於提要的內容，大致有下列項目：

　　㈠說明版式：也就是對該書的書版形式作描述。由於無法使每本書都重刊並廣為流傳，所以版式的說明有助於讀者想見該書面目，尤其是在中國久已失傳的書籍，或是海內外孤本、罕見本，這些說明對於愛書者是極重要的訊息。如明刊本《詩外傳》提要云：每卷題「詩外傳」，沒有「韓」字，只有卷首錢惟善的序題有「韓」字。序後有「吳都沈辨之野竹齋校彫」用篆書寫的木記。第一行題「詩外傳卷第一」，第二行題「韓嬰」二字。每半頁九行，每行七個字，字體大小如錢幣一般，

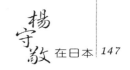

左右皆有框邊。㊷從書的首頁、末頁樣式，到字體大小、版框、行字數等的描寫，讀者大致可想像該書樣貌，這樣的說明的確有其必要。

　　㈡考證源流：在日本訪書期間，每得到一本書，楊守敬就大略考證這本書的來龍去脈，另外用一張紙寫下來，其中所考的內容大致包括不同版本間的源流關係；考述該本在日本收藏演變過程，並略述自己獲見此本的經過等；對於一些罕見的書，楊守敬也在解題中作內容提要，並進一步藉這些考證成果辨正《四庫全書總目提要》或森立之《經籍訪古志》在著錄或考訂上的失誤，就這點來看，《日本訪書志》不只是一本目錄書，更是一本楊守敬本人的讀書題跋。

　　㈢校勘異同：就是校比不同版本在篇目、文字上的差異，如舊鈔卷子本《春秋左氏傳殘卷》提要云：這是石山寺的藏本，日本印刷局向石山寺借來要石印重刊，我前往觀看，這本書相傳是唐人手筆，書法精美，用黃麻紙，真是難得一見。書中的注釋部分，句末多了「也」字，我另外寫了一本詳校本，現在在這裏記下差異最多的部分。㊸下面楊守敬便列了相異處共二十二條。這種異文，對於考訂版本錯字、古今字體等有相當的助益。

　　㈣著錄佚文：也就是就通行版本或楊守敬所有的版本所缺文字、段落或篇章，而其他版本有的，將之加以抄錄，如日本刊《中庸章句》提要云：這本書版心有「倭版四書山崎嘉點」

㊷ 楊守敬撰：《日本訪書志》，卷1，頁31。
㊸ 楊守敬撰：《日本訪書志》，卷1，頁43。

八個字，這本書便是四書之一。山崎嘉是這裏有名的宋學者，他所根據的應該是宋刊精本。書末有朱子跋文一篇，這篇跋文是其他各版本所沒有的，所以我把它錄在後面。㊹經由楊守敬的著錄，即使無法親自見到這本書，讀者也能藉由提要來補足自己所有本的不足，許多書的原序跋在通行本上沒有的，楊守敬都加以載錄，這在學術研究上具有相當的貢獻。

　　㈤評論得失：這是發揮他個人的見解，對該書作評論，這個部分是藉以了解楊守敬學術思想的重要依據之一。如影宋本《尚書音義》提要說：陳鄂不學到了這種地步，竟然敢刪定大儒的的著作，實在是千古恨事。㊺

　　由於楊守敬蒐羅漢籍心切，不憚煩瑣，故此書所著錄的也並不全然是罕見之書，但由於其中有不少中國失傳或海內孤本，也稱得上是善本書目，且由於是訪書所得，所以絕大多數是楊守敬的藏書，但是楊守敬手上的書並不盡然是日本所見原本，有些只是抄錄或影抄，所以嚴格地說，《日本訪書志》是經眼錄、知見目錄。同時，由於楊守敬旅日在外，所帶書籍有限，缺少更多異本互相比勘，所以他所作的考證工作，有些失誤或不周到之處，但仍不失其學術參考價值。後來國內幾部討論目錄的書都曾引用過《日本訪書志》的內容，如葉德輝的《書林清話》、余嘉錫的《四庫提要辨證》、陳垣的《中國佛教史籍概論》等，大部分對《日本訪書志》都給予很高的評價。一九三〇年王重民先生任職故宮博物院圖書館，得以讀到楊守

㊹ 楊守敬撰：《日本訪書志》，卷2，頁99。
㊺ 楊守敬撰：《日本訪書志》，卷1，頁25。

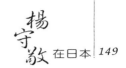

敬遺書，他便用了幾年功夫，從楊守敬曾經批閱的書籍中抄錄楊氏所寫的序跋，而將未收於《日本訪書志》的部分，輯為《日本訪書志補》一冊，這些序跋部分是他在日本期間寫的，大多數則是在光緒十四年（1888）至民國元年（1912）回國後寓居上海時所撰題的，所以有不少是對《日本訪書志》的修正或補充考訂，可與《日本訪書志》相參。

大部分人對《日本訪書志》都有相當高的評價，獨有清末學者葉德輝對《日本訪書志》提出截然不同的意見，他說楊守敬以販書獲利為目的，所以他所刻的《留真譜》及《日本訪書志》大部分都原本及翻本混雜，是楊守敬為了獲利而利用魚目混珠手法刻成的書。對於《日本訪書志》或許我們不應揚之過高，但葉德輝的貶抑也欠公允，平心而論，《日本訪書志》對於中國學術具的貢獻是不容輕易抹殺的，以下略述之：

㈠首先為《日本訪書志》本身收錄書籍的保存文獻功能，其中收了不少日本學者的漢籍整理研究著作，如空海撰的《篆隸萬象名義》、《文鏡祕府論》；僧昌住撰的《新撰字鏡》；村上天皇之子具平親王撰的《弘決外典鈔》等，可藉以窺見當時日人研究漢籍的狀況。另有一些散佚的書籍，端賴此書存之，如由具中國血統的著名醫師丹波康賴編輯的《醫心方》一書，其中摘錄流傳日本的中國古醫書幾百種，或僅見於《隋書·經籍志》，或僅見於日本的《見在書目》，更不乏其他目錄書籍皆不見，惟見於《醫心方》一書所引者，故備極珍貴，更重要的是，丹波康賴為極謹慎的學者，他引用中國的文獻資料，文字完全按照購自中國的原本，即使明顯訛脫與重出也不

改動，而另用眉注說明訛誤之處，可藉以看出唐代原本的特點，具很高的文獻保存價值，若非《日本訪書志》的收錄，散佚的非僅《醫心方》一書而已。除了此書，《日本訪書志》還收有不少海內孤本，如宋三山黃唐刻《尚書注疏》、南宋臨安府棚北大街陳宅書籍鋪刻《李推官披沙集》、宋刻《史略》等。又有不少書籍收錄了多種不同版本，如《爾雅》收錄了影鈔蜀大字本、重翻北宋本、元注疏刻本、明景泰七年刻本等，可作為版本學研究的參考。

㈡《日本訪書志》的相關記載，提供國人了解日本境內的相關資訊。如書中翔實記載楊守敬在日本訪見並購藏、抄藏的珍貴古籍版本，可作為考察日本所存漢籍的依據，並使國內學者對日本漢學界有所了解，他在〈日本訪書志緣起〉中提到流傳日本的漢籍所以能保存完好的原因，便可作為國人效法以保存現存漢籍。又如他提到日本醫生多博學多聞，藏書家亦以醫生為大宗，這種情況是迥異於國內漢學界的。又他提到日本藏有許多朝鮮古刻本，所以要找朝鮮的逸書，日本大概便占了一半分量；日本藏書除足利官學外，以金澤文庫最多，現在所流傳的宋本書大半是金澤文庫所藏，其次是安養院，其次是狩古望的求古樓，這都為後來國人尋找日藏漢籍提供了重要的參考。另外他也記錄了一些藏書大家的名字，如野光彥、澀江道純、小島尚質及森立之等，提供了國內學者不少資訊。

㈢《日本訪書志》第一次以中國學者的眼光，反映日藏漢籍的歷史現狀，並反映作者的訪書歷程，在中國文獻學、目錄學史上實值得一書，而且此書是第一部以海外漢籍為著錄對象

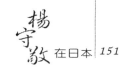

的知見目錄，對目錄體制的發展不無影響。

六、訪書之外的收穫

　　除了搜書，楊守敬在日本也因為時與日本學者切磋討論，而在學術方面增長不少，楊守敬曾對森立之說，自己以前喜好金石之學，對於經史之學都沒有下過功夫，近日才開始想要專意經史之學，但是已經四十幾歲，鬢髮都白了，所以希望能隨時向森立之請教，森立之欣然答應，以為二人相切磋，將會相得益彰。㊻森立之所以欣然答應，也是因為他本人有深厚的自信，他便曾經批評楊守敬「對於古書的鑒別的功夫不夠深厚」，如楊守敬曾向森立之談到《玉燭寶典》的錯字很多，他自己僅僅校了三四頁，便改出數十個錯字，森立之回答說：我個人以為有錯字的版本才更珍貴。而且校訂古本時不可以直接把古本當成是錯的而直接更改，如果另作一本沒有錯字的定本還可以。㊼有一次楊守敬要求把森立之的《三國志》帶回去校過一遍，楊守敬說：如果這是本好書，那我就用十五圓買下。森立之回答：這並不是一本好書，但正因為如此，所以我喜愛它而買了下來，並且仔細加以閱讀；而且沒有錯字的書，我是不喜歡的。森立之的意思是，古本的可貴不在於沒有錯字，而在於它原來的面貌，當然錯字也是其原貌之一，而且錯字是藉以分析考辨古本的重要依據，所以他又說：《廣韻》、《玉篇》

㊻《清客筆話》，卷4，明治14年8月2日，頁535。
㊼《清客筆話》，卷4，明治14年8月2日，頁534。

的原本都很可貴，雖然原本的錯字很多，但是這些錯字可以用來作為考訂之用。這個見解對楊守敬在版本學上有很大的啟發，並且在相當的程度上接受了這個說法，例如他在《廣韻》的題跋上說：我提議刻這本書時，全部都按照原本來刻，即使知道有錯也不更改，這樣可用來彰顯張氏當初校刻的功與過。⑱這種作法與森立之所說以錯字為可貴的觀念正相一致。又如楊守敬曾對森立之說明他對段玉裁注《說文解字》的讚許之意，他說：段注《說文》雖然有武斷的地方，然內容的博大精深，要加以精通，實非易事。如果能為段玉裁的注解尋出體系加以解說，這部著作實在是不能輕視的。又說：王念孫的《廣雅疏證》實在是空前絕後的著作，所以在他之後都沒有人討論他的過失，段玉裁則有人指摘他的錯誤；但是《說文解字》內涵極廣，不是一個人的力量所能探盡的，所以段玉裁還算是《說文》學的巨擘。⑲森立之則說：尊崇段《注》固然有理，雖然天下的言語都在這本書中，但是他對於名物的考訂解說實在比不上郝懿行，通音通字方面，比不上王念孫父子的也很不少。⑳他們都共同肯定段玉裁的成就，但森立之似乎眼光更廣，所以也見出段《注》的不足，而應以其他書籍作補充參照。這些地方，都對楊守敬有所啟發。

另外，在醫學上，由於森立之本人為醫生，所以在醫書方面的了解也比楊守敬深入，楊守敬曾對森立之說：我不懂得醫

---

⑱ 楊守敬撰：《日本訪書志》，卷3，《廣韻》題跋，頁166。
⑲《清客筆話》，卷4，明治14年8月2日，頁533。
⑳ 同前註。

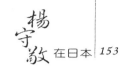

學，但看到多紀氏父子所著的書都很有家法，我們中國境內像
這樣的醫生恐怕極少了。森立之則別有看法，他說：丹波家的
醫學雖說不錯，但就學問來說才可以如此稱美，就醫術來說，
則並未達到至善至美的境地。學醫，要能讀萬卷書而不被書所
限，否則只如蠹蟲；在治病的時候，也要能活用，這就要能活
潑地了解醫書才能辦到。至於丹波家只能稱為學者，就醫術而
言，我實未能心服。⑤他們二人的評判標準有明顯的不同，楊
守敬顯然是著重「學」的方面，就一位學者而言，這是無可厚
非的；但森立之就不同了，他能分辨出醫學上的造詣與實際治
病時的醫術是不同的，做為一個醫生，森立之顯然較重視實際
看診時的運用之術，而非學術造詣，這對楊守敬的思考模式應
起了很大的震盪與啟發。又如楊守敬曾問森立之，既然他出身
醫家，為什麼不替人看病呢？森立之說：明治以後，國內盛行
西方思想，在政治上如此，政府的公告政策如此，在醫學上也
是一樣，若不跟從西方就不被視為醫生。所以現在漢醫師，年
紀老就已被限制，他們的子孫輩若不學西醫就沒辦法成為醫
生。官方的政策公布後，我就不再公開為人看病了，只偶爾如
果親戚朋友有恙，為他們看一下而已。⑤可見日本明治維新運
動影響之大，非但漢籍遭池魚之殃，連漢醫都為當時人所唾
棄，而森立之是個熱愛中國文化的人，對於漢醫也持有相同的
關注，所以言語中透露出相當的感慨惋惜。在當時的社會風氣
下，森立之顯得有相當強烈的無力感，所以他曾寫了「西洋」

---

⑤《清客筆話》，卷2，明治14年5月17日，頁527。
⑤ 同前註。

二個大字，並在下面注說：若無這兩個字，那麼要在人間求生存，就像蠻夷人一樣。⑤

由於這種崇洋的風氣瀰漫整個社會，森立之雖仍讀漢籍，並寫作相關著作，但卻少有知己能欣賞，他便曾對楊守敬說當時日本境內對他的著作能看、能讀，並且懂得書中真義的，實在非常少，所以如果將自己的著作刊刻，只能說是畫餅充飢而已。⑭像這樣的內心話語，森立之只向楊守敬吐露，可見二人在思想方向上的同質性，也惟有出身中國，深受中國文化浸淫的楊守敬能體會森立之的感慨；亦可見二人的情誼已深固到推心置腹的地步，而非僅只是學術上切磋的對象而已。

楊守敬在一封給友人黃萼的信中曾說：學問這件事，我以前絲毫沒有見聞，自從來到這裏（按：指日本），因為有機會看到數萬卷書，才開始略知個中門徑。⑤可見在日本的短短四年間，楊守敬在學問上的確有很大的進步，除了得見許多國內未有之書，與他交了許多日本漢學界的朋友，在觀念、方法上接受外來的不同刺激有相當的關係。

另值得一提的是楊守敬從日人學得的版本著錄體例，即《留真譜》之作。《留真譜》初編與《日本訪書志》一同於光緒二十七年（1901）刊成，是楊守敬在日本所見或搜得的珍罕本之書影，楊守敬在自序中講到森立之曾摹有好幾巨冊的書影，其中有的摹書序，有的摹跋尾，都有助於考驗真本，使人

㊼《清客筆話》，卷2，明治14年5月17日，頁528。
㊾ 同前註。
㊿ 轉引自容肇祖：〈史地學家楊守敬〉，頁16。

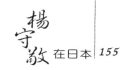

好像見到了真本一樣，森立之把這些書影叫作「留真譜」，因
楊守敬愛不釋手而送給了他，楊守敬因感於森立之的摹本對
宋、元本著錄的較少，於是倣森立之的方式，補入一些宋、元
本子。楊守敬覺得這種作法的長處在於以往的藏書志，多只對
該書的行數、字數、版式等作文字說明，讀者終究得不到具體
的印象，故很難從藏書志的閱讀上累積實際的鑑別工作經驗，
而書影的摹本則予讀者直接印象，所以在森立之的基礎上，就
國內所較缺的宋、元本子作增補，所以後來刊行楊守敬的《留
真譜》乃續日人而更進一步。這種書錄體製對國人而言，是首
開風氣的，葉德輝便說：舊的版本書分別宋、元版，記錄行
數、字數，但對版片的大小，書體的方圓肥瘦，都無法得知。
楊守敬的《留真譜》取宋、元舊本書摹刻一、二頁，或序跋，
或正卷，可藉以保存原本的真面目，是很好的體例。[56]後來如
繆荃孫的《宋元書影》、瞿氏的《鐵琴銅劍樓宋金元本書影》、
江蘇省立國學圖書館的《盋山書影》等，便是承此體例而來。
將楊守敬的《留真譜》與《日本訪書志》合看，真是足不出戶
而祕笈在目，二者相得益彰。這種體例的學習與對國內的影
響，是楊守敬訪書時所未料及的。

七、楊氏藏書之流傳

　　光緒十年（1884）卸下隨員之任回國後，楊守敬退隱鄉里

---

[56] 葉德輝：《書林餘話》，收於《書林清話、書林餘話》（臺北：世
界書局，1988 年5、6 月，5 版），卷下，頁35。

數年，並在黃州築鄰蘇園來儲藏他的圖書，由於黃州城北是北宋文學家蘇軾所寫〈赤壁賦〉中的赤壁故地，蘇東坡本人也曾來此地遊歷，所以楊守敬把他的藏書地稱為鄰蘇園，自號鄰蘇，並編有《鄰蘇園藏書目》。光緒二十九年（1903），他又在武昌菊灣建觀海堂書樓，並且把書移到武昌，還編有《觀海堂書目》。辛亥革命時，楊守敬到上海，書則留在武昌，受到革命軍的保護，黎元洪應日本朋友寺西秀武的請求，發出保護楊守敬藏書的告示，並在書樓門上加了封條，這些書才能在戰火之中幸存。民國元年（1912），因校訂《水經注》的需要，楊守敬將藏書移運到上海；民國三年（1914），他應袁世凱之請到北任參議官，又將圖書運到北京。

據說在楊守敬晚年已有一些書籍稍有出讓。楊守敬身後，民國八年（1919），他的親屬欲將其藏書出售，當時的教育部長傅增湘便說服當局撥款將這些書收為國有，於是楊氏全部藏書以國幣三萬五千元賣給了當時政府，並分成兩部分，一部分藏於松坡圖書館，一部分藏於集靈囿，藏於集靈囿的部分，於民國十五年（1926）撥歸故宮博物院保存，民國十七（1928）年故宮圖書館正式成立，特別設立「觀海堂書庫」來收藏楊守敬的藏書，這些書一直與故宮文物同行，直到大陸淪陷渡海來臺，至今仍存於故宮博物館的善本書庫中。藏於松坡圖書館的部分，後來因松坡圖書館經營不良，合併於北京圖書館，而一併歸入北京圖書館。袁同禮說當時楊守敬賣給政府的書，歸於松坡圖書館的占十分之五六，可見現藏於故宮的楊守敬藏書並不到他實際藏書的一半。除了賣給政府的之外，楊守敬藏書另

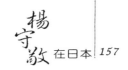

有剩餘的六千零九十三冊,外加圖八十幅,在民國二十八年
(1939)由楊守敬的兒子楊勉之賣給前中央研究院,現藏湖北
省圖書館。

　　根據清朝劉禺生所撰的《世載堂雜憶》所記,楊守敬的藏
書,皆標有價格,且分標現時價與將來計價時應乘的倍數,或
三四倍不等,故其藏書是為了保值,這與一般對楊守敬藏書用
意的說法頗不相同,聊備一說。同書又記載:楊守敬的次子楊
秋浦頗知學問,但由於嗜賭如命,每負債便將楊守敬的藏書出
售,且多照楊守敬所寫的現時價格,楊秋浦死後,這些書又有
很大部分被日本人購去。鄂地有一個名儒叫作陳詩,他常訓誡
弟子要謹藏書籍,不可使之散佚,於是當時流傳一首諺語:
「陳古愚遺子『黃金滿籯,不如一經』,楊惺吾則遺子『黃經滿
籯,不如一金』。」⑤陳古愚便是陳詩,楊惺吾便是楊守敬,
意思是陳詩告誡子孫滿筐的黃金,還不如一本經書;楊守敬則
告訴子孫滿筐的珍貴書籍,卻不如黃金,這便是在諷刺楊秋浦
為了金錢而賣掉父親辛苦訪得的珍貴書籍,同時暗諷楊守敬藏
書乃為保值之說。

　　根據《日本訪書志》的一些題記,楊守敬的藏書其實有些
在他生前已經開始流通,如南宋刊《尚書注疏》,題記後說:
這本書現在歸南皮張制府。張制府即是張之洞。南宋刊《周禮
鄭氏注》則由於繆筱珊對此書愛不釋手,於是楊守敬影摹了一
本留下,而把原本送給繆筱珊。宋刊監本《論語集解》,楊守

---

⑤ 劉禺生:《世載堂雜憶》(北京:中華書局,1997年12月),頁
84。

敬說這本書，查君翼不惜花費大筆金錢想向他購買，可是楊守
敬都不願出售，後來楊守敬和查君翼相約，只要查君翼能把這
本書重刻流傳，就賣給他，查君翼答應了，楊守敬才在書後作
了跋語賣給他。可見楊守敬對於自己的藏書雖極珍愛，但他能
體會其他愛書人的心，所以在適當的情況下，他也不排除將書
送給別人，而對異常珍貴的書，他考慮的不是自己，而是這本
書能否留流傳，楊守敬對中國文化的使命感，在這些小地方隨
時可見。

八、楊守敬日本訪書的影響

光緒三十三年（1906）日本財閥岩崎用重金將清末四大藏
書家之一的皕宋樓藏書二十萬卷全數買走，建立靜嘉堂文庫，
其數量比楊守敬從日本帶回來的書籍多一倍，日本學者島田彥
貞在〈皕宋樓藏書源流考〉中還特意提及楊守敬及黎庶昌到日
本訪書這件事，並以為岩崎的大舉購書行動，可作為對楊守敬
與黎庶昌的報復⑱，可見岩崎的大量購書是對楊守敬當年搜書
之報復，亦可見楊守敬在日本的訪書工作除了搜得、購得帶回
國內的書籍數量之多，更重新喚起日人對漢籍的重視。

就國內的漢學界而言，楊守敬的訪書行動亦有極大的影
響。首先，楊守敬是第一個到海外收集書籍的學者，開了近代
中國學者海外訪書活動的先河，溝通了日本藏書界文獻信息交

---

⑱ 陳衍撰：《石遺室詩話》（臺北：臺灣商務印書館，1961 年 12
月，臺1版），卷6，頁12。

流的渠道，拓寬了中國文獻研究的視角和範圍，並打通了中外
學者學術交流的新領域。楊守敬之後，張元濟、傅增湘、董康
等人亦先後東渡日本訪書。羅振玉、向達、王重民等則遠涉重
洋，到英、美、法等國訪書，他們的訪書活動及學術成果，構
成近代中國古典文獻學研究的光彩部分。再者，楊守敬的訪書
行動刺激了日本漢學界，由楊守敬在《日本訪書志》中所說，
他初來日本時，日人對漢籍舊版尚不太重視，但由於楊守敬的
購求，使日人逐漸重視古籍，並出重價爭相購買，即使明嘉靖
本也視為秘籍的情形便顯而易見。雖然當時日本收藏家只是為
了保值，但是這種情形也是為日後日本漢學界留了一些命脈；
而且日本漢籍的價值大增，增加了楊守敬購求的困難，但楊守
敬說，因為日人的重視，減少流落日本的漢籍散亡破壞的機
會，這也使他感到安慰。就這點來看，楊守敬的訪書促使中國
古代文化遺產為世界重視，其意義實非比尋常。

　　除了訪書，楊守敬的書法對日本學界也起了很大的影響，
雖然國內講書法史多不太重視楊守敬，但日本的《書道全集》
卻對楊守敬的生平及書法成就有詳細的說明，這與楊守敬在日
本時和日本文人往來密切有關，日本書法界受楊守敬影響最大
的有三人：一是巖谷脩，他兼通醫術、詩文、繪畫等，原來學
趙子昂的字，與楊守敬交往後，便向楊守敬學習，後來融合二
者，創造新奇飄逸的書體，自成一家風格。另一人為日下部鳴
鶴（1839-1922），名東作，字子腸，別號鳴鶴，是日本有名的
書法大家，原來向日本書家學寫字，後來跟隨楊守敬習金石碑
帖之法，於是盡棄原先所學，改由漢魏古碑入手，因此風格一

變，氣勢取北碑之峻拔，結構則採唐初之端整，在書法上，與巖谷脩及長三洲合稱「明治三家」。第三位為岡千仞（1831-1913），字振衣，號鹿門，歷任太政官、脩史局等，明治十七年（1884）曾與楊守敬一起返國，遍遊中國，並曾晉見李鴻章，出示〈支那改革論〉，為李鴻章所深服。日本書法界的「明治三家」中就有二位受到楊守敬啟發指導，可見楊守敬在當時日本書法界的影響，直到楊守敬回國後，還有許多日本人慕名前來中國求學書法，如山本由定、水野元直等。楊守敬並寫有《書學邇言》送給水野元直，傳入日本後，還有人為之作疏注解，並且在日本流傳。另外，楊守敬晚年曾經經濟非常拮据，所幸日本人極喜愛他的書法，有許多人爭相購買他寫的字，楊守敬便藉此而改善經濟狀況⑩，可見楊守敬的書法受日本人重視的程度，今日廬山、漢陽歸元寺、東坡赤壁等地，均還有他的墨跡和碑刻。

　　另有一件事可看出楊守敬對日本的影響，民國元年（1912）時，楊守敬自撰了一本《鄰蘇老人年譜》，而他撰寫此年譜乃是應日本人水野元直的要求，若非他具深遠的影響力，日本人怎會要楊守敬的年譜呢？可見楊守敬在日本所受到的重視可能更要甚於國內。

　　另外值得一提的是，楊守敬在日本搜購書籍，同時累積《日本訪書志》資料的同時，他內心在對古文獻珍愛之情外的另一思路，即歷代儒者秉持著的對現實政治的關懷，楊守敬尤

---

⑩ 陳衍撰：《石遺室詩話》，卷6，頁13。

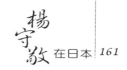

其關心外交事務,這些心情從《日本訪書志》中的某些書錄後
可見出一二,如在「影宋本景祐天竺字源七卷」下云:近來對
西洋文字精研的人不少,但對印度文獻即使是佛教之書,卻都
忽略不專研,我私下想,數十年後,我國與印度一定也會有很
多外交事務往來,那麼這本書怎可任其似存若亡呢?⑥⑩可見楊
守敬的深謀遠慮。又如「翻朝本東國史略六卷」下云:現在朝
鮮是我國外藩最重要區域,因俄國人在北方俯瞰,日本在東方
虎視眈眈,英法各國又都與朝鮮立約,互有商業往來,整個情
勢幾如蜂擁,那麼如果要保護我國邊陲,特別應詳考朝鮮立國
本末,以為我國外交謀略之助,這是為什麼葆初縣令極力想要
刊刻此書的原因,並非為了誇大見聞之廣,以作為考證諸史外
傳之助而已。⑥⑪又鈔本《華夷譯語》下云:現在國內到處可聽
到西方的語言,但對處於我國周圍國家的語言卻很少有能通曉
者,一但與該國有事往來,不是將造有很大的隔閡嗎?所以這
本書也是現今不可少的。⑥⑫可見楊守敬在搜集刊刻鈔錄古籍
時,所考慮的不僅只是學術因素而已,國家大政、外交事務亦
是考慮的重點,當時人尚未有機會見到些流落海外的遺書,更
遑論有相應的眼光加以保存之時,楊守敬能有此難得機會,並
有高瞻遠矚之眼光,全方位考量的思慮,故其訪得書籍之多,
影響層面之廣,非一般書錄所能及。

---

⑥⑩ 楊守敬撰:《日本訪書志》,卷4,頁259。
⑥⑪ 楊守敬撰:《日本訪書志》,卷6,頁402-403。
⑥⑫ 楊守敬撰:《日本訪書志》,《楊守敬集》,第8冊,卷6,頁
167。

參考書目

㈠專著

鄰蘇老人年譜・楊守敬傳　楊守敬　收入《楊守敬集》　武漢　湖北人民出版社　1988 年 4 月

日本訪書志　楊守敬　收入《楊守敬集》　武漢　湖北人民出版社　1988 年 4 月

清客筆話　森立之　收入《楊守敬集》　武漢　湖北人民出版社　1988 年 4 月

世載堂雜憶　劉禺生　北京　中華書局　1997 年 12 月

書林餘話（與書林清話合刊）　葉德輝　臺北　世界書局　1988 年 5、6 月　5 版

㈡期刊、論文

關於《清客筆話》及其價值——日本所藏楊守敬資料解題之一　陳捷　原學　第 5 輯　頁 337-352　1996 年 7 月

《日本訪書志》和《觀海堂藏書目》　嚴佐之　近三年古籍目錄舉要　頁 176-185　上海　華東師範大學　1994 年 9 月

蒐羅域外古籍的楊守敬　劉兆祐　認識古籍版刻與藏書家　頁 295-302　臺北　臺灣書店　1997 年 6 月

楊守敬與《日本訪書志》　林天仁　第九屆中國域外漢籍國際學術會議論文　1994 年 8 月

楊守敬與觀海堂　鄭偉章、李萬健　中國著名藏書家傳略　頁 193-197　北京　書目文獻出版社　1986 年 9 月

楊守敬之藏書及其學術　趙飛鵬　臺灣大學中國文學研究所碩士論文　1986年
史地學家楊守敬　容肇祖　禹貢　第3卷第1期　1972年4月
楊守敬二三事　王瑞明　學林漫錄　第9集　北京　中華書局　1984年12月

相關文獻

寅　庵　楊守敬與《古逸叢書》
藝林叢錄　第1期　頁125-126　1961年10月

吳天任　楊守敬與《古逸叢書》之校刻
大陸雜誌　第32卷第10期　頁23-26　1966年5月

陳東輝　《古逸叢書》與中日漢籍交流
書目季刊　第30卷第3期　頁37-45　1996年12月

林天人　楊守敬與《日本訪書志》
第九屆中國域外漢籍國際學術會議論文　臺北　聯合報文化基金會　1994年8月19-22日

張志茹　楊守敬與《日本訪書志》
社會科學探索　1996年第2期　頁56-57　1996年

趙飛鵬　《經籍訪古志》及其相關問題
中國文學研究（臺北）　第8期　頁1-22　1994年5月

王瑞明　楊守敬二三事
學林漫錄　第9集　頁89-93　北京　中華書局

1984 年 12 月

劉兆祐　蒐羅域外古籍的楊守敬

認識古籍版刻與藏書家　頁295-302　臺北　臺灣

書店　1997 年 6 月

谷　鴻　論楊守敬對中日文化交流的貢獻

臨沂師專學報　1997 年第 5 期　頁16-18　1997 年

呂萬和　楊守敬赴日訪書

歷史知識　1983 年第 2 期　頁25　1983 年

王承略　楊守敬與日本訪書

文獻　1989 年第 1 期　頁211-220　1989 年 1 月

郗志群　楊守敬日本訪書傳佳話

中外文化交流　1998 年第 2 期

溫井禎祥　日本訪書楊守敬の經緯と文化的貢獻

大正大學研究紀要　第79　頁23-51　1994 年 3 月

長澤規矩也　楊惺吾日本訪書考

長澤規矩也著作集　卷二　頁235-263　東京　汲

古書院　1982 年 11 月

陳　捷　日本における楊守敬の訪書活動

文學　第 2 卷第 3 號　頁81-92　2001 年 5 月

中村伸夫　楊守敬をめぐる文人墨客たち(楊守敬特集)

書論　第26 號　頁120-129　1990 年 9 月

大谷敏夫　楊守敬とその時代（楊守敬特集）

書論　第26 號　頁132-140　1990 年 9 月

杉村邦彥　楊守敬の來日と日本人書家との交流（楊守敬特

集）

   書論　第26號　頁149-162　1990年9月

石田　肇　楊守敬と森立之（楊守敬特集）

   書論　第26號　頁163-173　1990年9月

横田恭三　楊守敬と水野疎梅　（楊守敬特集）

   書論　第26號　頁180-189　1990年9月

原田種成　〈清客筆話〉——楊守敬と森立之の筆談

   長澤先生古稀紀念圖書學論集　東京　三省堂
   1973年

張新民整理　楊守敬與日本森立之筆談稿

   近代史資料　第90號　頁163-191　1997年2月

湖北書學研究所　楊惺吾與巖谷一六之筆談

   書學通訊　第1期　1987年3月

陳　捷　楊守敬と宮島誠一郎の筆談錄

   中國哲學研究　第12號　頁96-158　1998年11月

黎庶昌在日本

鄭誼慧 *

一、前言

　　黎庶昌，字蓴齋，別署黔男子。生於道光十七年
（1837），卒於光緒二十三年（1897），年六十一歲。貴州省遵
義沙灘村人。二十六歲時為廩貢生，兩度鄉試不第，應詔呈
〈上穆宗毅皇帝書〉切陳時弊；被加恩擢以知縣用，分發曾國
藩大營差遣委用，受曾氏影響甚深。後隨駐英公使郭嵩燾出使
英、法、德、西班牙等歐洲各國（1876-1881），在這段時間內
遍遊西歐各國，將其所見所聞寫成了《西洋雜志》一書，向國
人介紹西方的政治、經濟、社會、文化的情形，對於後來的維
新風氣有一定的影響。駐法期間（1879），黎庶昌被派為中國
代表參加了開鑿巴拿馬運河的會議，被推為會員代表在會議上
致詞演講，在決定開鑿運河與否行使了選舉權與表決權，對巴
拿馬運河的開通投下一票。

　　回國後，擔任清朝第四任（1881-1884）及第六任（1887-

---

* 　鄭誼慧，東吳大學中國文學系碩士生。

1890）的駐日公使，前後在
日本共六年多的時間，為清
朝歷任駐日公使中最久的。
在日本的期間，黎氏在外交
上不卑不亢，各項交涉都有
不錯的成效。並結交許多日
本朝野的文人學士，頗受當
時日本朝野的敬重，有助於
中日兩國的邦交；而與日本
人士的深厚友情，也為中日
兩國的交流史上留下一段百
年佳話。

黎庶昌 像

　　除了在外交上有卓越的成就外，黎庶昌也頗留心學術。與
楊守敬（1839-1915）的合作下搜得國內已逸的唐宋古籍二十
六種，刊刻成《古逸叢書》二百卷，其「收訪之勤，刊刻之
精，紙墨之良，印刷之精，無美不備」，引起海內外震動，被
譽為「海外奇寶」，對於我國的學術文化有重要的影響。

二、沙灘文化的家學背景

　　貴州古屬夜郎，地處偏遠，自古交通往來不易，文化發展
較慢。自明初建省後，方開始設書院、興教育，而後人才蔚
起，逐漸受到重視。清代時文化教育則得到更進一步的發展，
著述頗多。而其學術發展在道光、咸豐、同治年間達於鼎盛，

集中的地點則在遵義，不但成為全國知名的文化中心，其影響
更是遠及海外。

在《遵義新志‧歷史地理》中①，將遵義二千年來的歷史
發展劃分為九期：即「夜郎期」、「牂柯期」、「播州期」、
「楊堡前期」、「楊堡中期」、「楊堡後期」、「老城期」、「沙
灘期」、「新城期」。而其中第八期「沙灘期」的記載如下：

> 沙灘黎氏為遵義望族，先世自四川廣安縣遷來。自乾隆以
> 後，世有賢才。其地在府城東八十里，北距綏陽五十里，
> 東距湄潭七十里。沙灘瀕樂安江，為烏江之支流，中有洲
> 長半里許，因以得名，一稱琴洲。層巒環秀，綠水瀠洄，
> 秀木幽篁，四時蒼翠，邑中溪山之勝無以逾此。……去沙
> 灘里許，有寺曰禹門，為清初高僧丈雪所經始，寺負山臨
> 水，飛樓湧殿，頗稱壯觀。寺中有讀書堂，為黎氏家塾。
> 黎恂字雪樓，於嘉慶十九年（1814）舉進士，官浙江桐江
> 縣知縣，浙省素為人文淵藪，頗廣見聞。嘗曰：「人以進
> 士為讀書之終，我以進士為讀書之始。」歸黔後以廉俸萬
> 金，購置書籍。鄭珍（子尹）以甥行，莫友芝（字子偲）
> 以年家子，皆從恂治樸學。其後珍、友芝蔚為一時宗匠，
> 號稱西南大師。姪庶昌（字蒓齋）師事曾文正公，從事經
> 世之學。鄭、莫、黎三家，互為婚姻，衡宇相望，流風餘
> 韻，沾溉百年。……故沙灘不特為播東名勝，有清中葉曾

① 張其昀主編：《遵義新志》（杭州：浙江大學史地研究所，1948
　年），頁157-161。

為一全國知名之文化區。②

可知沙灘文化是以黎氏為中心，鄭、莫二家為輔翼，並在清中葉後影響全國。而沙灘文化之所以能綿延百年，與其人民注重子女教育及珍藏圖書典籍有很密切的關係。③

黎庶昌的祖父黎安理（1751-1819），號靜圃。曾任山東長山知縣。但大半生都在禹門寺內的黎氏家塾「振宗堂」開館授徒，培育了大批的有為人才。黎安理精於《易》學，晚年曾為外孫鄭珍（1806-1864）講解過《易》理。黎安理督課甚嚴，教導有方。其子黎恂、黎愷，以及其長孫兆勛，外孫鄭珍等人，都曾受其教誨，是沙灘文化的奠基者。黎恂（1785-1863），字雪樓，曾以進士出身而任浙江桐鄉知縣，長於北宋五子之學及史學。於道光初年在禹門寺內任教，生徒多達百人。學子讀書的聲音與寺廟內誦經的聲音相互應和，形成了「儒釋爭鳴」的有趣景象。而鄭珍、黎兆勛④為其冠冕者，後莫友芝（1811-1871）又以年家子前來請業，與鄭珍、黎兆勛等人結為好友。晚年又教授黎庶昌，可謂黔中英才多出於其門下，是沙灘文化的關鍵人物。道光後期則請了綏陽舉人楊開秀任教。楊開秀，字賓田，精於應舉的制藝文，地方上的長老耆宿推崇其文為「六藝之精華」。一生以教學為業，學生就學的

---

② 同前註，頁160。
③ 陳福桐在《沙灘文化志‧序》中言：「沙灘人重視子女教育和珍藏圖書典籍，是地方文化發達的主要原因。」黃萬機：《沙灘文化志》（貴陽：貴陽長虹印刷廠，1986年8月），頁2。
④ 黎恂長子。黎恂生有五子：兆勛、兆熙、兆祺、兆銓、兆普。

情形與黎恂時相同，黎庶昌兄弟等人，便是出於其門下。當地曾經流傳一首民謠唱道：「禹門寺，振宗堂。孰為師，黎與楊。六十年，前後光。兩夫子，澤孔長。」即可說明沙灘人民重視教育的情形。此家塾一直延續到民國之後，為貴州培育不少優秀的人才。

沙灘人珍藏圖書典籍，可從其廣建藏書樓，以及搜羅地方文獻中見其一斑。黎安理原本建有鋤經堂，多收藏親手抄錄的書籍。而後黎恂從浙江返回故里時，又運回了購買的書籍三萬冊，八萬卷，擴充了鋤經堂的藏書，以供門人及族中子弟研讀。當時號稱藏書最富的貴陽學古書院的藏書只有幾千卷，而黎氏的藏書倍之，為全黔之冠。鄭珍、莫友芝、黎庶昌等人都曾利用過這批書。後鄭珍建立了巢經巢，鳩集圖書達到五萬多卷，莫友芝的影山草堂藏書更富，不亞於鋤經堂與巢經巢。另外還有黎恂的藏詩塢、黎愷的近溪山房、黎兆勳的姑園、黎兆祺的息影山房，及之後黎庶昌的拙尊園，藏書多達十幾萬冊，都是著名的藏書樓，使得遵義成為貴州省藏書最富之處，並為造就貴州人才奠定良好的基礎。此外，沙灘人也頗留心鄉邦文獻的搜集。黎兆勳的《黔詩紀略》與黎汝謙《黔詩紀略後編》輯錄了貴州明清詩人的作品，保留了珍貴的地方掌故資料。鄭珍的《播雅》搜羅了遵義一地自清初以來的詩歌二千餘首，且因詩立傳，也輯存了不少地方上的耆舊人物、軼事掌故。後來黎庶昌所編的《全黔國故頌》，也保存了不少鄉邦文獻，可以稱為「貴州名賢傳」。

在這種文化風氣的塑造下，對於黎庶昌日後注重教育及留

心文獻收訪上，有其深遠的影響。

三、生平述略

黎安理的次子黎愷（1788-1842），字子元，一字雨耕。性格豪爽慷慨，樂於助人，與其兄黎恂的沉毅厚重相輝映，時人稱之為「黎氏雙璧」。精敏好學，工詩詞，曾任印江及開州（今開陽）的儒學訓導，早年也曾教授過鄭珍及族中子弟。黎庶昌出生時，黎愷已四十九歲，方擔任印江儒學訓導。黎愷娶有一妻二妾。其妻張氏，生有四女。妾劉氏，不育。另一妾吳氏，有子五人，黎庶昌排行第四。當時黎愷家貧，撫育孩子的重責大任皆由劉氏承擔，故庶昌兄弟都對劉氏十分親近。劉氏去世後，黎庶昌還寫了〈先大夫側室劉孺人家傳〉⑤以記述其事。道光二十二年（1842），黎愷於開州因病去世，終年五十五歲。留下幼子四人，長子庶燾，十六歲；次子庶蕃，十四歲；三子福善早殤；四子庶昌，六歲；五子庶誠，二歲。黎愷一生清貧，從不求於人，死時家中除了幾畝田地外，**囊**中無十兩白銀積蓄，開州人士都嘆息黎先生賢而不壽。自此以後，家中生計都靠劉氏及吳氏二人紡紗織布、縫紉刺繡才得以維持。

黎庶昌八歲時，由長兄黎庶燾教讀，與次兄庶蕃同案攻讀。由於黎愷早逝，庶燾獨立支持門戶，率領眾弟讀書，十分嚴格。十二歲時，楊賓田於禹門寺內設塾，族中子弟多趕來受

⑤ 黎庶昌：《拙尊園叢稿》（臺北：文海出版社，1967 年，《近代中國史料叢刊》本），第8 種，卷4，頁293-295。

業，庶燾、庶蕃與其堂兄弟兆銓（1826-1895）、兆普（1828-1886）也都在其中。時庶昌家貧，勉力支付兩位兄長的學費後，已無力負擔庶昌的束脩，故庶昌渴望入學的願望只得暫時克制。楊先生知道後，便叫庶昌來上課，不收一分贄金，並把課桌設在講席的旁邊，與楊賓田的次子同桌對坐。楊賓田以制舉文雄於時，黎庶昌在其門下學習，行文受其影響頗深。楊賓田對於黎氏子弟特別賞識，之後，還將自己的兩個女兒分別嫁給了黎庶燾及黎兆銓。

庶昌十五歲時，楊先生離開黎氏家塾。伯父黎恂再次執教於禹門寺，庶昌便從其伯父讀書。因他聰敏勤學，頗受伯父的激賞；而黎恂原本便長於史學，庶昌在他的教導下，《史記》、《漢書》、《資治通鑒》都能領略於心。回到家後，與仲兄庶蕃在庶燾的督率下，每夜挑燈誦讀，不到夜半不就寢，祁寒盛暑都不稍懈。在〈仲兄椒園墓志銘〉中，有對於這段夜讀日子的回憶：

> （仲兄）與庶昌并案讀，屬文，必盡夜分。每至月落山寒，窗紙印黃金色，竹露滴瀝有聲，吟哦未已。庭有古橙，我君所手植。時或黃團下實，大聲春然。擊屋瓦皆碎。爭啟戶往拾返，讀如初，恆持用笑樂，如是者三年。⑥

---

⑥ 同前註，頁298-300 。

　　在這樣的用功下，庶昌所作的詩文，已經大為可觀，參加
縣試、府試都屢獲第一。

　　除了在塾中讀書外，黎庶昌還常向博學的親友請益，其中
對他影響最大的，應當是其表兄鄭珍，以及莫友芝。庶昌十八
歲時與莫友芝的小妹完婚（莫氏二十五歲），夫婦感情甚篤。
莫友芝遂成為庶昌的內兄，三家的情誼更為深厚。前者的文字
學與史學功力深厚，後者的版本與聲韻訓詁學術精達，皆聲名
全國，並稱為「黔中二傑」。庶昌在二位兄長的指點下，奠定
了不錯的根柢。而良好的家學背景，名師的教導，再加上鋤經
堂與巢經巢豐富的藏書，使得數年之間，庶昌的學識大有精
進。

　　自鴉片戰爭後，清廷政府的地位有了微妙的變化。在外，
清廷屢屢戰敗，簽訂了不少喪權辱國的條約；在內，官場黑
暗，官吏暴虐，使得民不聊生，而爆發了之後影響甚鉅的太平
天國之亂。受此刺激，一些知識分子的眼光便轉向當時的經世
致用之學。當時還在讀書的少年黎庶昌對此雖未能深刻理解，
卻也意識到觀察社會現實、留意民生的重要。對於日後黎庶昌
的行官為吏，有很重要的影響。

　　咸豐七年（1857），庶昌二十一歲，入府學為附生，後又
得食廩餼，成為廩貢生。然而自咸豐四年（1854）開始，貴州
爆發了大型的農民起義，前後延續了二十年之久。戰爭的影響
使得貴州無暇顧及開科取士，停辦科考竟長達十年。在無法可
想的情況下，庶昌接受了表兄鄭珍等人的建議，到北京去應順
天府試，卻不幸落第，困寓京師。同治元年（1862），全國各

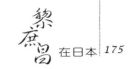

地發生了嚴重的自然災害，旱災、洪水、瘟疫以及天空出現了彗星及隕石雨，引得清廷大為震動，認為是上天「示警」的徵兆，故下詔求言，求取民聽，以改革弊政。庶昌便應詔上了「萬言書」，時年二十六歲。

這封〈上穆宗毅皇帝書〉指出了中國歷史上曾經有過的「四大變」、「三大害」，以及現今天下的「十二危」⑦，詳細論列當朝者應改的具體措施二十五項，均切中時弊，並洋溢著知識分子憂國憂民的心情。桐城的蕭穆對此的評價極高，說道：

> 蓴老之上此疏，年甫二十有六。不第行文，驅邁雄闊，格律精美。而當時利病，洞見癥結，條分縷析。雖未能即時一一採用，今又二十餘年，默觀大事改更，復有與條陳合者。⑧

又將其與賈誼的〈陳政事疏〉、諸葛亮的〈隆中對〉、范仲淹的〈上宰相疏〉、文天祥的〈殿試策〉相提並論，並評論道：「平心而論，使諸公生於今日，所見所聞，恐亦無以有加。」⑨上萬言書的黎庶昌，並沒有像表兄鄭珍所擔心的，引起皇帝不快而被誅連九族，反而被清廷加恩為知縣用，並發交曾國藩軍營

---

⑦ 四大變：秦暴政、五胡亂華、五代十國、金元禍宋。三大害：楊墨無君父、黃老清靜無為、佛氏虛無因果。
⑧《拙尊園叢稿》，卷1，頁58-59。
⑨ 同前註。

差遣委用。

當時曾國藩軍營位於安慶，而曾氏幕府是在晚清期間影響最大的重要幕府，許多在歷史上著名的人物都曾聚集於此，如李鴻章、胡林翼、薛福成、俞樾、李善蘭、張文虎等人。咸豐十一年（1861），庶昌的內兄莫友芝也應曾國藩之邀入幕府，在幕府中專門搜集整理古籍文獻的工作。曾國藩對莫友芝十分敬重，待以賓師之禮；又曾經聽過莫友芝的介紹，故對於鄭珍也十分仰慕。當知道黎庶昌是鄭珍的學生，便對黎庶昌格外注意。相談過後，極為賞識黎庶昌的才華。不論是在公務上的處理或是私人品性上，都悉心的指導。當時的曾氏幕府，不只是一個聚集人才的地方，同時也是培養人才的地方。曾國藩依據自己的經驗將天下事分為四類：軍事、吏事、餉事、文事，每一類中又細分為四至五項。每一位幕僚人員最少都要精習一類，而學習的方法便是「學」與「問」，學於古則多看書籍，學於今則多覓當局；問於當局則知其甘苦，問於旁觀則知其效應；所以幕府中學習的風氣頗盛，還會定期考試。黎庶昌在此一環境中，在公務上的學習讓他在日後擔任地方長官上受益匪淺。而與幕府中的人士談論學問，講求經世之學，並拓展了不少識見。在古文上，又從曾國藩處習得桐城義法，與薛福成、張裕釗、吳汝綸並稱為「曾門四弟子」。其中，又以他和薛福成齊名，並稱為「南黎北薛」。除此之外，有空時便向莫友芝請益，對版本目錄學頗有興趣。在曾氏幕府中的這幾年，黎氏受教於曾氏之處頗多，對於日後的人生，有關鍵性的影響。

經過六年的幕僚生涯，曾國藩上了一道奏章給清廷，保奏

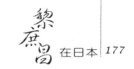

黎庶昌以直隸州知縣留任江蘇補用。然因新任的兩江總督馬新貽遭人刺殺，黎氏遂應江蘇巡撫丁日昌之聘入其幕府。當時莫友芝正應丁日昌之請，整理其持靜齋中的大量藏書，並編寫書目。黎庶昌常與莫友芝相處請教，有關版本目錄學的功力日漸累積。爾後，莫友芝去世，黎庶昌應其子莫繩孫之請，為莫氏審定遺稿刊行，可知其版本目錄學已得到莫氏的信任。

光緒二年（1876），郭嵩燾出任駐英公使。丁日昌以庶昌「志節堅毅、抱負甚偉」向清廷保舉，被委為三等參贊隨同出國。當時的黎庶昌已受了林則徐、魏源等的「師夷之技以制夷」維新思想的影響，很想去深入考察西方各國得以富強的原由。駐外歐洲，正好給他一個機會得以一償宿願。此年十月，黎庶昌從上海登船起航，正式開展他外交的生涯。

四、歐洲之行

自光緒二年（1876）到光緒七年（1881），黎庶昌遊歷歐洲各國，普遍觀察了歐洲各國的風土民情。這對他的胸襟識見，無疑是一大拓展。而長期的外交事務的訓練，也使得黎庶昌成為不可多得的外交事務人才。

在歐洲的這段時間內，黎庶昌將其所見所聞寫成了《西洋雜記》一書，其中記載了不少有關西方政治、經濟、文化、風俗等社會情形，如他記載歐洲各國的政治體系。甫到英國半月，黎庶昌等人便被邀請到議會去旁聽。對於首次見到的英國國會議員議論國家大事的情形，黎庶昌印象深刻。其他歐洲各

國，不論是君主立憲或是總統制，都有議會。英國議會的情形
是：「凡遇大事，必內外部與眾辯論。眾意所可，而後施行。」
法國議會議論的情形更為鮮明：「當其議論之際，眾紳上下來
往，人聲嘈雜，幾如交鬥。」而西班牙「更換內閣，十一點時
辭退文上，君主立即批准；至十二點，各部大臣俱已退位
矣」。瑞士則「無君主上下之分，一切平等」。面對這些前所未
聞的民主制度，黎庶昌除了詳細記載其情形外，也不由得流露
出一絲欽羨之情。

　　除了這些政治制度的觀察，黎庶昌也參觀了不少生產技術
的部分，如鋼鐵廠、織呢廠、磁器局、印書局、造紙廠、砲廠
等。印書局以鉛字排版、石印印刷，幾十部印刷機同時印刷，
對於只見過木板印刷的黎庶昌而言，無疑是大開眼界。織呢與
中國的紡織棉布相差無幾，所不同的是「中國以人工，西人用
機器。西人可為百者，中國只能為一，優劣巧拙遂殊耳」。而
對於其他的發電機、電燈、煉鋼法、玻璃製造法、造紙法，也
都有詳細的記載描述。對於火車、輪船、電氣及各種機器生
產，也都留下深刻的印象。另外他還參觀了西方的各式學校，
如西班牙馬德里的農務學堂及法國的盲童學堂。前者精巧的教
具，如植物模型與動物模型，各種農業機械，以及各種實驗
室，都讓來自以農立國的黎庶昌大感嘆服；而後者則教授盲童
書寫算術、彈琴奏樂唱歌、手工等技藝，使黎庶昌親自體驗了
西方對於盲啞教育的關注，以及社會對此的重視。這些，都對
黎庶昌日後的革新思想有一定的影響。

　　光緒四年（1878）四月，郭嵩燾兼任駐法公使，調黎庶昌

到法國巴黎任參贊。七月，清廷以曾紀澤替代郭嵩燾為駐英、法公使。由於曾紀澤大部分的時間都留在英國，所以在法國的事務大多由黎庶昌代理。光緒五年（1879），開鑿巴拿馬運河的會議在法國召開，請中國派員入會。曾紀澤便派黎庶昌為中國代表參加會議。

　　自從蘇伊士運河連接地中海與紅海，開通後對歐洲與亞洲的貿易有很大的助益。主持其事的法人李西蒲，在一八七九年時倡議開鑿巴拿馬運河，以連接太平洋與大西洋，節省往來的時間，相信對於世界貿易更有幫助。而開鑿巴拿馬運河的會議於一八七九年五月十五日召開，參與的會員有一百多人，會中並選舉了會長與參贊二人。分別對與運河有關的河道利弊、商務得失等問題進行討論。黎庶昌與其它會員一樣使用選舉權，來決定結果。五月二十六日舉行公宴，黎庶昌被推舉為會員代表，在宴會中致祝詞，希冀此工程能早日告成，以增進交通與貿易利益，博得在場人士的讚嘆。五月二十九日舉行表決，黎庶昌代表中國投下贊成的一票，開鑿巴拿馬運河的決議通過，會議到此結束。在這次會議中，黎庶昌第一次行使選舉權與表決權，親身體驗了民主的滋味。

　　在歐洲數年裏，黎氏不但遊歷了許多國家，採集探訪了許多當地的風土民情向國人介紹。長期的觀察遊覽的結果，也累積不少心得。中國自古一向以農立國，對於農業生產向來十分重視。然而在漫長的歷史中，卻沒有出現像西班牙農政學堂的學習機構，可以培養農業人才，也可以對品種改良或蟲害疾疫有更進一步的研究。而重農抑商的結果，使得中國的商業發展

一直受到壓制。然而西方國家的進步，商業貿易實佔了極重要的因素，不但提升了民眾的生活水準，也同時刺激了其他行業的發展。西方民眾喜遊樂、重藝術修養。對於畫家、音樂家、劇作家等都十分重視，西班牙曾經舉辦過紀念戲劇家加爾德隆的逝世二百年紀念大會，全國慶祝半個多月；黎庶昌為此寫了〈加爾德隆大會〉一文記述其情形。對於西方國家如此重視一位作家及戲劇家，並為此舉行慶祝會，黎庶昌不但覺得不可思議，也留下了深刻的印象。同時也在這些見聞中得到許多新的想法，與他在國內原有的印象不同。西方國家的富強固然有賴於工業化，但是在文化上及精神上的影響也是重要的因素。黎庶昌在長期與西方人士相處與親身體會中，對於西方各國有更深一層的體認，而原本的傳統觀念也起了變化。對於清廷的改革，也有了更具體的想法。

五、第一次出使日本

光緒七年（1881），黎庶昌在歐洲的任期已滿。清廷改任其為日本欽差大臣，時年四十五歲。八月，庶昌先回國與家人團聚，庶昌一家此時已安居於上海，庶昌與妻子莫氏育有二女，長女瑞蓀在黎庶昌出國前已嫁與同為「曾門四子」中的張裕釗之子張沇；次女瑞薿則嫁給莫祥芝之子莫祁，兩家互為婚姻。庶昌出國前曾娶有一妾趙氏，字曼娟，慧婉有志操，順事嫡長，識字，能讀書，嫁給黎庶昌時才十五歲。庶昌與她感情不錯，育有一子尹聰，庶昌回國時年方九歲。此次赴日，莫氏

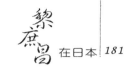

留在國內侍奉母親，庶昌則攜趙氏與尹驄同行，隨行的還有庶昌堂兄兆祺之子汝謙，及其婿張沆。光緒七年（1881）十二月，黎庶昌抵達日本，時正日本明治十四年。

　　長久以來，日本的政權一直在德川幕府的統治下，日本天皇並無實權。然而由於英、美的侵略，幕府無力應付，一些受西方啟蒙思想影響的武士發起「尊王攘夷」運動，要求還政天皇，最後還推翻了德川幕府，改年號為「明治」。推行一系列的改革，後世史家稱之為「明治維新」。黎庶昌抵日，正好是明治維新後的十年。

　　明治維新後，日本變法圖強，銳氣漸顯。首當其衝的，便是自古與日本關係密切的中國。而清政府的積弱不振，以及外交事務反應的遲緩，更讓日本輕忽中國。逐步地侵略臺灣、琉球及朝鮮，這些原本是清廷的領土或是清廷的藩屬，中、日二國的外交關係並不平和。且在外交上原本就有「國強則禮尊，國弱則禮殊」的情形存在。故黎庶昌到達日本時，正好便處於這種困窘的情形。黎汝謙曾記有日本天皇一次宴請各國公使賞花，對西方各國公使與中國公使的態度顯有區別，並有詩曰：「泰西各公使，攜手各婉戀。日主獨虛夷，溫言備寵眷。隆殺禮義殊，強弱於斯見。」⑩又說：「公在日京三年，見日本輕玩中朝，寸心孤憤。然使臣之重輕，全視國體之強弱，日人崇尚西法，視中國積弱莫能振興，樽俎之間，禮意闊殊，遠遜泰西諸國。公在外無可設施，日夕嗟嘆。」⑪可見得當時外交處

---

⑩ 黎鐸：《黎庶昌年譜》，轉引自王慶成：〈黎庶昌與日本〉，《貴州社會科學》1995年第4期（1995年4月），頁89-97。

境的艱難。

由於在外交上無法施展，黎庶昌便將精力轉為學術文化上，如以詩文會友、廣泛結交日本友人，搜訪中土散佚的珍本古籍，其中最引人重視的，便是《古逸叢書》的搜集與刊刻。

㈠《古逸叢書》

中、日兩國自古以來關係便十分密切。秦時徐福求仙，東去扶桑。三國時倭國女王來朝，受到曹操父子的招待。隋、唐之時，遣唐使、留學生、留學僧先後來華，兩國來往不絕。近代以來交往更為頻繁。中國的一些文物典籍，也隨著二國之間的使船或商船，被帶到了日本。

隋、唐之際，中國的文物典籍大量傳入日本。據統計，從唐代傳到日本的卷子本就有一五七九部，一六七

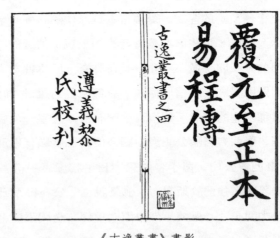

《古逸叢書》書影

---

⑪ 黎汝謙：《黎公家傳》（臺北：明文書局，1986 年，《清代傳記叢刊》本），第202 冊，頁238-241 。

九〇卷。⑫這些書在中國，因歷經戰亂，很多都失佚無存；反而在日本以珍本秘籍的方式保存下來。宋代的〈日本刀歌〉中說有「逸書百篇」⑬；元代的楊維楨在其〈送僧歸日本〉詩中亦有「我欲東夷訪文獻，歸來中土校全經」之語⑭，可知日本保存的文獻之多，久為中土人士所知。但日本自明治維新後，由於進行西化運動，進行改革，視漢學、漢藏為舊社會的拖累。一些久藏於秘室中的舊版古籍，也就大量的流散出來。凡去日本的中國知識分子，都會收求一些古書，此時正是搜訪古籍的大好時機。與黎庶昌一起從事古籍搜訪的，還有當時大使館的隨員楊守敬（1839-1915）。一般而言，《古逸叢書》的搜訪影刻，大致經過兩個階段。

第一階段為光緒六年（1880）至光緒七年（1881），楊守敬接受當時大使館參贊黃遵憲的建議，對於日本尚存的唐鈔宋刻廣為搜訪。守敬日遊市上，凡版已損害者皆購之，不一年遂有三萬餘卷。可惜守敬「余生僻陬，家（甚少）藏書，目錄之學素無淵源」，並不精於版本目錄之學，故數量雖多，但「茫然無津涯，未知佚而存者為何本」。⑮

⑫ 黎庶昌：〈刻古逸叢書序〉，《拙尊園叢稿》，卷6，頁432-433。

⑬〈日本刀歌〉傳為歐陽脩所作，收於《盧陵詩集》卷4中；但一說為司馬光所作，收於《司馬光集》卷3；另一說為錢公輔作。相關討論見譚彼岸：〈〈日本刀歌〉作者新志〉，《社會科學戰線》1981年第2期（1981年4月），頁290-292。

⑭ 楊維楨著，鄒志方點校：《楊維楨詩集鐵崖集》（杭州：浙江古籍出版社，1994年12月），頁387。

⑮ 楊守敬：《日本訪書志‧緣起》，收於《楊守敬集》（南京：廣陵古籍刻印社，1991年），第8冊，頁27。

第二階段為光緒七年（1881）至光緒十年（1884），黎庶昌抵日任日本公使職，接受張裕釗的推薦將楊守敬留任隨員，議刻《古逸叢書》，並「囑守敬極力搜訪」⑯，搜訪的目標才比較具體。又參考了日本老儒森立之所著的目錄學專書《經籍訪古志》，以此為線索尋訪古籍，二人通力合作，隨獲隨刻。

搜訪的工作，黎、楊二人各就其交遊所及，多方搜討。而由於黎氏廣泛結交日本友人，在搜訪古籍上，得到不少幫助，如唐人寫本《玉篇》。《玉篇》為梁顧野王（519-581）所撰，是繼許慎《說文解字》之後的一部文字學專著。共三十卷，仿許慎分部之法，以內容宏博精賅著稱。流傳至五代時亡佚，今所傳《玉篇》，為宋人重修之作，而非原本顧氏所作。但是日本所存的，正是日僧宗叡於唐懿宗咸通六年（865）所帶回的原顧本《玉篇》；而唐人寫本的《玉篇》，不論是在文字的發展或是書法的演變上，都有極珍貴的價值。

而《玉篇》的訪尋刊刻，也經過一段頗為曲折的過程。黎氏原本從日本友人柏木探古處知藏有古寫本一卷（放部至方部），後又從探古處知高石山寺、東大寺崇蘭館及佐佐木宗四郎家藏有言部至幸部一卷、水部涂字自洗字一卷、糸部至索部一卷，然皆不可得而見。後方知探古處有錄其副本，故贈金幣借而刻之。但是柏木探古原藏的一卷，因其「祕惜殊甚」，只好以照相影印的方式取得，並先行刻印。之後，從西京知恩院方丈徹定（號松年）處得知，崇蘭館及久邇宮親王處尚有藏本

⑯ 楊守敬：《日本訪書志‧序》，收於《楊守敬集》，第8冊，頁25。

而未刻，便託他代為訪求，得其影本四十三紙，於是補刻。
《古逸叢書》刊刻後，日本紙幣局長得能良介從高山寺處又得
到半卷（糸部卷首至繠字），摹刻之後以印本送給黎氏，故又
再度補刻，附在原《古逸叢書》之後。故《古逸叢書》中的
《玉篇》共經過兩次刊刻，收有《玉篇》六卷，每一卷的搜
求，都費過一番心思。

　　除了藉由友人訪求，書肆搜尋外，黎氏也利用公使身分向
日本宮廷內閣借書，如宋樂史所撰的《太平寰宇記》。《太平
寰宇記》原為二百卷，是保存至今的最早地志，惜宋本早已亡
佚。《四庫全書》中所著錄的是浙江汪氏的鈔本，但缺第一一
三卷至一一九卷，清代的藏書家也都缺此數卷。《太平寰宇記》
在我國方志史上頗為重要，宋以前的方志雖然已編成多種，但
內容過簡，又多偏向於自然地理的記述，而樂史的《太平寰宇
記》則突破了此一舊例，在地理外又編入了姓氏、人物、風
俗、藝文等數門。後代方志，其體例皆同於此書。《四庫全書
總目》中說：「後來方志，必列人物、藝文者，其體皆始於
史。蓋地理之書，記載至是書而始詳，體例亦自是而大變。」
可知其承先啟後的地位。楊守敬在《經籍訪古志》中看到此書
下記有宋代殘槧，原藏於楓山文庫。訪之後知歸於太政官文
庫，認為或許可以補足中土所闕，便稟告黎庶昌，由黎氏出咨
文向日本太政大臣交涉，其書函亦一同收於《古逸叢書》之
中，茲照錄如下：

　　致日本太政大臣公函

敝國所傳宋樂史撰進之《太平寰宇記》二百卷，乾隆年間《四庫》著錄時即闕一百一十三至一百一十九七卷，無別本可補。今聞貴國官書庫中尚有此書宋本具在，意欲煩請貴大臣啟明貴朝家，借與本大臣一觀。如此數卷尚存，擬影刻補完，亦同文盛事。特此奉商，順頌日祉！

光緒九年五月十二日

欽差大臣黎庶昌

肅復者：

貴大臣欲借我秘閣宋槧《太平寰宇記》，影刻以補貴邦所傳之闕，敬頌來意。我秘閣藏本例不許外出，而如本項則屬同文盛事，乃稟啟朝家破格以應請焉。如其交收本大臣命館員巖谷修措辦，貴大臣亦使委員相商量而可。并頌台安！

明治十六年六月二十日

太政大臣兼修史館總裁三條實美

太政大臣兼修史館總裁三條實美閣下：

敬請者昨准台函，宋槧本《太平寰宇記》一書承貴國朝家破閣相借，足為斯文之幸。本大臣實任欣感，所有交收此本，已飭使署隨員楊守敬與貴館員巖谷修妥為商辦。耑此復謝！

光緒九年五月十七日

同上銜⑰

　　經過校閱，發現僅存二十五冊，不及原書之半。但一一三至一一八卷尚存，可補中土向來所佚，使得《太平寰宇記》一書幾成完帙。對中土人士而言，無疑是令人興奮的消息。而其刊刻後對於清末方志學發展的影響，更非黎、楊二人所能料及的。

　　由於收入《古逸叢書》中的，皆是經過精心挑選過的孤本善本，每一種都極為珍貴。除了影摹覆刻外，也務必要求原書之真而可見版本流傳之涯略；而擔任刻書的，是被譽為「日本第一」的木村嘉平。

　　木村嘉平，又稱為「村嘉平」、「村嘉」，木村嘉平是第一至第五代的通稱。其家世代皆從事刊刻，可以說是日本著名的版木師世家。第三代的嘉平名房義，擅長筆意雕，時人稱之為「嘉平雕」，又研習明朝體，又稱為「嘉平明朝」，能鑄造鉛活字，卒於明治十九年（1886）。第四代嘉平名莊太郎，號春海，又號昌義。生於日本安政二年（1855），卒於明治十六年（1883），年僅二十九歲。第五代嘉平名赤次郎，生於明治六年（1873），卒於昭和三年（1945），熱心於引進新技術。其中參與《古逸叢書》刊刻工作的，是第三及第四代嘉平。

　　據聞，第四代嘉平莊太郎曾經就讀於二松學舍，研習中文，漢字造詣精深，學養極富，能筆談，亦能說中文。這也是黎、楊二人邀請他參與《古逸叢書》刊刻的原因之一。當時的

---

⑰ 收於樂史：《太平寰宇記》（北京：中華書局，1985 年，《叢書集成初編》本），頁143-145。

木村嘉平也精於筆意雕、滲染及二度刷，並留下許多書帖作品，刻工精細，評譽甚高。為嘉平雕版作品作書、撰文者，如川田剛（文學博士）、日下部東作（正五位）及西川春洞、大沼枕山、岩谷一六等著名名流，是當時非常著名的版木師。他曾經為楊守敬翻刻日本皇室所藏的《賀知章孝經》，作品之精緻，一如靜嘉堂文庫藏本，絲毫不差。而黎、楊二氏對於莊太郎也十分重視，莊太郎去世時，黎氏贈有〈識語〉，楊氏有〈畫贊〉。黎氏〈識語〉中有一條是關於《古逸叢書》中《穀梁傳》的：

> 木村嘉平為余刻書五種，《穀梁傳》先成焉。原影毫髮無異，余氏家塾原本不能過是也，中土人士見者無不嘆其精妙，嘉平為不朽矣。
>
> 光緒甲申夏，黎庶昌題

《古逸叢書》中的《穀梁傳》，採用的是宋代建安余仁仲的原刻本。而楊氏的〈畫贊〉中也提到了這位木村嘉平：

> 木村嘉平者，日本梓人第一。余為遵義黎氏刻《古逸叢書》，中有影宋本《穀梁傳》，最難措手，乃以囑之嘉平。逾年刻成，意出原本上。藩伯寅司寇稱為自有天地以來，未有如此之精者。⑱

他所刻的《穀梁傳》，無一筆異形，傳回中國後，當時著

名的藏書家李鴻裔及潘祖蔭見到，皆「驚嘆欲絕，謂宋以來所
未有，國朝諸家仿刻不足言也」。而其一生作品的代表，便是
《古逸叢書》與《賀知章孝經》二種，堪稱雙璧。相傳，第四
代嘉平去世時，在葬儀上曾經出現了「中國式哭喪男」，可能
是黎氏等人的安排。雖然真實與否不可得知，但是黎氏等人對
於嘉平的深厚交誼，倒是可從此見知。

　　除了對版刻的要求外，黎氏對於紙、墨等物也十分講究。
「日本紙以美濃岳雪為無上品，而先生猶精益求精。墨必頂
煙，令工細磨，日盡一丸」，另還「每工日印不及千葉，微有
損痕及一點一劃不明者，即棄之」，便是透過這樣多方設法及
不斷的努力，方使「上自王室祕府，下至寺觀，以及士大夫
家，莫不網羅擇要而刊之。……使中國數千百年墜簡復還舊
觀」。

　　這套叢書由黎庶昌個人獨自出資鐫刻，花費不少心力，於
光緒十年（1884）完成。收書二十六種，共兩百卷。刊刻之
後，引起中、日兩國極大的迴響。除了讚嘆版刻精謹，裝幀精
美，猶如古書重現今日。國內學者驚嘆之餘，爭相購求，視若
珍璧，有「海內奇寶」之譽。而曾隨黎氏到日本到任的陳矩，
後再訪日時曾記述道：「嗜古之士猶稱道先生收訪之勤，刊刻
之精，紙墨之良，刷印之善，無美不備。宜海內有洛陽紙貴之
譽也。吾知數百年後，好古者必有孔廟、虞書、貞觀刻之嘆，

⑱ 轉引自石田肇著，孔繁錫譯，張新民校：〈《古逸叢書》的刊刻及
　刻工木村嘉平史略〉，《貴州文史叢刊》1992 年第 3 期（1992 年 9
　月），頁41-49。

千金不易矣。」[19]

　　《古逸叢書》刊刻之後，轟動海內外。除了文物上的價值外，學術上的價值也極高。在日本搜訪而得的《玉篇》、《太平寰宇記》傳回國內，除了當時的學界震動，也改變了原本以來對於文字學及地理學的看法。《韻鏡》的收錄，也對於聲韻學的發展有極重要的影響。《文館詞林》一書將初唐以前的文獻匯編整理，並多采正史及諸家文集所未載的詩文，對考證先秦到唐初的典章制度及詩文，都有所幫助。中國現存最早的琴譜《碣石調‧幽蘭》的發現，聞名全球，對於中國音樂史及世界音樂史，都有深刻的影響。《幽蘭》一名《倚蘭》，傳為孔子所作。《古逸叢書》所收的是南北朝時代的丘明（494-590）所傳之譜，是我國現存最早的七弦琴文字譜。日本中國古音樂史研究專家林謙三先生就曾經慨嘆，此曲存於日本千餘年，日本音樂家卻都未能及時重視。近代琴家楊時百等人，嘗試將《幽蘭》古譜翻譯為今曲，使得千年前的古樂重響於今日，其意義更為重大。

　　在《古逸叢書》內，另收有黎氏所作的《敘目》一卷，充分表現出黎氏的版本目錄學的功力。其中最主要的表現在斷版本、校文字、敘指要三者。[20]

　　在版本的考訂部分，《敘目》中將所收錄的書都分別注明

[19] 陳矩：〈記遵義黎蒓齋先生刊古逸叢書〉，《東游文稿》，收於《靈峰草堂集》第六集。

[20] 相關討論見張新民：〈黎庶昌的版本目錄學〉，《貴州文史叢刊》1992 年第 3 期（1992 年 9 月），頁 33-40。

了版本卷帙、影印、覆刻、配補等情形；而鑒定版本的年代與其本身的學養及態度有密切的關係。而黎氏在《敘目》中所採用的方法，有據書款題識判定的，如日本正平本《論語集解》。此本下述有：「卷末題堺浦道祐居士重新命工鏤梓，正平甲辰五月吉日謹誌。」此本清初曾經傳回中國，錢遵王曾經購得影鈔本，嘆為「書庫中奇本」；但因輾轉購自朝鮮，故《讀書敏求記》中認為是高麗抄本。黎氏在此本下另外作有說明，認為《讀書敏求記》中將「道祐」寫作「道祐」，應是「道祐」方是。正平是日本村上天皇的年號，正平甲辰約在元順帝至正二十四年（1364）。「道祐」是足利義氏的第四子，幼喪父，隨母居住在堺浦，後出家為僧，更名「道祐」。此本正是道祐居士據隋、唐間傳入的舊鈔本重刻而成，但字句與今所傳的有所出入，更為接近《論語集解》之原貌。黎氏除考訂出此本原刊於日本外，也訂正了錢氏的錯誤。另還有據避諱字考證的，如宋本重修《廣韻》五卷，藉由板中「宋諱闕至桓字，則徽宗時槧也」；宋蜀大字本《爾雅》，「宋諱闕慎字」，定為宋孝宗後繙刻本。另還據前人目錄的記載，考訂出宋本《莊子注疏》十卷本，與《宋史‧藝文志》相符合。另又利用了字體來鑒定版本，如唐寫本《漢書‧食貨志》上卷，不但「民、世、治」三字缺筆，且「字體秀勁，當為李唐人書無疑」。唐人舊鈔傳世極少，黎庶昌的外兄莫友芝曾經得到過唐寫本《說文》木部六紙，「驚為奇寶」，撰《箋異》一卷，收入《黔南叢書》中，與此本並稱「兩絕」。㉑

在正文字的部分，黎庶昌或簡要記於《敘目》之中，或另

外寫跋語，以示其文字異同。如〈跋日本津藩有造館本正平本論語集解〉，除了考證版本外，也有黎氏的比勘校記，而覆宋本《重修廣韻》中也附有黎氏以張士擇存堂本互勘異同的校勘札記。在校勘記中，黎氏以兩本比勘，考其異同，辨其紛歧，不因為版本年代較早而完全遵循，而能充分考據其他文獻記錄而正其文字，如覆麻沙本《草堂詩箋》。《草堂詩箋》有宋麻沙本及朝鮮繙刻本。高麗本雖然版本上比較粗率，卻能訂正麻沙本的錯誤，如麻沙本中「何假將軍蓋」，高麗本作「何假將軍佩」，注引「李貳師拔刀刺泉事，錢受之謂較蓋字為穩，宜從之」。㉒可知黎氏不因為是其宋本而完全遵宋，在版本校讎學上的學養非一般所能及的。

除了版本、文字的考證外，黎氏還對每一本書都作了簡單的述論，說明其內容大旨，對於考證學術源流上有很大的幫助。如永錄本《韻鏡》，《四庫全書》並未收錄，其他的目錄專書也甚少記載。黎氏在其下言道：「三山張麟之譔，有紹興辛巳、嘉泰三年兩序。其說本之鄭樵，以為反切之要，莫妙於此。不出四十三轉而天下無遺音矣。」㉓對於《韻鏡》一書有了切當的論述，亦可以補充之前目錄上的不足。另如卷子本《玉燭寶典》，《敘目》中言：「隋著作郎杜臺卿少山譔，原十二卷，今缺第九卷。其書用《小戴記‧月令》為主，博引經典

㉑ 黎庶昌：〈古逸叢書敘目〉，《拙尊園叢稿》，卷6，頁434。
㉒ 同前註，頁435。
㉓ 同前註，頁432。永錄為日本正親町天皇年號，時為西元1558-1569年，約為明嘉靖43年。

集證之，較《周書‧月令解》、《呂覽‧四時紀》、《淮南‧時則訓》加詳，此為專書故也。開皇中疏上號為詳洽，陳《直齋書錄解題》猶載之，其亡當在宋以後耳。」㉔對於此書的作者、卷帙、內容、流傳情形都有述及，可謂之簡潔精要。

《敘目》中充分展現了黎氏在文獻學上的學養，並且對於他所不熟悉的書則抱持著虛心受納的態度，並不妄下斷語。如唐寫本《碣石調‧幽蘭》，《敘目》中云：「陳禎明中。會稽邱公明所著琴譜之第五卷也。余非知音，不敢是正。以待世之能見希聲者。」㉕表明其篤實的學術態度，亦是其為人謙讓的性格展現。

《古逸叢書》由黎氏一人獨資刊印，花費了黎氏三年薪俸萬金。印行之後，立刻被蒐求一空。黎氏也在日後將全部的書版運回金陵書局，由該局重印以嘉惠海內外學者，對於我國的古籍出版有很大的貢獻。《古逸叢書》傳回國內後，立刻受到全國的重視。曾孟樸的《孽海花》是著名的晚清時事小說，藉由洪鈞及賽金花的故事來描寫當時晚清的社會狀況，尤其是京城中知識分子的生活及思想。書中所描繪的角色都影射了當時人物，如王韜化名為王紫銓、李純客即是李慈銘，薛輔仁即為薛福成。黎庶昌在書中化名為呂蒼舒，號順齋。書中第十八回藉由雯青（洪鈞）之口說道：「東瀛以前崇尚漢學，遺籍甚多。往往有中土失傳之本，而彼國有流傳，弟在海外，就知閣下搜輯甚多，正有功藝林之作也。」㉖可知《古逸叢書》在當

㉔ 同前註，頁429-430。
㉕ 同前註，頁435。

時社會上，擁有極高的評價。而數十年後，《續古逸叢書》、
《古逸叢書三編》陸續刊行，為中國收集保存了更多的珍本逸
書，黎氏搜訪刊印《古逸叢書》之功，實不可沒。

(二)永樂南藏

在日本的期間，除了搜訪刊刻《古逸叢書》外，黎氏另外
還購回了南藏佛經全帙，運回貴州的禹門寺存放。對於貴州地
區的佛教傳播，有重要意義。

禹門寺在沙灘附近，自清初著名的高僧丈雪在此開堂說法
之後，信徒漸多，遂成為貴州著名的佛教勝地，稱得上是西南
名剎。黎氏家族世代都在禹門寺內設塾，少有間斷。黎庶昌幼
時也在此唸書、生活，故對於禹門寺的歷史極為熟悉。禹門寺
原本藏有北本佛經全藏（即永樂北藏，於永樂十九年開始刊刻
於北京），共六百三十六函，一千一百一十五部，六千三百六
十一卷，專為頒賜名山大剎而置。但是因為同治年間長達二十
年的戰亂，兵事不斷的結果，使得「經卷散軼不完」。㉗黎氏
在日本的坊間見有翻刻的南藏本佛經全帙（即永樂南藏，於永
樂十至十五年間刊刻於南京），共兩百八十一函，六千七百七
十一卷。黎氏當下便用千兩白銀買下，運回禹門寺中的藏經樓
中存放，禹門寺也因此聲名大噪，成為擁有完整佛教經典全帙
的著名佛教盛地，對於貴州一地佛教的發展貢獻甚巨。第二次

㉖ 曾樸：《孽海花》（上海：上海古籍出版社，1980年1月），第18
回，頁165。

㉗ 黎庶昌：〈禹門寺置佛藏記〉，《拙尊園叢稿》，卷3，頁189。

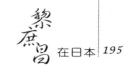

出使日本，黎庶昌在日本文學博士中村正直家中也發現了當時
國內因兵亂而毀的丈雪禪師的《丈雪語錄》，也一起購置，存
放於禹門寺中。不論是對佛教文獻或是地方鄉邦文獻來說，都
有極重大的貢獻。

　　除了佛教經典外，黎庶昌還重新刻印了唐代釋慧琳所撰的
《一切經音義》一百卷，是當時佛經譯著詮釋之大全。其書
「網羅古訓，音釋梵經，摭拾綦廣，包孕豐富」，在佛教文化史
上有很高的價值。可惜在國內散佚，直到黎氏刊印之後帶回國
內，才又引起國內的重視。

　　光緒十年（1884），黎氏的任期屆滿；八月，又接到生母
吳太夫人病逝的消息。因當時朝鮮發動政變，清廷派兵鎮壓，
一些戰亂分子逃往日本，中、日關係一度緊張。清廷便命黎氏
暫留日本，一直到十二月才准許黎庶昌回國奔喪。十二月十八
日，黎庶昌啟程返國，結束他在日本的任期。

六、第二次出使日本

　　光緒十三年（1887），黎庶昌接獲朝廷任命，再度出使日
本。原本日本因明治維新後，視中國辦事遲緩，頗為輕忽。後
來朝鮮發生政變，清廷反應敏捷，日本態度才有所變化；而自
中法戰爭後，日本知清廷並不示弱，態度又一變。故此時中、
日二國的關係平和，外交上並無重大事件發生。黎氏在公務之
暇，除了進一步搜訪古籍，如《須真經》、《春秋經傳集解》、
《白氏文集》，還多處遊歷日本各地，探訪各地風俗，了解日本

人情。

㈠中日文人大會

日本自古嚮慕中國文化，二國來往甚久，且多有文字之交的記錄流傳。唐代，日本詩人晁衡（阿部仲曆）來華，便與李白、杜甫、王維等結下深厚的情誼。陳元贇與日本僧人元政互相以詩詞唱和，留下了《元元唱和集》，對日本詩文的發展影響很大。而到了近代，雖然日本致力西化，富國強兵；但是對於中國文化仍抱者崇仰的情懷，尤其是精通漢學的漢學家，更是對中國文化頗為欽仰。故當有中國人士來日時，都讓他們興奮雀躍。當何如璋抵達神戶時，想要望一望「漢家威儀」者，帶著家族，遠自東京、大阪而來的便有不少。

自從第一任駐日公使何如璋抵日後，永田町的清公使館中便常常有精熟漢學、漢詩的日本文人來拜訪，大多是來請求交換或是修改詩文。來訪的日本文人與使館人員用文字筆談，「暢談甚歡」；有的時候則出外遊覽，而成為「詩酒之會」。中、日雙方都留下不少動人的詩篇。但是在何公使的時代，這種聚會比較小型，參加人數也較少，屬於私人性質的居多。真正大型的聚會，則要到黎庶昌時才定期舉行。

黎庶昌的家學淵源，父祖輩多以能詩聞名。他又是曾國藩的學生，是「曾門四弟子」之一，散文的造詣精深，是頗有名氣的桐城派文人。日本漢學界早已聽聞曾國藩的大名，曾氏弟子的抵日，自是引起日本漢學界內一陣歡迎，而公使館內的隨員，如楊守敬、陳矩、孫點、姚文棟等人，也都是能文善詩之

人;再加上黎氏在任期內,與日本人士廣泛的結交。交往的日本友人中,有朝廷重臣、在野布衣,有年邁博學之老儒,亦有青春正盛的少年才俊,使得公使館中的來往交流更為熱鬧,詩會的舉辦也更為頻繁。中、日雙方所留傳下來的詩文唱和作品,也比之前的所遺留下來的還要豐富。

　　黎庶昌前後在日本六年的時間,每逢春、秋二季,都會邀請中、日二國的文人學者作「詩酒之會」,前後約有十數次。㉘第一次是在其初次駐日時,明治十五年(1882)所舉行的。由於中、日二國都有重陽節登高賞景、飲酒賦詩的習俗,故黎氏選擇這天為聚會的日子,地點則在東京上野公園的精養軒,雙方共有十七、八人參加。黎庶昌在席上賦詩一首:

　　　重陽佳節古今同,異地渾忘在客中。
　　　招致一時名下士,仰希千載古人風。㉙

座中賓客隨之唱和,這些詩篇後來被姚文棟編為《重九登高集》。

　　第二次則是在隔年的重陽節,地點是永田町公使館的西樓。主方為黎庶昌,另外公使館人員參加的有楊守敬、陳養源、姚文棟等八人;賓方以重野安繹(成齋)為首,另有藤野

㉘ 實藤惠秀著,陳固亭譯:《明治時代中日文化的聯繫》(臺北:臺灣書店,1971年6月),頁44-51,記載為9次。王曉秋:《近代中日文化交流史》(北京:中華書局,2000年8月),頁266,則為13次。
㉙ 轉引自王曉秋:《近代中日文化交流史》,頁259。

正啟（海南）、石川英（鴻齋）、森立之（甕江、枳園）、宮島誠一郎（栗香）等十三人，雙方共有二十一人參加。由於公使館位在高丘上，加上當天天氣清朗，遠方富士山的景色可以一覽無遺。座中先由黎氏賦詩二首，其一云：

> 小樓一角露屛顏，灑落風霜夕照間。近寺微紅日支社，遠天依白富姿山。
> 可堪酩酊酬佳節，暫把茱萸得少閒。文字盍簪無異地，姓名同在列仙班。㉚

重野安繹即和韻寫道：

> 每把清芬解我顏，一團和氣几筵間。星槎遍歷東西海，詞賦同推大小山。
> 文勒元勳史材老，書搜古俠宦情閒。登高此日必龍似，觴詠深為忝末班。㉛

其他在座的中、日文人紛紛和詩吟詠，這天所吟詠的詩合計有五十二首，由孫點編為《癸未重九讌集編》刊行，並由嚴谷修在封面題名，內頁則由黎庶昌署檢。黎氏在其〈重九燕集詩序〉中也特別記述了這一次宴會的情形：

㉚ 轉引自黃萬機：《黎庶昌評傳》（貴陽：貴州人民出版社，1989年5月），頁143-144。

㉛ 同前註。

使署據爽塏地，樓又其最虛處，可以憑高望遠。日影加晴，主賓即席，雍容翼如。筆札紛綸，肴蔬迭輪，每進益懽，惟酒與莫。

眾賓愉怡，興有所會。託物造耑，酬唱環疊賦新詩，寫素心，無管弦而極樂，無禮數而有倫，渢渢乎雅音也。及夜酒罷，各各盡懽以散。㉜

光緒十四年（1888），黎庶昌再度出使日本。日本友人重野安繹、星野桓、南摩綱紀、龜野行等為了慶賀他再度出使日本，在中洲濱街的枕流館舉行一次聚會，邀請了黎庶昌及其僚屬陳矩、孫點等八人與會，雙方在席上即席賦詩，所唱和的詩篇在日後被孫點編為《枕流館集》。黎氏吟道：

高館枕流江上雄，坐中豪士盡元龍。吟懷喜接舊時雨，爽氣偏迎江海風。
國異不曾文字異，洲同猶願澤袍同。愧余忝任皇華節，結好惟憑信與忠。

光緒十五年（1889）春天，黎氏在芝公園的紅葉館舉行了「曲水之宴」。㉝這是從晉代王羲之的「曲水流觴」而來的，受邀而來的日本文人有三十多人，編成的詩集為《修禊編》。同

㉜ 黎庶昌：〈重九燕集詩序〉，《拙尊園叢稿》，卷6，頁456-458。
㉝ 又稱之為「曲水修禊」。

年的十月三日（陰曆九月九日），黎庶昌在紅葉館舉行了重陽節登高會。所參加的日本人士有三十二人，其中有日本駐清公使大島圭介（如楓），另外朝鮮駐日公使金嘉鎮也應邀與會。中方除了黎庶昌及其隨員外，還有寫《遊歷日本圖經》的傅雲龍等共十一人參加。黎氏率先吟道：

> 主恩特許雙持節，嘉會重陽四舉杯。果是登高能作賦，端因同志聚群才。㉞

其他賓客也接連唱和，重野安繹在其詩中便云：「一堂偶聚三星使，九日同傾百酒杯。」㉟金嘉鎮也吟有：「自惜登高無此樂，同文三國好顏開。」㊱鹽谷時敏後來評論此次宴會是：「地聚芝陵之首，人聚三國之英，登高之會于是為盛。」㊲這次宴會所吟唱的詩文被編成《登高集》，和《枕流館集》、《修禊編》一起收入了《己丑讌集續編》中，作為此年的紀念。

這種文酒聚會到了黎庶昌任滿歸國的那一年（光緒十六年，1890），舉辦的更為頻繁熱烈，所參與的人數也多在數十人以上。此年春天所舉行的「曲水之宴」共有四十多人參加。除了當席吟成的詩文百餘篇外，還有從日本各地及遠從國內寄來的和詩多首，也都一起收入所編的《修禊編》中，一時傳為

㉞ 轉引自王曉秋：《近代中日文化交流史》（北京：中華書局，2000 年 8 月），頁261。

㉟ 同前註。

㊱ 同前註。

㊲ 同前註。

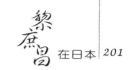

中日詩壇的佳話。而此年的重陽節，黎氏仍在紅葉館舉行重陽
登高大會，這是黎庶昌任期內所舉行的最後一次大會，所參加
的人數則多達六、七十人之多，大多是黎氏的故交舊友。黎氏
率先吟道：

> 暉暉夕照映扶桑，此日芝山又舉觴。駐我忝持雙使節，登
> 高重賦六重陽。
> 同文歷劫終難廢，與國論心實易臧。嘉會不常雖盡醉，勸
> 君休賦菊花黃。

> 班荊傾蓋尚榮思，何況聯歡六載移。餘事敦槃尋舊約，國
> 盟金石寓深期。
> 交鄰有道誠能久，時局就平今可知。歸去大瀛衣帶限，望
> 君頻為寄新詩。㊳

日人秋葉斐和詩：

> 一杯離酒百般詩，話久渾忘更漏移。醉裏亦搓千里別，談
> 餘且訂再游期。
> 交鄰有道誠能久，時局就平今可知。此與真成明若月，宴
> 餘莫誤屢酬詩。㊴

㊳ 同前註，頁263-265 。
㊴ 同前註。

圓山真：

> 陪歡陳跡耐追思，秋菊春櫻幾度移。綠水扁舟留釣客，燭
> 樓夜語話襟期。

> 別來三日心何惡，事去他年夢獨知。直是郵筒屢相寄，莫
> 嘲帳下阿幾詩。⑩

宮島誠一郎：

> 兩回持節駐扶桑，幾度登高把酒觴。招我交歡如一日，恨
> 君留別在重陽。⑪

這些詩歌後來被編為《登高集》。之後日本友人輪流設宴為黎
氏餞別，席中又多贈詩、和詩，被編為《題襟集》，後收入到
《庚寅讌集三編》。
僅此一年中，便收
有送別序文十五
篇，詩歌五百九十
七首。中、日、韓
作者共一百多人，
年紀最長的七十七
歲，最幼的也有十
三歲，可說是當時

〈燕集三編統序〉書影

---

⑩ 同前註。
⑪ 同前註。

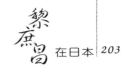

著名的風流盛事。

　　根據後來孫點、陶大均編成的《黎公使宴集合編》一書，共收入了序二十三篇，記六篇，詩五百四十首，賦、套曲各一；參加詩酒聚會的日本文士前後多達一百多位，中日文人的文字交誼盛況，可見一斑。黎氏與日本人士的交遊之廣，氣派之盛，成果之豐，都是歷任公使所不及的。黎氏自己也稱：「自唐以來，未之有也。」⑫堪稱是中、日交流史上的一段佳話。對於日本而言，自從明治維新，勵行西法，國勢漸強，但對於舊有之漢學卻未免有凋衰之感。黎氏所主辦的「詩酒聚會」，無形中對於日本的漢學也有了復起推動的作用。

　　除了黎氏的《黎公使宴集合編》外，公使館內的其他隨員也和日本友人有良好的交誼，並有和日本詩人唱和的作品傳世。如姚文棟的《墨江修禊詩》、孫點的《嚶鳴館百疊集》，以及孫點與日人森槐南的以填詞相和，也可以說是中日友好的另一見證。

㈡宮島誠一郎及藤野海南

　　由於黎氏平易近人、謙虛和藹的態度，淵博的學識修養及詩文造詣的精深，使得他在日本時結交了不少知己好友。日本人士也十分敬重黎氏，稱他為「全才之君子」，並以能與黎庶昌交遊為榮。而上自朝廷重臣，下至在野布衣，都是他的座上客。如寫《尊壤紀事》的岡千仞，曾任東京圖書館館長，後辭

---

⑫ 黎庶昌：〈燕集三編統序〉，《拙尊園叢稿》，卷5，頁395。

官辦學，有弟子三千；重野安繹與中村正直，是元老院議官，也是文學博士。森立之、島田重禮、巖谷修等是著名的漢學家。森魯直（春濤）、岡本迪（黃石）是著名詩人。副島種臣、田邊太一是當時日本政壇上的重臣。其中與他有深厚交誼的，是宮島誠一郎與藤野海南。

宮島誠一郎（栗香，1838-1911），是黎氏在日本中認識最早、交情甚深的朋友。當時是華族局主事，曾任修史官，與政界多有往來，有「山中宰相」之稱。早在第一任公使的時代，宮島誠一郎便來拜訪過公使館，並曾經贈詩給黃遵憲。黎庶昌到任後，從何如璋處知道了宮島誠一郎，十分敬慕。黎氏的〈養浩堂詩集後序〉中有這段交誼之始的記述：「余始至東京，聞宮島栗香之名於何君子峩，盛稱其能詩。既而栗香攜所作文來謁。數與往復義理，又知其能文，然詩尚未睹也。」⒀爾後二人的情誼與日漸增。在黎氏的〈養浩堂詩第二集序〉中有更進一步的描述：

> 日本與吾同文國也，東京又為人才淵匯。首因栗香以交，其國人後遂狎而求之，如歐陽子所交石曼卿者，久之游契日廣。及余再至，與國人益習，而適又幸無事。於是上自公卿大夫，下逮朝野布衣之倫；往往歌吟嘯呼詩酒，淋漓酣恣而不厭。栗香有室曰養浩，余曾登其堂，二人者傲然無復畔岸，於天下事知無所不言，言無所不罄。其於亞洲

⒀ 黎庶昌：〈養浩堂詩集後序〉，《拙尊園叢稿》，卷5，頁395。

天時人事地利之故，亦籌之悉矣。㊹

　　栗香為人守介不妄，與黎氏的交遊超過十年，相知甚深。
栗香精漢學，善詩及古文辭，其詩在日本的詩壇中有很大的影
響力。其所著的《養浩堂詩集》，何如璋為他寫序，黃遵憲寫
過評論，都對其詩有很高的評價。後來也請黎庶昌為他寫〈後
序〉。在黎氏所主辦的宴會上，栗香每逢出席必會賦詩。在其
詩集中，栗香與黎氏的唱酬之作倍於他人。栗香治學甚為虛
心，詩作既成，必請黎氏改定。在黎氏任滿歸國之際，栗香將
自明治十四年（1881）以來所作的詩三卷，屬黎氏為之
〈序〉。黎氏在〈序〉中特地寫道：「獨吾二人者之與游，至密
無閒，其交誼不可終閟。」㊺可知二人的情誼彌篤。

　　栗香有子宮島（彥）大八，唸小學校時便到當時的清公使
館中學習中國語，當時還是何公使的時候。後來栗香與黎庶昌
的女婿張沆也因為筆談而結成了忘年交。宮島大八長大後到中
國留學，拜張裕釗為師（張氏時為保定蓮池書院主講）。栗香
還特地把他和黎庶昌、張沆筆談的墨跡裱成卷子，命大八拿給
張裕釗看。另外還拿了《養浩堂詩集》給張裕釗，也請他作
〈序〉。光緒十三年（1887），黎庶昌在保定和大八見面，書
《說苑·反質篇》以勖勉，栗香知道後非常高興，寫了長詩記
述此事，其中道：「蒓齋經濟一時傑，廉卿德行百世師。汝生

㊹ 黎庶昌：〈養浩堂詩第二集序〉，《拙尊園叢稿》，卷5，頁396-
　　397。

㊺ 同前註。

何幸事二老，諄諄教誨皆箴規。」⑥可知兩家的情誼匪淺。

　　另外一位與黎庶昌有深厚交情的是藤野海南（1826-1888）。藤野海南，名正啟，字伯迪，號海南。是明治時代著名的漢字學代表，與重野安繹齊名。其家世代為官，是松山地區代表性的名門望族。海南排行最長，下有二弟服部楠谷（1834-1891）及藤野漸（1842-1915）。海南曾在松山藩儒日下伯巖門下學習，後任教授、國史局的修史官。曾編有《松山叢書》與《先朝紀略》，與妻子菊時育有一女真子。

　　黎氏初次駐日，在公使館西樓舉行重陽登高大會時，經人介紹才認識海南。在其〈日本正六位藤野君慕誌銘〉中有一段相關的記述：「光緒九年，余闢使署西樓，修重九登高，約以賓晉東人士，時未識君。有來告者曰藤野伯迪蓄道德，能文章，茲會不可失。因不介而致之。升吾堂，貌愉德充，漢行而唐服，裹然君子儒也。自是雅重君。」⑦在海南的記述為：「是日也，積雨方霽，四無雰埃。對富峰於百里之外，宛有登高之態。坐既定，芳旨萬選，皆係其國味。獻酬之間，筆以代舌，調笑交謔，盡歡極愉。頹然酣醉，不知烏帽子之落也。」⑧這是二人結識的經過。第二年夏天七月，黎庶昌帶家人前往伊香保溫泉遊玩，在途中遇到了與家人在此療養的藤野海南，

---

⑥ 轉引自王慶成：〈黎庶昌與日本〉，《貴州社會科學》1995 年第4期（1995 年7 月），頁89-97。張裕釗的字為「廉卿」，「汝」指大八。

⑦ 黎庶昌：〈日本正六位藤野君慕誌銘〉，《拙尊園叢稿》，卷6，頁467。

⑧ 轉引自石田肇：〈藤野海南與黎庶昌的交往和友誼〉，《貴州文史叢刊》2000 年第2 期（2002 年），頁49-55。

兩人在山中盤桓數日。「累日就論漢學之興廢及礦泉之理之說，甚備。時時見君點勘荀卿書，手不釋卷。瀕行，出女真子彈琴誌歌作別，誼摯懇篤。真子多文而栗，余私謂君能型其家也」。⑭他們兩人有相近的學術背景，同樣精於史學，注意科學技術，並講求經世致用之學，另外在文學理論上黎氏與海南的意見十分契合。海南曾經讀過曾國藩的文章，不但在行文中深受其影響，其論文的意見也與曾氏相近，曾說道：「曾氏之論可謂備已，學者以是說存於心，於獨古人之文并已屬文，必有益焉。」⑮二人有時討論、翻譯或是筆談，氣氛頗為融洽。八月初黎氏與海南和海南之弟服部楠谷在伊香保會合，八月七日黎庶昌要返回東京，八月六日晚上服部楠谷曾賦詩一首，並記其事：「香山使逢黎公使，時公使明日將歸京，尋游函山。賦呈燕詩用公使與予兄藤伯迪唱和詩韻。」⑯其詩云：

> 吸收香岳礦泉清，明日羨君就去程。何況再治行李去，函山磴道踏云行。⑰

大約是海南與黎氏離別時，真子在旁彈琴。二人正以詩唱和，其詩曾給楠谷看過，楠谷和其韻而成的。⑱

---

⑭ 黎庶昌：〈日本正六位藤野君墓誌銘〉，《拙尊園叢稿》，卷6，頁467。
⑮ 轉引自石田肇：〈藤野海南與黎庶昌的交往和情誼〉，頁49-50。
⑯ 同前註。
⑰ 同前註。
⑱ 同前註。

黎庶昌第二次出使日本的那一年，海南正在熱海療養，並沒有見面。次年正月，黎庶昌還收到海南寄來的賀年狀。一個月後，藤野漸來訪，告知藤野海南去世的消息，享年六十歲。黎氏親往送葬，為他寫墓誌銘，手書刻石立碑於其墓道之右。此墓誌銘現存於上野的谷中墓地。後來黎氏還應真子之請，為海南的遺稿作序，在其序中言道：「光緒戊子，藤野海南沒。余為之誌銘刻石立於墓道之右，其女真子以書抵余謝。既而真子修儀上謁，且執君遺文以請。曰妾不幸，遭先人大故。弱質不任事，有弟年幼，後時樹立不可知，恐不瞑先人地下。謹惟先人之在世也，閣下許之以交，及其沒也，辱之以銘。今重野君將謀梓其文，若幸得一言為之序，因以傳於世，則先人死骨不朽矣。」⑩

黎氏與趙曼娟夫人還多方照料真子及其幼弟正哲，宛如親生。真子也常常到使館來探訪求教，趙曼娟夫人待她視如己生。光緒十六年（1890）九月，趙曼娟夫人帶著兒子尹驄先返國辦理親事。十月二十六日病逝於湖北嘉魚縣，終年三十六歲。真子聽到後，「驚嘆若狂」。後數日，黎庶昌來到真子住所，囑咐真子撰寫墓誌銘，真子悲痛不能言，惟惟而止矣。

這塊墓誌銘於一九八二年八月在貴州遵義黎庶昌故居中挖掘出土。是由真子手書的行草，娟秀俊逸，帶有二王筆意。是黎氏回國後，真子寄到貴州遵義，黎氏命石匠照原跡刻石。全文共四百九十九字，完好無缺。〈墓誌銘〉中提到了兩家的情

---

⑩ 黎庶昌：〈海南文集序〉，《拙尊園叢稿》，卷6，頁461。

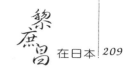

誼：

> 夫人姓趙氏，字曼娟，蘇州人。黎公為欽差大臣來駐我
> 邦，夫人從而在使館焉。先考伯迪嘗辱知於公，其歿也，
> 公為樹碑刻銘，又深憐真之孤，撫真如子。夫人亦視真不
> 異所生，時招慰諭，訓誨無不至。每竊思真家與公家，萬
> 里隔海，東西異邦，而親愛一至於此，雖本邦不易得也。
> 已而自謂先考交不乏人，而公海外遠客，信獨及死後，義
> 高於季札，是果何因也？今夫人不幸辭世，公命真以誌，
> 是又何緣也？況公之愛真，夫人之教真，有深於家人骨肉
> 者。然則，因緣殆有天存焉，不關國之東西，海之內外
> 也。真豈得以不文辭！⑤⑤

其文辭懇切感人，可知真子對於趙夫人的依戀之情極為深刻。

明治二十三年（1890），黎氏的任期即將屆滿，黎氏特地
宴請真子母女二人以作告別。數日後，帶真子及詩人岡本黃石
（1811-1898）到照相館中拍攝了三人照。在真子所寫的〈題與
岡本黃石翁合照影相後〉中有所記載：

> 清國欽差大臣蒓齋黎公與先君情誼最厚。先君即世後，公
> 尚不忘昔恩，眷如父子。是所謂推烏愛者邪？明治庚寅，
> 公任將滿，特設筵以招余母子，告別且曰：「予留貴邦三

⑤⑤ 轉引自葛鎮亞：〈關於黎庶昌的文物與古蹟〉，《貴州文史叢刊》
1992 年第3 期（1992 年9 月），頁126-127 。

年，交友不為少，而猶愛尊公與岡本黃石翁。恨尊公既
世，翁年八十，矍鑠有仙態，言語應對殆類壯者。請與俱
照一影相。尊公已不可見，得見子亦可以已矣。」後數
日，延翁及余抵丸木利陽氏，合影及成惠一葉。嗚呼！先
君已不得與公樽酒論文，此恨何極。而今公又將歸朝，不
知余母子依誰樹立。萬感蝟集不能禁，乃裝懸諸室，以永
仰高德。余所著衣，蓋亦公所賜也。時明治廿三年十月。
⑯

此文下還記有黎庶昌的評語：「情真語摯，讀之使人測（惻）
然。」可知黎庶昌與藤野海南一家，有親如家人的情誼。

　　黎氏初至日本時，藉由栗香的幫助，得以認識許多日本人
士；也憑著他推誠結納的態度，贏得日本人士的尊敬及友誼。
使他不論在外交事務上或是在古籍的搜訪上，都能得到最大的
幫助。而他與宮島誠一郎、藤野海南的深厚友情，跨越了國別
及種族的界限，在那一段瞬息變幻、風雲紛起的時代中，更顯
得彌足珍貴。

　　光緒十六年，黎氏任期將屆。在任滿前半年，日本朋友為
他接連舉行了餞別之宴。⑰在席中除了有惜別唱和詩外，日本
友人還贈與黎庶昌寶刀及美人圖，是日本人士奉送高貴客人的
珍貴禮品。十月，日本天皇為表揚他對於日中邦交的貢獻，特

⑯ 轉引自石田肇：〈藤野海南與黎庶昌的交往和友誼〉，頁49-55。
⑰ 黎汝謙〈黎公家傳〉中云：「任滿之前半載，祖餞之會無虛日，
　　惜別頌禱之詞以數百計。」（頁239）
⑱ 同前註。

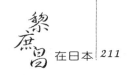

頒一等「旭日大綬勳章」。日本文士紛紛向他道賀，以黎庶昌
能受此章為殊榮。光緒十七年（1891）正月，黎庶昌返國。啟
程之日，送行者甚眾。「去之日攀送者塞巷盈道，或追餞至數
百里外。泰西各國使臣嘖嘖稱羨，謂為從來之使臣返國所絕無
也」。⑱可知黎庶昌在日本的聲望之高，以及他和日本友人交
情之深。此後，日本人士仍懷念這位公使大人，孫點在其回憶
中提到：「余來東都與其賢大夫游，每為余道黎大使之賢，殷
殷問近況；漢學諸子猶稱頌不置。天下事，當局或不免責詼，
及其去久而津津不少衰，則其賢可徵信也。」⑲

七、結語

　　黎庶昌兩度使日，在外交上的功績自是不可抹滅的。在薛
福成的評論中，光緒以來出使外洋的十八位星使裏，黎氏依功
居於第四，僅次於曾紀澤、郭嵩燾、鄭藻如之後。然而在歷任
出使日本的公使中，黎氏的成就卻是歷任公使所不及的。

　　在學術上，黎庶昌以其深厚的家學根柢，以及鄭珍和莫友
芝的教導，搜訪了許多中土的逸書，對於學術界的貢獻巨大，
進而影響了後來傅雲龍、董康、張元濟等人到日本搜訪古籍的
工作。《古逸叢書》的刊行，對於學術研究上有極為重要的意
義。

　　綜觀黎氏的一生，其成就是多方面的。他繼承了沙灘家學

---

⑲ 孫點：〈枕流館宴集記〉，轉引自黃萬機：《沙灘文化志》，頁
39。

　　的傳統，對於地方文獻及教育都十分盡心；在曾國藩的幕府
中，又注意到了「經世致用」，成為他一生治學的宗旨，也使
他日後的成就得以突出於鄭珍、莫友芝二人之右。黎氏出使日
本，帶回不少國外的智識，使貴州人士「眼界大開」，進而影
響了貴州學子到日本留學，影響深遠。這點確是鄭、莫二人遠
不能及的，是以後人將「鄭、莫、黎」三家並稱，同為黔中學
術的代表。

相關文獻

黎東方　　　黎庶昌和他的《古逸叢書》

　　　　　　百年來中日關係論文集　頁485-494　出版者、出
　　　　　　版地不詳　1968 年

長澤規矩也　《古逸叢書》の信憑性について

　　　　　　宇野哲人先生白壽祝賀記念東洋學論叢　頁777-
　　　　　　790　東京　宇野哲人先生白壽祝賀記念會編刊
　　　　　　1974 年 10 月

張新民　　　黎庶昌及其《古逸叢書》

　　　　　　貴州社會科學　1984 年第 2 期　頁81-88 轉頁80
　　　　　　1984 年

羅　勤　　　黎庶昌與《古逸叢書》芻議

　　　　　　貴陽師專學報　1998 年第 1 期　頁84-87　1998 年

石田肇　　　《古逸叢書》をめぐって──木村嘉平、そして
　　　　　　「史略」

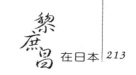

書論　第25號　頁172-190　1989年7月

石田肇著，孔繁錫譯　《古逸叢書》的刊刻及刻工木村嘉平史略

　　　　　　貴州文史叢刊　1992年第3期　頁41-52　1992年
　　　　　　9月

陳東輝　　　《古逸叢書》與中日漢籍交流

　　　　　　書目季刊　第30卷第3期　頁37-45　1996年12月

王德塤　　　黎庶昌使古曲「幽蘭」重返故國

　　　　　　貴州文史叢刊　1992年第3期　頁139　1992年9月

幸必澤　　　黎庶昌的文化外交和文史研究業績

　　　　　　貴州文史叢刊　1990年第3期　頁69-73　1990年

謝尊修　　　黎庶昌與中日文字之交

　　　　　　貴州文史叢刊　1992年第3期　頁83-88　1992年
　　　　　　9月

龍先緒　　　黎庶昌與日本文士交遊

　　　　　　貴州文史叢刊　1992年第3期　頁89-92　1992年
　　　　　　9月

萬登學　　　凝成友誼傳千古傳──晚清駐日公使黎庶昌與日本
　　　　　　名流的唱和詩評述

　　　　　　古傑英風──歷史傳記文學　頁41-46　臺北　東
　　　　　　大圖書出版公司　1996年1月

石田肇　　　圓城寺朝鮮鐘と與崇福寺鐘銘──黎庶昌と町田久成

　　　　　　史跡と美術　第58卷第7號　頁264-277　1988年
　　　　　　8月

石田肇著，楊紹先譯　圓城寺朝鮮鐘與崇福寺鐘銘──黎庶昌

與町田久成

　　貴州文史叢刊　1992 年第 3 期　頁 116-119　1992
年 9 月

石田肇　　東洋の學藝，藤野海南と黎庶昌——二人の交友を
中心に

　　東洋文化　第 83 號　頁 34-45　1999 年 9 月

石田肇著，陳履安編譯　藤野海南與黎庶昌的交往與友誼

　　貴州文史叢刊　2000 年第 2 期　頁 49-55　2000 年

萬登學　　一篇來自東瀛的墓誌銘

　　古傑英風——歷史傳記文學　頁 89-93　臺北　東
大圖書出版公司　1996 年 1 月

中村義　　日本國會圖書館珍藏的黎庶昌手跡

　　貴州文史叢刊　1992 年第 3 期　頁 106-115　1992
年 9 月

王慶成　　黎庶昌與日本

　　貴州社會科學　1995 年第 4 期　頁 89-97　1995 年
7 月

萬登學　　茅臺睦邦誼，詩文傳佳話——晚清駐日公使黎庶昌

　　古傑英風——歷史傳記文學　頁 31-40　臺北　東
大圖書出版公司　1996 年 1 月

石田肇　　黎庶昌の藏書——「拙尊園存書目」について

　　汲古　第 38 號　頁 44-49　2000 年 12 月

孫中山在日本

奚敏芳 *

一、前言

　　孫中山（1866-1925）先生是二十世紀中華民族最偉大的
改革者，他畢生領導中國革命，推翻了傳襲數千年的君主政
體，建立了亞洲第一個民主共和國家，並著述《三民主義》、
《建國方略》、《建國大綱》等書，闡明其政治改革與建設理
念，帶領中華民族邁向民主自由的新中國。回溯滿清專制時
代，清廷採取閉關自守政策，中西文化交流受到阻斷，隔閡日
益加深，滿清懵然於西方國際的變化，仍以「天朝」自居而不
自覺，一直到中英鴉片戰爭的再三挫敗，朝野大受震懼，結果
簽訂了「南京條約」①，開啟了不平等條約的惡例，從此為中
國貽下百年大禍。翻開清季十九世紀以來的近代史，是中國最
為黑暗慘痛的一段歷史，外來的船堅砲利與侵略帝國主義，使
得中國在國際潮流中還來不及認清處境，就已經一敗塗地，割
地賠款與接連而至的不平等條約，已使中國焦頭爛額，應接不
暇，未料中國的近鄰——日本與蘇俄，更在中國最為危殆衰微

---

* 奚敏芳，國立僑生大學先修班共同科副教授。

之時，虎視眈眈地意圖吞滅中國，面對這樣一個危急存亡的非常變局，滿清政府卻仍然蒙昧苟且，庸懦因循，一味只求粉飾虛張，未能徹底改革。對外喪權辱國，對內政治腐敗，這情形使得有識之士深切感覺到中國已經到了非革命無以救亡圖存的地步！

孫中山 像

孫中山先生創立的第一個革命組織是「興中會」，其成立宣言中，痛切陳述當時國勢的危殆，說：「夫以四百兆人民之眾，數萬里土地之饒，本可發奮為雄，無敵於天下。乃以政治不修，綱維敗壞，朝廷則鬻爵賣官，公行賄賂；官府則剝民刮地，暴過虎狼。盜賊橫行，饑饉交集，哀鴻遍野，民不聊生，嗚呼慘哉！方今強鄰環列，虎視鷹瞵，久垂涎我中華五金之富，物產之多，蠶食鯨吞，已

(1) 道光二十二年七月二十四日（1842年8月29日），中英簽訂「南京條約」，主要條款為：一、開廣州、廈門、福州、寧波、上海五處口岸，准許英人貿易居住。二、割讓香港。三、賠償軍費一千二百萬元，煙價六百萬元，商欠三百萬元，共二千一百萬元。四、兩國公文往來平行。五、廢除行商制度。接著又在道光二十三年五月於香港簽訂「中英五口通商章程」，八月間又簽訂「虎門條約」解決商務問題，這兩個條約可合稱為「中英南京續約」，在此兩約中清廷給予英國享有領事裁判權、協定關稅、租界、片面最惠國待遇等權利，是為不平等條約的開始。

見效於踵接；瓜分豆剖，實堪慮於目前。嗚呼危哉！有心者不禁大聲疾呼，亟拯斯民於水火，切扶大廈之將傾，庶我子子孫孫，或免奴隸於他族。」②宣言中沉痛指出清廷朝政敗壞，國家存亡岌岌可危，為了避免淪為他族奴隸，所以起而號召志士振興中華！

孫中山先生倡導國民革命，其淵源與成長背景值得我們深入了解。孫中山是廣東省香山縣（今中山縣）翠亨村人，幼年生長在農村，七歲開始進入私塾讀書，遍讀中國四書五經等重要典籍；十四歲時跟隨母親前往檀香山兄長孫德彰處居住，進入一所英國教會學校就讀，接受西式的教育，奠立了自然科學與英語能力的基礎，並瞭解西方社會、文化、政治概況；十八歲轉至香港中央書院，這一段期間努力攻讀了許多中外書籍，對於中西社會、政治制度之優劣異同，多所思辨比較；後來又進入廣州博濟醫院附設醫校、香港西醫書院專攻醫學，直到二十七歲畢業。

綜計孫中山前後共二十年的學生時代，往返於翠亨村、檀香山、廣州、香港等地進修就讀，接受中外文化、環境的薰陶洗禮。正因為孫中山對於中國以及海外的環境、文化、時勢有真切深刻的接觸與瞭解，所以在他心中反覆地省思中國改革的方針，他目睹滿清的傾頹腐敗，認為中國唯有改革，否則無法立足自保於國際社會。在光緒二十年（1894）曾經草擬〈上李鴻章書〉，親自攜往天津，打算上書力陳救國改革之道，期望

② 引見〈香港興中會宣言〉，《國父全集》（臺北：近代中國出版社，1989年），第2冊，頁2。

中國能推行新政，改行立憲政體，藉和平改革的方式達到振興中華的理想。可惜李鴻章當時正忙於中、日的變局，外交、軍事極為吃緊，沒能接見孫中山。他欲一見李鴻章而不可得，觀察整個中國的情勢，知道清廷已無可藥救，而且李鴻章當時已七十歲，恐難有改革之企圖心，縱使說服李鴻章，得到一些幫助，對國事也毫無補益。所以他回到上海後，即決定創立革命團體，進行推翻滿清的工作。

孫中山一生的革命事業，往返日本有十五次之多，大多是因為流亡的因素，光緒二十一年（1895）廣州革命失敗後孫中山第一次亡命日本，一直到民國十三年（1924）第十五次訪問日本，孫中山與日本三十年的關係中，前後在日本一共居住了九年半的時間，可以說在中國以外，最重要的革命據點是日本。歸納孫中山頻繁往來停留日本的原因，主要是基於日本與中國地理位置接近，便於策動接濟國內革命行動，其次是能得到眾多日本華僑及留學生的支持與庇護，而且在日本也有很多日籍友人以具體有效的行動支援中國革命。革命期間直接間接參與的日本人士很多，根據民國四十六年（1957）九月杉山龍九蒐集出版了《與中國革命有關之日本人名簿》一書③，所列出的人物共有二百八十三人之多。這些人物的身分背景所包羅的範圍很廣，他們對於中國革命黨人的態度立場，雖然或因其本身的利害目的而各有不同，但是對於中國的國民革命都有相當的影響。

---

③ 此書為日本京都大學人文科學研究所中國近代史研究班庫藏資料。

　　孫中山奔走海內外，領導國民革命，歷經十次失敗，才建
立了中華民國。畢生致力革命達四十年，一直為建設自由民主
的現代中國而努力。他在辛亥革命前一共往返日本十一次，停
留日本的時間很多，與日本朝野人士有廣泛且密切的交往，也
在日本宣傳發展革命事業，日本是中國在海外最主要的革命基
地之一。民國建立之後，孫中山陸續又到過日本四次，民國十
三年（1924）訪日時，曾在神戶發表「大亞洲主義」演講，呼
籲日本發揚王道精神，做東方王道的干城，增進東方各民族的
福祉。只可惜日本的政治被軍閥所把持，並沒有能實現此一理
想，甚至發動侵華戰爭、太平洋戰爭，造成亞洲各國的苦難。
今日回顧孫中山當初的諫言，確乎令人不勝感慨！今日我們要
瞭解中國的革命或孫中山的生平，除了必須清楚革命在國內的
發展外，同時也應該瞭解海外各地策應的情形，而海外最重要
的據點即是日本，像一九〇五年的中國革命同盟會，就是在日
本東京成立的。而對於孫中山在日本的種種活動，更是尤其重
要，絕對不可忽略的。

二、奔走革命，半生在海外

　　孫中山十四歲時到檀香山兄長孫德彰處，這是他第一次離
開家鄉到海外，五年之後返國，之後又曾至香港習醫五年。光
緒二十年（1894）在檀香山創立「興中會」，次年，設「興中
會」總機關於香港。廣州之役失敗後至日本橫濱，不久即組織
「興中會分會」。從三十一歲至四十六歲革命期間，因為要避開

滿清朝廷的通緝，同時也為了要組織海外華僑支援革命，便穿梭往來於美國、英國、加拿大、日本、安南、新加坡、馬來西亞、暹羅、法國、比利時與德國。民國二年至五年（1913-1916），又因袁世凱叛國，再赴日本集合同志討袁。總計孫中山一生六十年的歲月，可以說有一半是在海外奔走度過的。

　　孫中山往還海外各地宣傳策動革命的情形，其中檀香山是他的兄長僑居處，香港是他求學習醫的地方，他在這兩地居住的時間較長，也在此接受西方教育與文化的養成，並醞釀促使中國改革的思想，這是人所熟知習聞的；至於他旅居停留日本的情形，留待後文再詳述，此先就時間順序概述他在海外各處的動態。

　　光緒二十一年（1895）廣州首役失敗後，次年，孫中山從檀香山抵達美國舊金山，在美國向僑界鼓吹革命三個月，然這時革命風氣未開，贊同的人寥寥無幾，而滿清使館卻已注意他，故當孫中山自紐約往英國時，清駐美使館人員早已電知駐英使館設法誘捕。一八九六年十月一日孫中山抵倫敦，十一日即被設計挾持囚禁，幸經他的老師康德黎盡力營救，才得脫險。這時孫中山三十歲。

　　一八九七年七月他由英國前往加拿大，對當地僑胞從事組織工作。光緒二十八年（1902）年底前往安南河內，結識當地華僑，成立「興中會分會」，次年經西貢、暹羅往日本橫濱。一九〇四年在美國與保皇黨論戰，並發售革命軍需債券，前後在舊金山、洛杉磯、華盛頓、費城、紐約等各地活動。一九〇五年前往比利時布魯塞爾、德國柏林、法國巴黎等處，揭示三

民主義、五權憲法，號召留學生組織革命團體，並開多次大會，各國均有數十留學生加盟。此年八月二十日中國同盟會舉行成立大會於東京。這時孫中山四十歲。

一九○六年四月前往新加坡，一九○七年再赴河內設立機關，策劃革命軍事，十二月與黃興、胡漢民自河內前往鎮南關指揮起義行動。一九○八年前往新加坡、曼谷，又成立緬甸同盟會分會。一九○九、一九一○年又赴歐洲、美、加各地，此時革命風氣已開，海外各地紛紛成立「同盟會」分會。一九一一年連續有「黃花崗之役」、「武昌之役」，孫中山鼓吹領導的國民革命，終於功底於成。辛亥革命成功這年，孫中山四十六歲。

孫中山奔走革命，往返於海內外，因為必須避開滿清的緝捕，而各國對中國革命的態度也變化不定，故孫中山來來往往港、澳、日本、南洋、歐、美各地，除了領導策動國內革命活動，組織海外華僑革命外，也與各國政府保持溝通接觸，並在各國興論媒體發表有關中國革命的論著，讓國際對中國的民情有所認識，進一步由瞭解而支持。而海外華僑與留學生參與革命，有親身回國參加起義行動者，有源源不絕支援金錢者，有聯繫於各國機構者，有辦理報刊宣傳革命者，不一而足，中國的國民革命，可以說是結合了海內外中國人的力量締造成功的。

三、以日本作為海內外革命主要聯絡地

　　日本自明治維新之後，走向了現代化富強之途，成為亞洲強國。而中國自從甲午戰爭失敗後，接連有德國侵占膠州灣，俄國佔領旅順、大連，英國奪據威海衛、九龍，法國侵占廣州灣，列強以威逼脅迫的態勢，強行簽約租借，中國落到任憑宰割的境況。這時候國人覺悟到維新變法已經是刻不容緩的要務，於是先有光緒二十四年（1898）百日維新，後有光緒三十二年（1906）的下詔預備立憲，接連選送學生留學，派員出洋考察，翻譯西書等等，學習先進國家的政治、教育制度、軍事、科技，以期迎頭趕上。其中向日本學習則被視為最便捷的途徑，一方面中、日兩國文化有承襲交流的淵源，隔閡不大，而且日本文字以漢字為主，較之於學習歐美文字，省力方便許多；另一方面則是日本與中國位置鄰近，無論留學或考察，都較為省時經濟。因此，清末時期中國留學生前往日本的最多，而留學生在改革的觀念上得風氣之先，易於接受，這是孫中山策動革命以日本作為海外根據地的原因之一。

　　此外，選擇日本作為主要基地，還有兩個原因，一是革命的起義行動需要龐大的軍費與源源不斷的武器彈藥供給，這有賴於海外華僑或外國人的支援，而日本各界人士姑且不論其動機為何，對於這點確實能夠提供幫助，因此在現實需求上，日本正具備了這項條件，這從多次革命起義的過程中，即可明白看出。二是在孫中山心目中，他認為日本維新與中國的革命，

都是亞洲民族復興的偉大事業，日本經歷明治維新，廢除了不平等條約，成為現代化進步的國家，深深值得做為中國的典範，他主張效法日本維新時期的愛國志士，共同完成中國革命，達到中華民族的復興。

　　基於以上種種原因，孫中山在辛亥革命成功前，往返日本十一次，總共停留六年之久，在日本積極擘劃革命，有不少日本人士參與並資助中國革命。在這段期間，比較重要的幾件事，有：㈠一八九八年，日本友人欲促成革命黨與保皇黨的合作；㈡一八九九年，孫中山與中日同志援助菲律賓獨立運動；㈢一九○○年策動惠州起義；㈣一九○五年成立中國同盟會。以下一一扼要分述：

㈠日人協調革命黨、保皇黨合作

　　光緒二十四年（1898）戊戌政變失敗，康有為、梁啟超逃亡到日本，康有為原先對革命是同情的，但受光緒帝重用後，即大力主張君主立憲，梁啟超是康的學生，師生二人在海外倡言改革，名重一時。戊戌政變前後，孫中山正流亡日本策劃革命，日本友人犬養毅、宮崎等人欲促成革命黨與保皇黨的合作，聯合兩派的力量，可惜未能協調成功，這點犬養毅回憶說：「孫先生是講革命主義的，康有為是主張君主立憲的，所以二人一會面，當時就起了大衝突，那時我正是橫濱大同學校的名譽校長，在橫濱，康有為的一派都是很有錢的，孫先生的同志，大半窮得可憐，那時他們雙方的感情，非常惡劣。」④梁啟超在橫濱創辦《清議報》，對華僑影響很大，而且康、梁

蓄意打擊革命黨，「興中會」會員有許多都投靠到保皇黨旗下，革命黨原先建立起的基礎幾乎為之動搖，這段時期，是孫中山推動革命受到最艱困阻力的時刻，孫中山曾追述說：

> 由乙未初敗以至於庚子（1895-1900），此五年之間，實為革命進行最艱難困苦之時代也。蓋予既遭失敗，則國內之根據，個人之事業，活動之地位，與夫十餘年來所建立之革命基礎，皆完全消滅，而海外之鼓吹，又毫無效果。適於其時有保皇黨發生，為虎作倀，其反對革命，反對共和，比之清廷為尤甚。當此之時，革命前途，黑暗無似，希望幾絕。⑤

康有為以帝師自居，姿態甚高，毫無商量餘地，極力反對革命與共和，拉攏誘惑革命黨人無所不用其極，孫中山為闢保皇黨謬說，屢有著述發表，與保皇黨人論戰，一直到光緒三十年（1904）才告結束，而後來保皇黨之所以瓦解，主要的原因，一是組織鬆懈、缺乏效率；一則是其本身的主張不合潮流的緣故。

㈡孫中山援助菲律賓獨立運動

一八九八年美國打敗西班牙，佔領了菲律賓，菲律賓獨立

⑷ 見陳健夫：《國父全集》（臺北：自由太平洋文化事業公司，1969年），第19章〈革命保皇決分兩途〉，頁86。

⑸ 見《國父全集》，第1冊《建國方略》〈孫文學說〉第8章〈有志竟成〉，頁413。

黨由阿坤雅度領導革命，爭取獨立，獨立黨領袖阿坤雅度秘密派遣彭西前往日本，請託孫中山協助向日本管道購買軍械，由於孫中山當時起義多不順利，就決定購妥軍械之後，與中日同志前往援助菲律賓獨立，等到菲律賓獨立之後，再由菲人協助中國革命。

於是孫中山透過犬養毅介紹，請進步黨幹事兼眾議院議員中村彌六購買軍械，購妥之後僱用布引丸號輪船運送，但是船行至中途突然爆炸沉沒，以致革命行動受到延宕。第二次再度購妥之後，卻又因日本政府嚴密監視，無法運送出境，最後菲律賓獨立軍被美軍打敗，無法再圖舉事，這批軍械後來由菲方答應提供惠州起義之用，但是就在革命軍子彈用罄告急時，宮崎發現這批存械都是報廢不能用的舊械，購械之時即是騙局，以至於惠州起義忍痛宣佈解散，功敗垂成。

此事經過日本報紙揭露登載，輿論為之譁然，中村彌六被強制開除黨籍，因為這件事牽涉到多國的外交，不宜擴大，也非短時間能解決，於是孫中山接受頭山滿的斡旋，允許收回中村彌六少數的償還款項，用以維持革命同志的生活，就此平息這場風波。

(三)策動惠州起義

一九〇〇年六月的惠州之役，孫中山除了獲得菲律賓轉運來的武器外，又獲得兒島哲太郎、中野德次郎的捐獻，以及內田良平所領導三百名壯士之支援，共同籌劃舉兵起義，鄭士良、陳少白、楊衢雲與宮崎、平山、清藤幸七郎等人一齊到廣

東準備發難，孫中山也到臺灣指揮策動，等待機會潛渡內地，以便督師作戰。起義之初，戰事連捷，人心大振，然而此時局勢卻起了遽變，日本內閣這時改組，新任內閣總理伊藤博文改變了外交政策，不准臺灣總督幫助中國革命，並且禁止武器出口，又加上先前菲律賓轉借的一批軍械武器，竟遭欺騙，全是不堪使用的舊械。最後，鄭士良因餉械不繼，接濟無著，忍痛暫時解散革

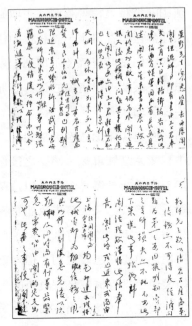

孫中山手迹

命軍，起義行動至此功敗垂成。值得一提的是，孫中山的日本友人山田良政在此役中參與其事，在廣東壯烈殉難，成為外國人士為中國革命犧牲的第一人。而在惠州之役以後的萍鄉、醴陵、欽廉諸役，也都有日本人士參與起義。

四在東京成立中國同盟會

　　一九〇五年，日本在日俄戰爭中勝利，孫中山在歐洲得知這消息，認為日本的勝利是亞洲民族對抗歐洲民族最初的勝利，不久即返抵日本，後來透過宮崎寅藏等人的聯絡，與黃興、宋教仁、陳天華會晤，並進而商討團結集中革命力量，以

便齊一革命步驟，最後決定在東京聯合其他革命團體，擴大
「興中會」為「中國同盟會」。七月三十日，在東京召開中國革
命同盟會籌備會；八月十三日，孫中山在麴町富士見樓的歡迎
會席上，發表演說，講題是「中國應建設共和國」。二十日，
舉行中國革命同盟成立大會，全體會員推舉孫中山擔任總理，
同時明揭「驅逐韃虜、恢復中華、建立民國、平均地權」的宗
旨，並確定中華民國的國號。不久，會員已達萬餘人，支部遍
佈海內外各地。

　　同盟會成立後，革命組織更加蓬勃進展，三年之內連續發
動七次起義⑥，革命風潮傳遍中國，孫中山對於革命成功充滿
信心，他說：

　　自革命同盟會成立之後，予之希望則為之開一新紀元。蓋
　　前此雖身當百難之衝，為舉世所非笑唾罵，一敗再敗，而
　　猶冒險猛進者，仍未敢望革命排滿事業能及吾身而成者
　　也。其所以百折不回者，不過欲有以振起既死之人心，昭
　　蘇將盡之國魂，期有繼我而起者成之耳。及乙巳之秋，集
　　合全國之英俊而成立革命同盟會於東京之日，吾始信革命
　　大業可及身而成矣。⑦

---

⑥ 從光緒三十二年到光緒三十四年（1906-1908），「同盟會」一共
　發動七次起義，根據孫中山先生自己的敘述，有：萍鄉醴陵之
　役、潮州黃岡之役、惠州七女湖之役、欽州防城之役、鎮南關之
　役、欽廉上思之役、雲南河口之役。見《國父全集》，第2冊〈中
　國革命史〉，頁358、359。
⑦ 見《國父全集》，第1冊《建國方略》〈孫文學說〉第8章〈有志
　竟成〉，頁415。

　　足以見出同盟會成立之後，革命力量凝聚之效果。而日本
熱心人士出錢出力為會務而奔走，或贊助會務，或捐助費用，
或發行刊物，也有特准加入同盟會的，例如有：宮崎、平山、
萱野、田三郎、池亨吉、板垣退助、三上豐夷、北一輝、鈴木
久兵衛、古賀廉造等人⑧，都是同盟會的同志。

四、日本對中國革命的態度

　　清末到民初這一段期間，在國際上和中國政情變化關係最
密切的國家，莫過於日本。但是從辛亥革命到二次革命、護法
戰爭，以至於後來的軍閥割據，日本政府及軍方的態度大抵不
外是利用與觀望。雖然有不少日本人士支持並襄助孫中山，但
是分子的動機複雜，其中因為感於孫中山人格思想而真誠贊助
如宮崎者固然有之，然而卻也有許多著眼對中國市場的擴張懷
有企圖的商界人士，更有處心積慮謀求在華權益的擴張主義
者，至於日本政府及軍方，對於孫中山革命所持的態度，則時
或默許、支持，時或否認、壓制，孫中山對此也有所瞭解，他
說：

　　　日本則與中國最密切，而其民間志士不獨表同情於我，且

---

⑧ 參見陳鵬仁所著：〈孫中山先生旅日年表〉，收入《研究中山先生
　的史料與史學》（臺北：中華民國史料研究中心，1975 年），頁
　529、530。

　　有捨身出力以助革命者，惟其政府之方針實在不可測。⑨

　　像對於辛亥革命的態度，當時西園寺內閣傾向維護清室，軍方則積極於其所謂「滿蒙獨立計劃」，而民間支持中國革命者較多。到了辛亥革命之後，援助孫中山革命的日本人士，有些卻逐漸與軍閥勾結。第一次世界大戰爆發之後，日本帝國主義的傾向更為強化，而終與孫中山所領導的革命形成對立之勢。

　　日本民間大多支持中國革命，追溯原因大抵有三點：㈠「中國革命同盟會」聯了「興中會」、「光復會」、「華興會」等革命團體而成，其間日本人士出力頗多。㈡是日本人獲得臺灣之後，「南方經營」的聲浪甚囂塵上，欲漸次擴展在中國的勢力，而利用「援助革命軍」是最佳的途徑。㈢是由於日本政府對華政策的紛歧，最後分裂為援清與同情革命軍這兩派。日本民間為了支援革命軍，有許多政治性結社，例如有小川平吉、內田良平等所發起的「有鄰會」，該會主要人物包含宮崎寅藏、古島一雄、三和作次郎、福田和五郎等。他們曾派宮崎、平山周、頭山滿、中野正剛等前往中國參與革命。其次，有輿論界組織的「支那問題同志會」，曾經與革命軍有所接觸，並多次向日本當局表達意見，抨擊日本政府干涉革命軍的措施。此外還有以根津一為首的「東亞同文會」，小川平吉、白岩龍平組織的「善鄰同志會」，另外還有「太平洋會」等，

---

⑨ 同註⑹，頁420

不一而足。

　　孫中山領導革命以日本作為主要聯絡地，與日本朝野人士的接觸極為廣泛，日本政府蓄意利用這個情勢，想藉此擴張在中國的權益與勢力；日本民間各界對中國的革命則頗多實質的支援，而孫中山雖然清楚一部分日人的支持並非出自真誠，但他仍然殷切期待中日兩國合作，進一步達到全亞洲各民族的獨立與自主。

　　回顧日本政府當年默許中國革命黨人利用日本做為基地，並未嚴加防阻禁絕其組織及活動，雖然或有其居心，但畢竟對孫中山領導的革命，提供了相當重要的資源與幫助，這是不爭的事實。可能是他們低估了革命人士的力量，未料到這些人竟會在短期間推翻滿清，重建中華，最後反而成為對抗日本軍閥的主力。這個發展是日本政府所始料未及的，也正是中華民族最具韌性、潛力與深足敬重之所在。至於日本一些忠誠之士幫助中國革命，則是由於思想理念接近，以及對孫中山的景仰，這是完全超越了利害關係，共同為了「亞洲民族主義運動」的崇高目標而奮鬥，不可和日本軍閥相提並論。

五、孫中山往返日本十五次

　　孫中山從光緒二十一年（1895）廣州首役失敗之後開始流亡海外，一直到辛亥革命成功那年（1911）歸國，這長達十六年的時間，為了避免滿清政府的緝捕，一直在海外各地奔走。這期間往返日本十一次，停留共約六年左右的時間，來回於日

本橫濱、東京、神戶、長崎及關西各地,從事於有關宣傳革命、組織機關、策動起義、籌募資金、及與日本朝野人士周旋等事。民國成立之後,孫中山曾經正式訪問日本兩次,又因二次革命、護法戰爭的失利,而先後暫避日本兩次,從民國二年到民國十三年(1913-1924)一共赴日四次,停留時間共約三年半。

而日本政府對孫中山革命活動的態度,則反覆不定,大致上在一九〇五年日俄戰爭尚未結束之前,態度較為寬容,「同盟會」也在這個時期成立;而日俄「樸資茅斯條約」訂立之後,日本政府因為滿清政府之請求,全面禁止中國留學生進行反清活動,一九〇七年更曾下達強制離境令,驅逐孫中山出境,直到中華民國建立之後,孫中山才得以合法進入日本。

我們可以說孫中山一生致力於革命,半生在海外奔走,而他停留在日本的原因,幾乎都是因為流亡,是為了革命與政治而奔走。以下就以辛亥革命為界,分述孫中山在民國成立前、民國成立後往返日本的情形:

(一)辛亥革命成功前 (1895-1911)

第一次赴日:光緒二十一年(1895)首次武裝起義失敗後,清廷懸賞通緝孫中山、楊衢雲、陳少白等十七人,孫中山從廣州由澳門轉赴香港,因為兩廣總督要求引渡革命黨,所以香港政府判決下令孫中山、楊衢雲、陳少白三人出境五年。於是孫中山偕陳少白、鄭士良乘日本貨輪赴日,先抵神戶,十一月中旬到達橫濱,在馮鏡如所經營的文經印刷店停留一星

期，正式成立橫濱興中會分會，參加的同志有：馮鏡如、馮紫珊、馮自由、譚發、趙明樂、溫炳臣、鄭曉如等二十多人。這是孫中山第一次流亡日本的情形。不久，孫中山往夏威夷，經美國抵達歐洲，在英國倫敦發生了被英使館拘禁蒙難事件。

第二次赴日：光緒二十三年（1897）孫中山第二次來到橫濱，這次與終生盟友宮崎初次見面，也與平山周、犬養毅、頭山滿、山田純三郎等人接觸，廣為結交日本賢豪。日本政府於十月中旬正式簽發孫中山的僑居證，這年秋天，創設「中西學校」於橫濱。西元一八九八年中國戊戌政變失敗，康有為、梁啟超等保皇派流亡日本，日人力圖促成革命黨與保皇派合作，沒有結果。這期間曾至西貢與安南總督會談，又至新加坡營救被康有為誣陷下獄之宮崎寅藏。

第三次赴日：西元一九〇〇年義和團事件之際，計劃發動第二次起義，七月前往香港，因未獲登岸，於船中召集會議，決定惠州舉兵，直逼廣州，命鄭士良負責軍事，孫中山則離開香港第三次到日本，在日期間往返神戶、橫濱，曾致書香港總督，歷數滿清罪狀，並擬定〈治平章程〉，請轉商各國予以贊成，同時與在香港的平山周聯絡，又與內田、宮崎等籌畫發動惠州起義。

第四次赴日：一九〇〇年九月，孫中山會晤臺灣總督兒玉源太郎、民政長官後藤新平請求援助中國革命，親赴臺北設置指揮中心，發動惠州起義，十月，因局勢逆轉而告失敗。孫中山於十一月中旬第四度到日本，抵達東京，曾在這期間與南方熊楠書信往還。

第五次赴日：一九〇一年春，楊衢雲在香港遇刺而死，在橫濱開追悼會，並籌款恤其遺族。二月，前往和歌山造訪南方熊楠。此時留日粵籍學生發起廣東獨立協會，孫中山大力協助。四月到六月造訪夏威夷，之後第五次回日本，八月，鄭士良病死。

第六次赴日：一九〇二年一月赴香港，寓居中國日報社，二月，第六次返日本橫濱，四月，參加章太炎等在日本舉行的「中夏亡國二百四十二年紀念會」，與章氏討論國是。

第七次赴日：一九〇二年十二月，經香港轉往安南河內，參觀博覽會，結識華僑黃龍生等，成立興中會分會。七月，從河內啟程，經西貢、暹羅，第七次抵達日本橫濱，六月，開辦革命軍事學校於日本青山。九月，發表〈支那保全分割合論〉一文。

第八次赴日：一九〇二年九月，離開日本前往檀香山，發表文章並演說與保皇黨論戰，鼓吹革命，西元一九〇四年再往美國，刊印鄒容《革命軍》一萬一千冊，又發售革命軍需債券，並改組致公堂的《大同日報》，掃除保皇黨勢力，大受僑胞歡迎。十二月，離美赴英，一九〇五年初，前往比利時號召留學生組織革命團體，並開首次成立會。四月，在德國柏林開第二次大會，五月初，在法國巴黎開第三次大會，於六月時，從巴黎經馬賽，經新加坡、西貢，第八次抵達日本橫濱，七月，宮崎寅藏為孫中山介紹約晤宋教仁，於是與宋教仁、陳天華在東京「二十世紀之支那社」見面，黃興「華興會」也決定與宋教仁合作，八月，結合各派革命組織，在東京成立中國同

盟會，孫中山被推舉為總理。

第九次赴日：一九○五年十月，自日本赴西貢籌款，又前往歐洲，一九○六年四月，自歐洲至新加坡，設立同盟會分會，然後第九次返回日本，前往東京民報社，與宋教仁等晤談，七月，章太炎出獄自上海來到日本，留學界開會歡迎。

第十次赴日：西元一九○六年七月，前往南洋芙蓉埠，召集同志談話，八月在吉隆坡組織同盟會分會，旋又在庇能設立同盟會分會，十月，從西貢第十次抵達日本，十二月，在東京舉行《民報》週年紀念會，演說「三民主義與中國之前途」，年底東京同盟會員相率回國參加萍、瀏、醴革命起義，孫中山也編定《革命方略》，作為各地起義之用。

第十一次赴日：一九○七年三月，因為滿清政府強力要求日本驅除孫中山出境，於是偕胡漢民一行人從日本赴新加坡轉河內，設立機關策劃革命軍事，之後即以河內為據點，展開潮州黃岡、惠州七女湖、欽州、鎮南關、雲南河口等多次武裝起義行動。一九○九年孫中山從新加坡到歐洲，經法國、英國、美國，於一九一○年五月從檀香山冒禁令之危秘密進入日本，為了避免駐日清使為難，於是改姓名潛伏在宮崎滔天在東京的住所，但被發覺，日本政府下達強制離境令，於是前往新加坡，這是第十一次到日本的情形。

一九一一年十月辛亥革命爆發，孫中山在美國獲悉起義行動訊息，轉往歐洲，聯繫各國對革命派採取好意與中立態度，於十二月底返抵中國。在辛亥革命成功之前，孫中山共計停留日本六年，其中在橫濱五年，東京一年，中間並往來日本各

地。

㈡辛亥革命成功後（1912-1924）

第十二次赴日：一九一二年中華民國成立，孫中山就任第一任臨時大總統，但在袁世凱強大的軍力下，為了顧全大局，辭去臨時大總統職位，並舉袁世凱自代，同時佈告全體國民應消融意見，齊心團結建設完全統一的國家，又致函海外僑胞及廣東各法團，說明推薦袁世凱為臨時大總統的理由。自己則致力於國內的實業振興與鐵路建設。

民國二年（1913）二月，孫中山以「籌辦全國鐵路全權」的名義以及「前臨時大總統」身份訪日，這是他初次正式訪問日本，受到朝野熱烈歡迎，此時孫中山四十八歲。這次的行程約四十天，歷訪長崎、東京、橫濱、大阪、神戶、福岡等地，曾與日本政友會總裁犬養毅會晤，訪問日本參謀、陸軍兩部長，參觀炮兵工廠、火藥廠，與外務大臣加藤高明晤見，日本首相桂太郎多次邀宴，並發起「中日同盟會」，熱烈歡迎孫中山。又為了實現鐵路政策，也前往各地視察鐵路、工廠，並且與實業家接觸。另外，也對各界發表多次演講。三月下旬，獲悉代理國民黨理事長宋教仁在上海車站遭暗殺，二十五日立即返回上海，主張起兵討袁。

第十三次赴日：民國二年（1913）七月，舉兵討伐袁世凱，然而討袁軍連連失利，最後竟告失敗，袁世凱以威脅手段當選大總統，下令通緝孫中山及二次革命主要份子，並且解散國民黨、撤銷國民黨籍之國會議員及各省議員資格。孫中山與

黃興、胡漢民、柏文蔚、李烈鈞、張繼等流亡日本。袁世凱要
求日本政府拒絕孫中山入境，後經犬養毅與日本政府交涉的結
果，日方默認孫中山居留日本，從一九一三年八月一直到一九
一六年四月，孫中山這次流亡日本長達兩年八個月。

這期間為了重振革命精神，於民國三年（1914）在東京改
組國民黨為「中華革命黨」，孫中山當選為總理，並發行《民
國雜誌》作為機關誌。發表宣言討伐袁世凱的帝制運動，於民
國四年（1915）底命令陳其美在上海策動肇和兵艦起義，雖未
成功，但革命聲威為之一振。同時也派革命黨人到雲南進行討
袁活動。最後袁世凱因眾叛親離，各地起義與獨立之消息不
斷，「洪憲」帝制失敗，最後羞憤而死，孫中山在一九一六年
四月回國主持大局。

另外，順帶一提，孫中山在民國三年（1914）中華革命黨
成立後數月，於十一月二十五日與他的秘書宋慶齡女士結婚。
宋慶齡一九一三年從韋斯萊大學畢業後擔任孫中山英文秘書的
工作，因對孫中山的景仰愛慕，以及二人在事業理想上的契
合，而決定結婚。孫中山獲得元配盧夫人同意，並分居之後，
在東京與宋慶齡女士結婚。

第十四次赴日：民國七年（1918）孫中山因軍閥割據亂
紀，因而在廣州成立軍政府，號召擁護《臨時約法》，是為護
法戰爭。然軍人政客未能同心護法，多方與孫中山為難，孫中
山於是辭去大元帥職務。六月，曾經短暫赴日，停留大約兩
週。但此時因為日本政府、軍部傾向支援段祺瑞，孫中山在日
本的活動多有阻滯，於是返回上海。回國之後，決心從事著

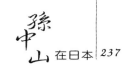

述，啟發國人。

　　第十五次赴日：民國十三年（1924）十一月，孫中山出發前往天津，但因上海、北平間的交通受軍事行動影響，而告斷絕，所以決定乘船經過日本再到天津。二十三日抵達長崎，受到二、三百人歡迎，孫中山對長崎的留學生發表演說，演說中提倡設立國民會議，解決中國內亂，廢除不平等條約，並且收回海關、租界領事裁判權等。次日，前往神戶，受到四、五千人熱烈的歡迎，期間孫中山與日本各界人士會面並招待記者，不斷提出廢除不平等條約以及中、日親善的主張。此外，又發表「中國內亂之原因」、「大亞洲主義」、「日本應援助中國廢除不平等條約」等多次的演講。這一年孫中山五十九歲，這一次是他第十五度來到日本，也是最後一次來日本，停留時間為一星期。

六、孫中山與日本友人

　　日本各界支持中國革命的人士，有政治家、學者、軍人、商人、浪人等⑩，他們的動機各有不同。一般而言，孫中山在日本從事鼓吹中國革命事業，日本官員大多數不敢或不願直接與他來往，所以與他真正有交誼的，只有犬養毅、桂太郎少數

----

⑩ 原指日本戰國時代和德川時代沒有主子的武士，因長四處漂泊流浪，故名。日本在十九世紀中期，許多貧困武士參加排外運動，明治維新之後仍盛行一時，直到1873年日本政府廢除了武士的特權，浪人才漸消弭。

人，其他傾力支援孫中山的，大多是一些浪人及在野志士。

這些在孫中山身邊的日本人士，大致可分為三類，第一類是極端國權主義（國粹擴張主義）分子，如玄洋社的頭山滿、黑龍會的內田良平等，他們的背後是日本軍閥。這些人在理念上與孫中山的民族主義革命思想相去甚遠，他們援助孫中山的目的是想藉機向中國大陸擴張，以建立非常的「偉業」。第二類是民權主義右翼分子，如平岡浩太郎、大石正已等，他們的背後是日本新興的產業資本家。他們以國家主義獨立運動先進者的地位，對孫中山的革命寄以同情，希望援助中國革命成功之後，能取得在華的經濟特權。第三類則是民權主義左翼分子，如宮崎滔天（寅藏）、萱野等，他們的背後既沒有軍閥，也沒有資本家。他們是一群富有理想的社會主義者，具有強烈的民族主義，與孫中山一樣痛惡西方帝國主義，期待亞洲能夠富強，以擺脫西方民族的壓迫。這些人幫助中國革命的原因，主要是基於對孫中山人格的崇敬，而且寄望中國早日建立民主共和國家，並進而解救其他亞洲的弱小民族。

從以上分析看來，除了第三類人物，尤其是宮崎等極少數人始終忠誠支援孫中山，並且為中國革命盡力奔走外，另外兩類人物援助孫中山革命，實則都抱持著其他企圖。同時由於這三類人物本身都缺乏雄厚的財源，他們的活動大多需要依賴財閥、軍閥的支持，以致於最後他們的理想也逐漸褪色，而難逃被軍閥主義者利用的結局，因此，除了宮崎、萱野等人之外，後來大都淪為軍閥的爪牙。至於在思想上與孫中山最為接近的宮崎，最受孫中山的信賴，則扮演了前述兩類人物與孫中山之

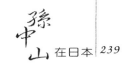

間橋樑的角色。⑪

　　根據孫中山的自述，他所結交的日本人士，直接與他有來往，而且贊助支持中國革命的至少有二十多人，而其他間接參與的，則數目至少百人以上，在《孫文學說》第八章〈有志竟成〉篇之中，孫中山詳細敘述與日本人士開始交往的情形，他說：

　　（第一次廣州革命）敗後三日，予尚在廣州城內；十餘日後，乃得由間道脫險出至香港。隨與鄭士良、陳少白同渡日本，略住橫濱。時予以返國無期，乃斷髮改裝，重遊檀島。而士良則歸國收拾餘眾，布置一切，以謀捲土重來。少白則獨留日本，以考察東邦國情，予乃介紹之於日友菅原傳，此友為往日在檀所識者。後少白由彼介紹於曾根俊虎，由俊虎而識宮崎彌藏，即宮崎寅藏之兄也。此為革命黨與日本人士相交之始也。⑫

　　從這段話看來，最早與革命黨交往的日本人士是菅原傳、曾根俊虎、宮崎彌藏。菅原傳是孫中山原先在檀香山認識的日籍友人，經由菅原傳的介紹，又認識了曾根俊虎，曾根俊虎原服役於海軍，退役後在野從事評論著述。又經曾根俊虎的介紹，認識宮崎彌藏。宮崎彌藏自少年時期即傾慕漢學，與其兄

---

⑪ 參見林明德：《近代中日關係史》（臺北：三民書局，1984年），第1章〈辛亥革命與日本〉，頁3、4。
⑫ 見《國父全集》，第1冊《建國方略》，頁411。

宮崎民藏、弟宮崎寅藏，俱熱心贊助中國革命。

在《孫文學說》裡，孫中山說明了他與日本政界人物開始交際的情形，他說：

> （倫敦脫險後）遂往日本，以其地與中國相近，消息易通，便於籌畫也。抵日本後，其民黨領袖犬養毅遣宮崎寅藏、平山周二人來橫濱歡迎，乃引至東京相會。一見如舊識，抵掌談天下事，甚痛快也。時日本民黨初握政權，大隈（重信）為外相，犬養為之運籌，能左右之。後由犬養介紹，曾一見大隈、大石（正巳）、尾崎（行雄）等，此為予與日本政界人物交際之始也。⑬

孫中山說明前往日本的原因，主要是「以其地與中國相近，消息易通，便於籌畫」，他與日本政界人物的交往，是在一八九七年倫敦脫險後抵達日本之時，首先結識民黨領袖犬養毅，犬養毅對中國革命一直深具同情，且大力支援，曾經與大隈重信、副島種臣、陸奧宗光、佐藤正等組織「東亞同文會」，謀求促進中日的親善；在一九〇五年孫中山組織同盟會時，又與古島一雄、頭山滿、平岡浩太郎等組織「有鄰會」，以作為同盟會的後援。武昌起義成功後，孫中山被選為臨時政府大總統，更抱病邀同法學博士寺尾亨、副島義一、松本康國至上海與孫中山唔談。對於中國革命援助極多。

---

⑬ 同前註，頁412。

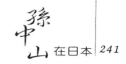

　　至於與革命期間所結交來往的日本人士，孫中山也有扼要
的敘述，他說：

　　隨而識副島種臣及其在野之志士，如：頭山（滿）、平岡
　　（浩太郎）、秋山（定輔）、中野（德次郎）、鈴木（久五郎）
　　等，後又識安川（敬一郎）、犬塚（信太郎）、久原（房之
　　助）等。各志士之對於中國革命事業，先後多有資助，尤
　　以久原、犬塚為最。其為革命奔走始終不懈者，則有山田
　　兄弟（良政、純三郎）、宮崎兄弟（民藏、彌藏、寅藏）、
　　菊池（良一）、萱野（長知）等。其為革命盡力者，則有
　　副島（義一）、寺尾（亨）兩博士。此就其直接於予者而
　　略記之，以識不忘耳。其他間接為中國革命黨奔走盡力者
　　尚多，不能於此一一悉記，當俟之革命黨史也。⑭

　　孫中山以日本作為策動中國革命的據點，除了因為「與中
國相近，消息易通，便於籌畫」外，也是基於日本有許多能夠
提供實質幫助的的友人，根據孫中山所列述，始終為中國革命
奔走不懈的，有山田兄弟（良政、純三郎）、宮崎兄弟（民
藏、彌藏、寅藏）、菊池（良一）、萱野（長知）、副島（義
一）、寺尾（亨）等人。至於提供資助的日本友人也很多，其
中又以犬塚（信太郎）、久原（房之助）最為熱心。以下就孫
中山特別強調的這幾位日本友人，略述他們與孫中山革命的關

⑭ 同註⑥，頁412 。

係：

㈠山田兄弟（良政、純三郎）

一八九九年七月，孫中山亡命日本，山田良政在東京首次與孫中山晤談，他深受孫中山對亞洲以及對人類崇高理想的感召，而決心追隨，致力於中國革命。清光緒二十六年（1900）孫中山發動惠州之役，山田良政參與其事而以身殉，為中國的革命犧牲生命，孫中山稱「此為外國義士為中國共和犧牲者之第一人」，後來曾派人到戰地尋覓遺骸，安葬故鄉，並且兩次立碑紀念，詳記死事始末，流芳後世。⑮而當時山田良政結婚僅年餘的妻子，也守節寡居數十年，終生未再嫁。他的胞弟山田純三郎，則在辛亥革命前後，仍然繼續兄長的遺志，支援中國革命，曾經受孫中山的囑託擔任上海《民國日報》社長，在上海居住相當長的時間。兄弟二人對中國的革命都有很大的貢獻。

㈡宮崎兄弟（民藏、彌藏、寅藏）

宮崎兄弟是最早襄助孫中山革命的日本友人，宮崎民藏居住在上海日本租界時，和黃興等革命黨員往來，大力協助中國革命，擔任革命黨軍需調配任務，並負責保管資金。宮崎彌藏

---

⑮ 民國六年，曾經在東京谷中全生庵建立「山田良政先生墓碑」。民國八年九月又親撰〈山田良政君紀念碑紀念詞〉詳敘良政先生死事始末。內容詳見《國父全集》，第9冊，頁593、594，茲不贅。

於一八九五年結識孫中山，惜次年客死於橫濱，英年齎志以歿。宮崎寅藏則曾著《三十三年落花夢》一書，書中描述興中會時期革命黨人的事蹟，他對孫中山極為佩服，這本書嘗央請孫中山寫〈序〉，孫中山在〈序〉文中扼要描數了宮崎寅藏的為人，他說：

宮崎滔天
三十三年の夢
文藝春秋社刊

《三十三年の夢》書影

> 宮崎寅藏君者，今之俠客也。識見高遠，抱負不凡，具懷仁慕義之心，發拯危扶傾之志，日憂黃種陵夷，憫支那削弱，數游漢土，以訪英賢，欲共建不世之奇勳，襄成興亞之大業。聞吾人有再造支那之謀，創興共和之舉，不遠千里，相來訂交，期許甚深，勗勵極摯。⑯

宮崎寅藏因見亞洲民族受西方白種民族壓迫，所以有志於亞洲復興的大業，他熱誠襄贊孫中山革命，期望中國改革富強，然後進而達到亞洲各民族的獨立與復興，他以這樣的熱誠

⑯ 見《國父全集》，第9冊，頁548。

與理想為中國的革命奔走，始終不懈。

㈢菊池良一

菊池出身士族，從事政治改革活動，曾多次當選眾議院議員，他極力主張中日友好合作，並且以復興亞洲作為日本外交政策，他與孫中山結識於辛亥年前後，二人志同道合，孫中山曾讚譽菊池為中國之友。

㈣萱野長知

一八九五年，孫中山從香港抵達橫濱，籌設「興中會」時，開始與萱野訂交。萱野在日本提倡憲政運動，鼓吹民主自由，因景慕孫中山人格與思想，而襄贊中國革命。曾經參與多次革命軍起義行動，購運武器彈藥，為革命黨人與日本朝野周旋，俠義可感。

㈤副島義一、寺尾亨

副島義一博士（早大教授）、寺尾亨博士（帝大教授）是憲法學與國際法知名學者，也是孫中山在日居留時的好友，辛亥革命成功，因為革命政府初立，許多國際及法治的問題迫切需要解決，孫中山延聘兩位博士為法律顧問，中華民國臨時政府組織大綱以及臨時約法的起草，得力於他們的幫助。

㈥犬塚信太郎、久原房之助

犬塚是明治時代三井公司有名的實業家，為人慷慨豪俠，

富正義感，因為傾慕孫中山的人格與理想，對中國革命資助很
多。久原從事礦業，成立久原礦業公司，在財經界頗為活躍，
與犬塚同是熱心資助孫中山革命的日本友人。

七、孫中山對日本立場的轉變

　　孫中山從事革命，對於外國的贊助，不外以下兩項：第一
是民間人力與財力的支援；第二則是政府外交政策上的同情與
支持。在辛亥革命期間，他對美國、日本的期望很深，而美、
日兩國比較之下，日本更顯得重要。民國建立之後，孫中山陸
續到過日本四次，他對於中日問題，始終是一秉至誠，希望兩
國相輔互助，攜手合作，民國初年他曾提出「聯日」的主張，
民國六年在他的專著〈中國存亡問題〉這篇文章中提到：

> 中國今日之欲求友邦，不可求之於美、日以外，日本與中
> 國之關係，實為存亡安危兩相關聯者，無日本即無中國，
> 無中國亦無日本，為兩國謀百年之安，必不可於其間稍設
> 芥蒂。⑰

　　孫中山殷切盼望中日維繫友好的邦誼，推誠相待，共同促
進彼此的繁榮進步，並進而共謀亞洲各民族的安定、自由、平
等。但後來日本內閣對中國的種種作為，令他深感失望，日本

⑰《國父全集》，第2冊，頁325。

政府的對華政策，從武昌之役時的擁護君主立憲制，到後來積極支援袁世凱，干涉中國革命，以及洪憲帝制失敗後，日本仍不改變它扶植北方政權的外交方針，後來孫中山護法事業之所以未能成功，也與日本的支援段祺瑞有關。所以從一九一七年以後，孫中山對日本的態度逐漸有所改變，屢次對日本朝野提出忠告。他曾致函日本首相責難日本政府祖護北洋政府，多次要求日本政府廢除二十一條，抨擊批判日本對華外交的失敗，顯然已漸漸失去流亡日本時，對日本人與中國同文同種的親切感，並且對中日兩國團結共同復興亞洲的夢想也漸趨幻滅。

民國十三年（1924）十一月，孫中山最後一次訪問日本，他與日本各界人士會面並招待記者，提出廢除不平等條約以及中、日親善等主張，並且發表「中國內亂之原因」、「大亞洲主義」、「日本應援助中國廢除不平等條約」等多次的演講。其中在神戶發表的「大亞洲主義」演講，尤其是對日本最懇切的呼籲，這篇演講的主要重點是：㈠西洋文化是以武力壓迫他人的霸道文化，東洋文化則是以仁義道德感化人的王道文化。㈡期望日本發揚王道精神，做東方王道的干城。㈢促進東方各民族的平等獨立，共同團結抵抗帝國主義的侵略。在這篇演講的最後，他說：

你們日本民族既得到歐美的霸道的文化，又有亞洲王道文化的本質，從今以後對於世界文化的前途，究竟是做西方霸道的鷹犬？或作東方王道的干城？就在你們日本國民去詳審慎擇！

　　孫中山所鼓吹的大亞洲主義，是主張徹底排除侵略思想，
期望日本能站在亞洲人的立場，放棄在中國的一切不當利益，
共同對抗歐美帝國主義。這見解與當時頭山滿、內田良平等人
的大亞洲主義，本質上極不相同。日本由於國權及國粹思想的
高漲，他們所謂的大亞洲主義，實際上是朝向膨脹主義、侵略
主義的方向推進。他們對於從中國所取得的利權，非但不打算
放棄，反而愈來愈趨變本加厲。孫中山洞察到這一點，所以忠
告日本，勿做西方霸道的鷹犬，應做東方王道的干城。這篇演
講曾引起日本各界很大的迴響與討論，只可惜日本軍閥的勢力
根深柢固，政治幾乎完全被軍閥所把持，這些軍閥在國內鎮壓
民主主義，對外則發動侵華戰爭、太平洋戰爭，經營彼等所謂
的「大東亞共榮圈」，不但造成亞洲各民族的苦難，也終於把
日本帶到二次世界大戰慘敗的惡果。

八、結語

　　回顧孫中山從光緒二十一年（1895）廣州革命失敗後，第
一次亡命日本，一直到民國十三年（1924）第十五次訪問日
本，這三十年之間，在日本停留有九年半之久，他在日本策動
中國的革命大業，領導中國革命志士與留學生發起多次武裝起
義，有不少的日本友人熱誠襄助，無論是日本官方或是民間都
曾經提供重要人力與資源。雖然日本政府始終心存觀望與利
用，對孫中山革命活動的態度反覆不定，但畢竟日本是中國革

命海外重要的據點，有著相當重要的影響。而孫中山也在日本
不斷阻撓中國統一的陰謀中，逐漸對日本有了戒心與疏離，
中、日兩國這百多年以來，就在日本的侵略與中國的革命交互
錯綜發展中，交織成一部坎坷多舛中國近代史，這百年來中日
的關係，深足以留做後世子孫的借鏡，也是歷史的鑑戒，中、
日兩國也應深思彼此今後長久相處之道。

參考書目

國父之大學時代　羅香林著　臺北　臺灣商務印書館　1954
　　年 10 月　增訂一版

國父與日本友人　陳固亭著　臺北　幼獅文化事業公司　1965
　　年 9 月

革命逸史　馮自由著　臺北　臺灣商務印書館　1965 年 10 月
　　臺一版

國父革命逸史　黃光學編著　臺北　臺灣商務印書館　1965
　　年 11 月　臺初版

我怎樣認識國父孫先生　王雲五等著　臺北　傳記文學出版社
　　1965 年 11 月

國父百年誕辰紀念論文專輯　曾祥鐸編輯　臺北　國立台灣大
　　學學生紀念國父百年誕辰出版委員會　1965 年 11 月

國父孫中山傳　傅啟學編著　臺北　中華民國各界紀念國父百
　　年誕辰籌備委員會　1965 年 11 月

近百年來中日關係論文集　孫科等著　臺北　張岳軍先生八十

壽辰論文集　1968 年 5 月

孫中山先生傳　胡去非編　臺北　臺灣商務印書館　1968 年
10 月　臺二版

國父全傳　陳健夫編著　臺北　自由太平洋文化事業公司
1969 年 5 月　再版

中日民族文化交流史　宋越倫編著　臺北　正中書局　1969
年 11 月　臺四版

中日關係史　李則芬著　臺北　臺灣中華書局　1970 月 4 日

孫中山先生與日本友人　陳鵬仁譯著　臺北　大林書店　1973
年 5 月

研究中山先生的史料與史學　黃季陸等　臺北　中華民國史料
研究中心　1975 年 11 月　初版

國父與亞洲　陳固亭著　臺北　黎明文化事業公司　1980 年
11 月

宮崎滔天論孫中山與黃興　宮崎滔天撰，陳鵬仁譯　臺北　正
中書局　1981 年 9 月　臺二版

孫中山先生與辛亥革命　黃季陸等　臺北　中華民國史料研究
中心　1981 年 12 月　初版

國父七訪美檀考述　項定榮著　臺北　時報文化出版事業公司
1982 年 3 月　初版

星馬華人與辛亥革命　顏清湟著　臺北　聯經出版事業公司
1982 年 5 月

孫逸仙先生傳　吳相湘編撰　臺北　遠東圖書公司　1984 年 3
月　增編版

近代中日關係史　林明德著　臺北　三民書局　1984 年 8 月

民初國父兩次改組國民黨之意義評析　劉以城著　臺北　幼獅
　文化事業公司　1985 年 6 月

中山學術論集　蔣一安主編　臺北　正中書局　1986 年 11 月

中國的近代化與日本　汪向榮著　臺北　百川書局　1988 年 6 月

國父在日本　陳鵬仁著　臺北　臺灣商務印書館　1988 年 8 月

近百年來中日關係　陳鵬仁編譯　臺北　水牛圖書出版事業公
　司　1988 年 11 月

近代中國之革命與日本　彭澤周著　臺北　臺灣商務印書館
　1989 年 10 月

孫中山和他的時代　中國孫中山學會編　北京　中華書局
　1989 年 10 月

國父全集　秦孝儀主編　臺北　近代中國出版社　1989 年 11 月

中日關係史　陳鵬仁譯　臺北　水牛圖書出版事業公司　1990
　年 1 月

中山先生大亞洲主義研究　李台京著　臺北　文史哲出版社
　1992 年 3 月

近代中日文化交流史　王曉秋著　北京　中華書局　1992 月
　9 日　初版

孫中山未完成的革命　張緒心、高理寧著，卜大中譯　臺北
　時報文化出版公司　1993 年 10 月

國父生活與風範　莊政著　臺北　國立臺灣師範大學三民主義
　研究所碩士論文　1995 年 1 月

「孫逸仙思想與亞太地區安全發展」論文集　財團法人孫文思

想研究交流基金會編輯　1995 年 3 月

中山先生精神永不朽　劉悅姒主編　臺北　國父紀念館　1995
年 6 月

中山先生行誼　劉真主編　臺北　臺灣書店　1995 年 10 月

孫中山與現代中國學術研討會論文集　臺北　國立國父紀念館
叢書　1998 年 5 月

相關文獻

白熊生　　孫文と黃興
　　　　　日本及日本人　第 569 號　頁 65-66　1911 年 11 月

不著撰者　孫逸仙の來朝
　　　　　日本及日本人　第 593 號　頁 5　1912 年 11 月

不著撰者　孫氏來朝と邦紙の歡迎
　　　　　支那　1912 年 3 月上

不著撰者　孫氏來朝と英紙の言
　　　　　支那　1912 年 3 月上

亞　南　　孫逸仙氏來迎の效果
　　　　　支那　1912 年 4 月

不著撰者　孫逸仙　東亞に於ける日支兩國の關係を論ず
　　　　　支那　1912 年 3 月上

西島函南　在日華僑に對する孫氏の感言
　　　　　支那　1912 年 4 月

勿堂野人　孫逸仙の借錢代償

日本及日本人　第698號　頁79-81　1917年2月

兒玉花外　函嶺の孫逸仙（詩）

太陽　1918年7月

寺尾亨　孫文の日支關係改善論

外交時報　1920年3月

不著撰者　孫逸仙の排日中止勸告

日本及日本人　1923年9月

不著撰者　孫文の亞細亞自覺論

日本及日本人　1924年12月

不著撰者　孫文の大亞細亞主義論

外交時報　1924年12月

孫　文　大亞細亞主義の意義と日支親善の唯一策

改造　1925年1月

藤井昇三　孫文の「大アジア主義」講演と日本

海外事情　第26卷第8期　1978年8月

野村浩一　Ｍ・ジセンセン著「日本人と孫逸仙」

史學雜誌　第66編第1號　頁79-87　1957年1月

中山久四郎　「日本人と孫逸仙」――ジセンセン博士著述

の紹介と增補――

日本歷史　第102號　1958年2月

曾村保信　Ｍ・Ｂ・ジセンセン著「日本人と孫逸仙」

アジア研究　第3卷第2號　1958年2月

安懷音　以前國父與日本朝野之關係

臺灣新生報　第7版　1953年11月12日

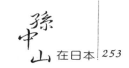

陳固亭　　國父與日本朝野友人的關係

　　　　　學宗　第 1 卷第 4 期　頁 4-10　1960 年 12 月

仰　　止　國父與日人的交往及忠告

　　　　　暢流　第 28 卷第 6 期　頁 2-3　1963 年 11 月

久保田文次　孫文と日本の政治家・軍人・右翼

　　　　　日本女子大學紀要文學部　第 35 卷　頁 25-34
　　　　　1985 年

寺廣映雄　中國革命における日中交渉の一考察──宮崎滔
　　　　　天を中心として

　　　　　ヒストリア　第 9 號　1954 年 8 月

陳固亭　　國父與宮崎兄弟

　　　　　中央日報　第 6 版　1956 年 1 月 18 日

半谷弘男　日本人の中國觀──孫文と宮崎寅藏をめぐって
　　　　　日本

　　　　　歷史教育（愛知學藝大學）　1962 年 12 月

立野信之　茫茫の記──宮崎滔天と孫文

　　　　　東京　東都書房　362 面　1966 年 11 月

川田泰太　辛亥革命前史と橫濱──孫文の官崎滔天の友情

　　　　　經濟と貿易　1973 年 9 月

武田清子　アジアの革新におけるキリスト教──孫文と宮
　　　　　崎滔天

　　　　　國際基督教大學學報　1974 年 3 月

中村新太郎　孫文と宮崎滔天

　　　　　孫文から尾崎秀實へ　頁 49-122　東京　日中出版

社　1975 年 5 月

河合貞吉　私にとつての中國革命——孫文、滔天、宋教
仁、北一輝を通してとられる中國革命の流れついて—
日中 5 卷 8 號　1975 年 7 月

川田泰太　孫文と滔天に關する年表
季刊とうて人 3　1975 年 9 月

久保田文次　辛亥革命と帝國主義「講座中國近現代史」3
——孫文、宮崎滔天の反帝國主義思想について
東京大學出版會　1978 年 6 月

三好徹　革命浪人：孫文と滔天　東京　中央公論社　305
面　1979 年 11 月

齊藤道彥　滔天と孫文——《三十三年の夢》まで
中央大學論集　第 1 集　頁 85-96　1980 年 3 月

彭憲章　孫中山與宮崎滔天的友誼
歷史知識　1981 年第 4 期　頁 10　1981 年

吳乾兌　孫中山與宮崎寅藏
江漢論壇　1981 年第 5 期　頁 24　1981 年

藍桂良　中日人民友誼的珍貴一面——記孫中山與宮崎滔
天的革命情誼
羊城晚報　1981.年 10 月 25 日

周一良　孫中山的革命活動與日本——兼論宮崎寅藏與孫
中山的關係
歷史研究　1981 年第 4 期　頁 59-71　1981 年 8 月

中日文化關係史論　頁 145-165　南昌　江西人民
出版社　1990 年 6 月

上村希美雄　宮崎滔天兄弟と孫文
孫文研究　第 6 號　頁 2-10　1987 年 4 月

武田清子　孫文と滔天をつなぐもの
孫文研究　第 6 號　頁 11-21　1987 年 4 月

駱志伊　中山先生與宮崎寅藏
書和人　579 期　頁 1-2　1987 年 10 月 10 日

楊天石、狹間直樹　何天炯與孫中山——宮崎滔天家藏書札
研究
歷史研究　1987 年第 5 期　頁 138-150　1987 年 10 月

章開沅　孫中山與宮崎兄弟
辛亥前後史事論叢　頁 246-254　武昌　華中師範
大學出版社　1990 年 7 月

石川順　孫文と山田兄弟
海外事情　1957 年 7 月

陳固亭　國父與山田兄弟
自由談　第 11 卷第 5 期　頁 11-15　1960 年 5 月

波多博　孫文と山田純三郎
滬友　1960 年 4 月

陳固亭　國父與山田良政
中央日報　第 6 版　1956 年 2 月 22 日

都築七郎　惠州の鹽——孫文革命に一身を捧げた山田良政
の熱血の生涯

　　　　　　日本及日本人　第1519號　1972年9月

石川順　　　桂太郎と孫文

　　　　　　海外事情　第7卷第1號　1959年

林寶樹　　　國父與日人南方熊楠的交誼

　　　　　　中央日報　第8版　1951年11月12日

橋爪利次　　孫文と南方熊楠の交遊

　　　　　　中國研究　第89號　頁46-51　1978年2月

笠井清　　　孫文と南方熊楠㈠

　　　　　　甲南大學紀要（文學編）　第6號　頁20-32

　　　　　　1972年3月

笠井清　　　孫文と南方熊楠㈡

　　　　　　甲南大學紀要（文學編）　第7號　1973年3月

彭澤周　　　中山先生的日友──南方熊楠

　　　　　　大陸雜誌史學叢書　第5輯第4冊　頁235-244

　　　　　　1981年1月

陳鵬仁　　　孫文と南方熊楠

　　　　　　ASIAN REPORT　1984年3月

陳鵬仁　　　孫文と南方熊楠

　　　　　　日本學報（臺北）第9期　頁103-134　1988年4月

後藤正人　　南方熊楠と孫文との友愛

　　　　　　和歌山大學教育學部紀要（人文科學）　第52號

　　　　　　頁332-351　2002年2月

陳固亭　　　國父與梅屋庄吉

　　　　　　中央日報　第6版　1957年8月17日

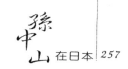

孫中山 在日本 257

車田讓治　國父孫文と梅屋庄吉

　　　　　東京　六興出版社　436面　1975年4月

藤井昇三　梅屋庄吉與孫中山、宋慶齡

　　　　　國外中國近代史研究　第18輯　頁278-282　1991
　　　　　年2月

劉作忠　　孫中山與梅屋庄吉的生死交

　　　　　文史春秋　1999年第2期　頁4-9　1999年

陳固亭　　國父與犬養毅

　　　　　中央日報　第6版　1955年11月24日

彭澤周　　犬養毅與中山先生

　　　　　大陸雜誌史學叢書　第5輯第4冊　頁235-244
　　　　　1981年1月

兒島道子　孫文を繞る日本人——犬養毅の對中國認識——

　　　　　「近代日本とアジア：文化の交流と摩擦」

　　　　　東京　東京大學出版會　1984年4月

陳固亭　　國父與萱野長知

　　　　　中央日報　第6版　1956年3月21日

久保田文次　萱野長知‧孫文關係史料集

　　　　　高知　高知市民圖書館　672面　2001年3月

陳固亭　　國父與頭山滿

　　　　　中央日報　第6版　1955年12月24日

陳固亭　　國父與古島一雄

　　　　　中央日報　第6版　1956年8月18日

陳固亭　　國父與末永節

中央日報　第6版　1956年9月25日

陳固亭　國父與大隈重信

中央日報　第6版　1957年1月27日

陳固亭　國父與寺尾亨

中央日報　第6版　1957年6月1日

陳固亭　國父與犬塚信太郎

中央日報　第6版　1957年7月6日

楊天石　孫中山與田中義一

光明日報　第3版　1986年8月13日

佐藤武英　村田省藏と孫文

孫文研究　第6號　頁25-27　1987年4月

李吉奎　孫中山與後藤新平

近代中國與亞洲學術討論會論文集（上冊）　頁
294-308　香港　珠海書院亞洲研究中心　1995年
6月

柴田幹夫　孫文と大谷光瑞

孫文研究　第21輯　頁1-14　1997年1月

張良群　孫中山與其日人秘書池亨吉（上）

團結報　第3版　2000年8月1日

張良群　孫中山與其日人秘書池亨吉（下）

團結報　第3版　2000年8月3日

濱田直也　孫文と賀川豐彥——1920年の上海での會談をめ
ぐって

孫文研究　第30號　頁1-24　2001年7月

河野密　　　孫文と日本

　　　　　　歴史日本　1942 年 5 月

（無名氏）　特集「孫文と日本」

　　　　　　日中文化　1958 年 3 月

藤井昇三　　第一次大戰中の孫文と日本

　　　　　　歴史教育　1960 年 2 月

陳固亭　　　國父與日本

　　　　　　中華日報　第 5 版　1962 年 11 月 12 日

何應欽　　　國父與日本

　　　　　　中央日報　第 2 版　1965 年 11 月 8 日

　　　　　　中華日報　第 3 版　1965 年 11 月 8 日

貝塚茂樹　　孫文と日本

　　　　　　東京　日中出版社　204 面　1967 年 2 月

末川博　　　孫文先生と日本

　　　　　　現代中國と孫文思想　東京　講談社　1967 年 2 月

遠山茂樹　　孫文先生と日本・その關係のへだたり

　　　　　　現代中國と孫文思想　東京　講談社　1967 年 2 月

山根幸夫　　孫文と近代日本（關係文獻）批評と紹介

　　　　　　東京女子大學論集　第 18 卷第 1 號　頁 101-104

　　　　　　1967 年 9 月

陳哲燦　　　國父革命與日本關係之研究

　　　　　　幼獅學誌　第 6 卷第 4 期　頁 1-78　1967 年 12 月

藤井昇三　　孫文と日本

　　　　　　「日本の社會文化史」　東京　講談社　1974 年 1 月

藤井昇三　中國革命の中の孫文と日本──日本觀の變遷を
　　　　　中心として
　　　　　季刊とうてん　第3號　1975年9月
彭澤周　　關於中山先生的筆話殘稿
　　　　　大陸雜誌史學叢書　第5輯第4冊　頁244-257
　　　　　1981年1月
矢次一夫著，蔣道鼎譯　孫中山與日本
　　　　　辛亥革命史叢刊　1981年第3期　頁96　1981年
陳鵬仁　　孫文先生と日本
　　　　　三民主義と中國シンポジウム　1981年11月
莊錦鑄　　孫中山與日本
　　　　　新疆大學學報　1981年第4期　頁50-58　1981年
張華堂　　孫中山和日本
　　　　　瞭望　1984年46期　頁30　1984年
李威周　　孫中山與日本
　　　　　外國問題研究　1985年第4期　頁30　1985年
陳錫祺　　孫中山與日本
　　　　　中山大學學報（哲學社會科學版）　1986年第4
　　　　　期　頁1-7　1986年
段雲章　　孫文與日本史事編年
　　　　　廣州　廣東人民出版社　706面　1996年10月
許育銘　　孫中山先生與日本：歷史記憶的探討
　　　　　近代中國　第141期　頁102-117　2001年2月
沼野誠介　孫文と日本

東京　キャロム　230 面　1993 年 3 月

水野梅曉　孫氏の革命と日本との關係
　　　　　外交時報　1929 年 6 月上

羅　駿　　回首東瀛憶偉人――回憶孫中山在日本的革命活
　　　　　動片段的革命情誼
　　　　　福建日報　第 2 版　1981 年 10 月 4 日

俞辛焞　　孫文の革命運動と日本
　　　　　東京　六興出版社　388 面　1989 年 4 月

三浦隆　　孫文革命と日本――橫濱の果たした役割
　　　　　孫中山與華僑學術研討會論文集　頁 243-275　橫
　　　　　濱　日本中華學會、橫濱中華會館　1999 年 11 月

陳在俊　　孫中山先生惠州起義與日本
　　　　　孫中山與華僑學術研討會論文集　頁 335-355　橫
　　　　　濱　日本中華學會、橫濱中華會館　1999 年 11 月

藤井昇三　孫文的中國革命與日本
　　　　　第四屆孫中山與現代中國學術研討會論文集　頁
　　　　　49-82　臺北　國父紀念館　2001 年 5 月

高橋強　　孫中山與中國留日學生
　　　　　第四屆孫中山與現代中國學術研討會論文集　頁
　　　　　17-24　臺北　國立國父紀念館　2001 年 5 月

無名氏　　孫文在日年表
　　　　　現代中國と孫文思想　東京　講談社　1967 年 2 月

安井三吉　孫文最後の訪日について
　　　　　中國研究　第 65 號　頁 11-16　1975 年 9 月

馮自由　　癸卯孫總理在日本狀況

　　　　　華僑開國革命史料　頁249-250　臺北　正中書局

　　　　　1977年11月

陳鵬仁　　國父在日本

　　　　　孫中山先生與辛亥革命　頁591-608　臺北　中華

　　　　　民國史料中心　1981年12月

毛翼虎　　孫中山先生在日本二、三事

　　　　　團結報　第2版　1990年5月2日

安井三吉　「支那革命黨首孫逸仙」考──孫文最初の來神

　　　　　戶に關する若干の問題について

　　　　　近代（神戶大學）　第57號　頁49-78　1981年

　　　　　12月

安井三吉　「孫文と神戶」略年譜Ⅰ（一八九五─一九〇三）

　　　　　（神戶大學教養部紀要）論集　第32號　頁1-37

　　　　　1983年10月

陳德仁、安井三吉　孫文と神戶

　　　　　神戶　神戶新聞總合出版社センター　312面

　　　　　2002年1月

關漢華　　孫中山創辦東京青山革命軍事學校

　　　　　歷史知識　1987年第6期　頁4-5　1987年

吳興彬　　孫中山在日本創辦的軍校

　　　　　團結報　第2版　1990年1月10日

談嘉祐　　一往情深銅像前（日本朋友談孫中山夫婦軼事）

　　　　　羊城晚報　第4版　1981年12月6日

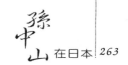

藤井昇三著，陳明譯　二十一條交涉時期的孫中山和「中日盟
　　　　　　約」續
　　　　　　嶺南文史　1987 年第 1 期　頁 119　1987 年
楊天石　　孫中山在一九〇〇年——讀日本外務省檔案札記
　　　　　　尋求歷史的謎底-近代中國的政治與人物（上冊）
　　　　　　頁 85-94　臺北　文史哲出版社　1994 年 12 月
劉毅政　　孫中山訪日記略：紀念孫中山誕辰一百二十週年
　　　　　　內蒙古師範大學學報（哲學社會科學版）　1986
　　　　　　年第 4 期　頁 116-125　1986 年
陳固亭　　日本孫逸仙堂
　　　　　　中央日報　第 7 版　1960 年 3 月 10 日
光岡宏　　荒廢にまかす孫文記念館（荒尾市）——忘れら
　　　　　　れた日中連帶史の斷面
　　　　　　日中　1972 年 10 月
川保澄夫　裁判にかかる孫文記念館——連帶の歷史を甦ら
　　　　　　せる道を求めて
　　　　　　日中　1975 年 7 月
松本武彥　晚晴園——シンガポールの孫文關係遺跡
　　　　　　辛亥革命研究　1978 年 3 月
馬　寧　　孫中山參觀日本濟濟黌時的演說
　　　　　　團結報　第 2 版　1990 年 9 月 22 日
劉大年　　橫濱東京孫中山遺跡訪問記㈠
　　　　　　文物　1981 年第 3 期　頁 1-9　1981 年
劉大年　　橫濱東京孫中山遺跡訪問記㈡

文物　1981 年第 4 期　頁 61-70　1981 年

劉大年　橫濱東京孫中山遺跡訪問記追記

文物　1981 年第 8 期　頁 91-93　1981 年

劉大年　橫濱、東京孫中山遺跡訪問記

赤門談史錄　頁 146-174　北京　人民出版社

1981 年 7 月

波多野宏一　孫文先生と昭日新聞

「現代中國と孫文思想」　東京　講談社　1967
年 2 月

陳昌福　孫中山與日本華僑

上海師範大學學報　1986 年第 3 期　頁 1-11

1986 年 9 月

陸俠蘭　國父與日本華僑的關係

政治評論　第 19 卷第 7 期　頁 26　1967 年 12 月

王　良　孫中山先生與橫濱華僑

孫中山與華僑學術研討會論文集　頁 383-396　橫
濱　日本中華學會、橫濱中華會館　1999 年 11 月

陳延厚　百齡人瑞陳立夫先生談孫中山先生與日本華僑

孫中山與華僑學術研討會論文集　頁 414-416　橫
濱　日本中華學會、橫濱中華會館　1999 年 11 月

陳東華　孫文と長崎華僑の記念寫真

孫文研究　第 28 號　頁 51-54　2000 年 7 月

陳來幸　孫文と神戶華僑の記念寫真

孫文研究　第 28 號　頁 55-57　2000 年 7 月

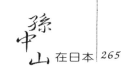

河合貞吉　孫文の「蓮の實」

　　　　　日本週報　1959 年 6 月

陳固亭　　國父贈日蓮種的故事

　　　　　中央日報　第 7 版　1960 年 5 月 20、21 日

洪聖斐　　孫文與三井財閥　臺北　文英堂出版社　2,200 面

　　　　　1988 年 3 月

石川昌　　宮崎龍介──孫文から新中國へ

　　　　　東亞時論　1965 年 11 號　頁 9-13　1965 年 11 月

文責成邱　ジャーナリズムにおける孫文──日本の新聞を

　　　　　中心に

　　　　　東亞時論　1965 年 11 號　頁 14-18　1965 年 11 月

巖村三千夫　孫文の日本觀

　　　　　「現代中國と孫文思想」　東京　講談社　1967

　　　　　年 2 月

山本秀夫　孫文の對日基本態度

　　　　　興亞　第 4 卷第 4 號　1942 年 4 月

俞辛焞　　孫中山對日態度的再認識

　　　　　歷史研究　1990 年第 3 期　頁 142-156　1990 年 6 月

黃彥著，宋晴美譯　孫文の對日觀に關する私見

　　　　　孫文研究　第 29 號　頁 34-56　2001 年 1 月

陳固亭　　日本譯著的國父傳記

　　　　　中央日報　第 9 版　1956 年 11 月 12 日

陳固亭　　日人對孫中山先生的崇拜

　　　　　中央日報　第 7 版　1959 年 1 月 16 日

朱鐵英　　日本舉行孫中山講演會

　　　　　團結報　第3版　1985年12月21日

蔣光佩　　日本報紙對孫中山的評論

　　　　　團結報　第3版　1987年6月6日

日本孫文研究會編　孫文とアジア：1990年8月國際學術討

　　　論會報告集

　　　　　東京　汲古書院　328面　1993年6月

藤井昇三　孫文と日本・東アジア

　　　　　新しい東アジア像の研究　頁43-68　三省堂

　　　　　1995年7月

鄒念之譯，楊天石選錄　　日本外交史料館藏孫中山資料選譯

　　　　　歷史檔案　1986年第4期　頁67　1986年

陳鵬仁譯　孫中山先生與日本友人

　　　　　臺北　水牛出版社　399面　1980年7月　再版

　　　　1.宮崎滔天　孫逸仙其仁如天　頁1-7

　　　　2.萱野長知　我參加了辛亥革命　頁8-22

　　　　3.古島一雄　辛亥革命與我　頁23-48

　　　　4.宮崎槌子　我對於辛亥革命的回憶　頁43-66

　　　　5.萱野長知　辛亥革命秘話　頁67-94

　　　　6.「新日本」編者　孫逸仙是位大戰略家　頁

　　　　　95-98

　　　　7.澤村幸夫　送迎孫中山先生私記　頁99-136

　　　　8.池亨吉　嗷巖枕濤錄　頁137-146

　　　　9.多賀宗之　孫中山先生從福州亡命日本始末

康有爲在日本的思考
——物質與文化的救國論

丁亞傑 *

一、前言

　　康有為一名祖詒，字廣廈，號長素，一號更生，丁巳復辟
失敗，改號更牲，晚年自號天游化人。廣東省南海縣人。清咸
豐八年（1858）生，民國十六年（1927）卒。綜觀康有為一
生，可分為青年時期、長興講學、戊戌前後、海外流亡、民國
成立五個階段。

　　康有為青年時期大約在三十歲（光緒十三年，1887）之
前。少年時代泰半隨其祖父讀書，以舉業為重。十九歲至二十
二歲從朱次琦（嘉慶十二年至光緒七年，1807-1881）受學，
朱次琦予其巨大影響，康有為曾說師事九江先生（案：朱氏弟
子稱其為九江先生）後，才知聖賢大道之傳。並與張鼎華（字
延秋）交遊，得知京朝風氣、各種新書、道咸同三朝掌故等新

* 丁亞傑，元培科技學院國文組副教授。

知。二十二歲至三十歲，潛心學問，並應科舉考試，同時也遊歷香港、上海。科考履次不第，苦學卻有所成。其中也有若干曲折，二十二歲時潛心道佛之書，旋即中斷，二十三歲著《何氏糾謬》，二十九歲撰《康子內外篇》、《教學通議》等書，從《何氏糾謬》、《教學通議》等書，可知其經學

康有為 像

仍為古文經立場，並未強分今古。香港、上海之行，則拓展其視野，從此不以夷狄視洋人，並開始閱讀西書。

　　長興講學時期約在三十一歲至三十七歲（光緒十四至二十年，1888-1894）。三十一歲北上赴京鄉試不第，遊京師各地。第一次向光緒帝上書，惟未能達於內宮。三十二歲康有為南返，與廖平在廣州會面，自是之後，康有為由經古文學轉向經今文學，並懷疑古文經真偽，曾著《毛詩偽證》、《周禮偽證》、《爾雅偽證》、《說文偽證》等書，三十四歲講學廣州長興里，先後著《長興學記》、《新學偽經考》，指出劉歆偽造古文經，今文經才是經學真傳，今文經又以《春秋公羊傳》為主，孔學大義重在變法改制，此一理念康有為一生未變。梁啟超（同治十二年至民國十八年，1873-1929）也於此時從學康有為。並開始作《孔子改制考》。三十六歲中鄉試，次年入京

會試，到京後因受傷南歸。康說過於激烈，清廷查禁其書，《新學偽經考》遭毀版，三十七歲避謗桂林，著《桂學答問》，目的是導引桂省弟子治學門徑，而其內容，一如長興講學。康有為一生經學思想，大抵奠定於此時，日後也以此為本，發揮其說。

戊戌前後時期約在三十八歲至四十一歲（光緒二十一至二十四年，1895-1898）。三十八歲再度赴京會試。此時甲午戰敗，中日議和，割遼東、臺灣，人心激憤，康有為聯合各省在京舉人聯名上書（即公車上書），但也未達光緒帝前。中進士，授工部主事，但不願到職。第三次上書，終於為光緒所見，命軍機處抄存。旋第四次上書，未達光緒前。在京建立強學會，並至上海立分會，集結士大夫，開啟風氣，介紹新知。一時精英雲集，但不為清廷所容，終被封禁。康有為出京。

三十九歲命梁啟超在上海辦《時務報》，繼續強學會未竟志業。返萬木草堂講學。作《日本書目志》，透過日本譯著，介紹西方新知，續撰《孔子改制考》、並作《春秋董氏學》賡續長興講學經學思想。四十歲北上入京，第五次上書，奉旨交總理衙門審議。梁啟超則入湖南長沙時務學堂講學，遵行康有為思想，推動湖南新政。

四十一歲康有為接連上書（第六次、第七次），並在京成立保國會。光緒召見康有為，未幾下詔變法，開始百日維新。然而梁啟超在湖南新政，已為湖南仕紳葉德輝（同治三年至民國十六年，1864-1927）、王先謙（道光二十二年至民國六年，1842-1917）等攻擊，湖廣總督張之洞（道光十七年至宣統元

年，1837-1909）也改變支持態度，新政諸措施在政變前即已近停頓，是為政變先兆。康有為此時作《俄彼得變政記》、《日本變政考》，以作為中國變法參考。《孔子改制考》正式刊行。政變發生，六君子殉難，康有為獲英人協助，逃往香港，轉赴日本，梁啟超則得日人之助，東渡日本。

康有為至香港後，從此流亡海外十六年，是為海外流亡時期，四十一歲至五十六歲（光緒二十四年至民國十二年，1898-1913）。四十二歲至加拿大成立保皇會。四十三歲抵新加坡接受英人保護，長住檳榔嶼。四十四歲遊印度，作《春秋筆削大義微言考》、《中庸注》，次年作《論語注》、《孟子微》、《大學注》，長興講學時期，康有為經學重在《五經》，此時以之前思想，注解《四書》。發表〈答南北美洲諸華僑論中國只可行立憲不可行革命書〉，顯現其反對革命立場，直至民國成立未變。四十七歲始遊歐洲，撰寫各國遊記，觀察各國政治文化。此後三度遊歐洲（四十九歲、五十一歲、五十二歲），體認中國不如歐洲，是在物質不在道德。四十八歲作《物質救國論》、五十一歲作《金主幣救國論》，均是此一觀點，指出中國應發展物質建設，改革貨幣制度，更反對以革命為救中國的方法。民國元年（1912）五十五歲，作《中華救國論》、《理財救國論》，以物質與道德為中國未來之路，並抨擊民國政治。指責革命並未帶來美好社會，反而加深國家災難。

民國二年（1913）康有為五十六歲，回歸故國，定居上海，政體已變，人事全非。康有為創辦《不忍》雜誌，組織孔教會，期以孔教救國，並繼續批評民國。對革命的憂懼、民國

的不滿，終於導致民國六年（1917）的復辟，然時移世異，其弟子梁啟超也不能贊同其師政治態度，復辟豈能成功？而康有為此時已六十歲矣。往後十年，康有為也關心國是，但在政治上已無力量，六十九歲辦天游學院於上海，講論天人哲學，逍遙俗世之上，最後學術著作《諸天講》即於此時完成。次年逝於青島。

二、康有為的生命型態——渡人與自渡

魏源（乾隆五十九年至咸豐六年，1794-1856）曾分析清代由盛而衰的原因：「黃河無事，歲修數百萬，有事塞決千百萬，無一歲不虞河患，無一歲不籌河費，此前代所無也。夷煙蔓宇內，貨幣漏海外，漕艘以此日敝，官民以此日困，此前代所無也。士之窮而在下者，自科舉則以聲音訓詁相高，達而在上者，翰林則以書藝工敏，部曹則以胥史案例為才，舉天下人才盡出于無用一途，此前代所無也。其他宗祿之繁，養兵之費，亦與前世相出入。」（《魏源集‧明代食兵二政錄敘》，頁163）北方困於黃河之患，每年耗無數經費，河道仍屢屢崩決，無救本之方；南方官鹽價高，導致私鹽盛行，官方取締，則官民相仇，坐視不問，則虧蝕累累；漕運運河淤積，從南到北，關卡重重，層層勒索；兼以鴉片入而白銀出，年年入超，國礎已危。①而士大夫非沈湎於聲音訓詁即遊賞於書法工藝，所以魏源倡導經世之學。清季危懼如此，康有為在其詩作，也呈現盛衰交替的意象：

秦時廛堞漢家營,匹馬高秋撫舊城。鞭石千峰上雲漢,連
天萬里壓幽并。東窮碧海群山立,西帶黃河落日明。且勿
卻胡論功績,英雄造事令人驚。(〈登萬里長城〉,《汗漫
舫詩集》,《康南海先生詩集》,卷2,頁18-19)

連天萬里,碧海群山,意象雄偉,立馬其間,自會有英雄
造事之感,然而撫今追昔,盛世不再,秦、漢只存在歷史之
中,只是歷史記憶,而非真實情境,從歷史滑落到現實,又是
另一番景況:

澗道飛陰雪,群山亂夕陽。關城生白草,亭堠雜垂楊。立
馬千峰紫,盤鷹大漠黃。時平關路治,百里月蒼涼。
(〈由居庸關登長城還〉,《汗漫舫詩集》,《康南海先生詩
集》,卷2,頁19-20)

由情生景,景總是以衰敗居多,斜陽、衰草、冷月,構成
康有為北遊大漠的基本情調,如「沙河荒城帶落日」(〈夜宿沙
河〉,《汗漫舫詩集》,《康南海先生詩集》,卷2,頁13),
「莫色落疲驢」(〈秋尋碧雲寺失道夜宿田家〉,《汗漫舫詩
集》,《康南海先生詩集》,卷2,頁21),北方壯麗山河,在

⑴ 清朝治河、鹽政、漕運之弊,詳可見蕭一山:《清代通史》(臺
北:臺灣商務印書館,1985年4月),第19章,〈道光時代之內
政與變亂〉,第95節,〈道光之內政〉,頁880-885;孟森:《清
代史》(臺北:正中書局,1984年11月),第4章,〈嘉道守
文〉,第6節,〈道光朝士習之轉移〉,頁322-340。

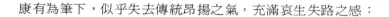

康有為筆下，似乎失去傳統昂揚之氣，充滿哀生失路之感：

> 世味由來薄似霜，何堪燕市送年光。經過人事成流水，無
> 限江山付夕陽。四海舊交半墟墓，百年此夜幾壺觴。六街
> 喧爆看鐙去，又作京華夢一場。（〈除夕與鎮南對酌〉，
> 《汗漫舫詩集》，《康南海先生詩集》，卷2，頁34）

江山夕陽，百年堪傷，正道出民生多憂患的根本原因，生
命必須處於外在環境，外在環境的良窳，自會影響生命的情
緒、欲望：「壯士覽山河，長風動人愁。」（〈九秋登塔高
吟〉，《汗漫舫詩集》，《康南海先生詩集》，卷2，頁24）這
一愁慘之心，一方面化為激厲萬民意志，作〈愛國歌〉、〈愛
國短歌行〉、〈干城學校歌〉等，自勵勵人，高唱：「中華大
地比全歐，全國同文宰亞洲。」（〈愛國歌之九〉，《延香老屋
詩集》，《康南海先生詩集》，卷1，頁10）或是：「今為萬
國競爭時，惟我廣土眾民霸國資。」（〈愛國短歌行之三〉，
《延香老屋詩集》，《康南海先生詩集》，卷1，頁15）宰制、
稱霸代替落日、秋草，壯氣與哀感，呈現鮮明對比。而我奮我
武，不能改變日蹙國勢，於是另一方面仍陷溺在生民苦痛之
中。

時而低吟：「江山搖落空憂國，湖海飄零獨臥床。」（〈訓
陳逸山農部見贈〉，《延香老屋詩集》，《康南海先生詩集》，
卷1，頁55）時而自問：「腐儒心事呼天問，大地河山跨海
來。臨睨飛雲橫八表，豈無倚劍嘆雄才。」（〈秋登越王臺〉，

《延香老屋詩集》，《康南海先生詩集》，卷1，頁31）身世家
國，混而為一：

> 身世可堪逢百憂，萬方多難竟無休。死生契闊嗟吾輩，煙
> 雨迷茫話小樓。（〈贈鄭大鶴同年之三〉，《納東海亭詩
> 集》，《康南海先生詩集》，卷13，頁14）

萬方固然多難，腐儒絕非空憂，意氣縱橫，躍入苦海：
「民生多憂患，志士多苦辛。」（〈為徐計甫編修寫扇兼呈高理
臣給諫變曾王右遐侍御鵬運〉，《汗漫舫詩集》，《康南海先生
詩集》，卷2，頁90）志士苦辛，表現在與民同憂：「眾生有
病我遂病。」（〈偕若海公裕品茗不忍池中無著亭看月已而病若
海以二詩來答之〉，《納東海亭詩集》，《康南海先生詩集》，
卷13，頁9）與民同病，不若與民治病：「眾生有病我仍
來。」（〈丁巳十月廿二日夕美使派文武吏士專車護送出京鐵寶
臣尚書顧亞蘧侍郎商雲汀侍講即來慰問道謝並呈之三〉，《美
森院詩集》，《康南海先生詩集》，卷14，頁26）②來此世，

⑵ 丁巳為民國6年（1917），張勳於徐州謀復辟，入京之前，問策於
康有為，康有為為之草定復辟諸詔，重要事項有除苛稅、改新
律、召國會、尊孔教、定官制等，事見吳天任：《康有為先生年
譜‧民國6年條》（臺北：藝文印書館，1994年11月），下冊，頁
635-650；諸詔書見《丁巳要件手稿》，蔣貴麟編：《康南海先生
遺著彙刊》（臺北：宏業書局，1987年6月），第13冊。康有為哀
憐生民，絕不止於情感抒發，而是有具體方法，應付世事，與傳
統文人異。

自為眾生而來：「發願來人間，欲將亂世撥。」（〈辛酉七月祝
徐君勉五十壽〉，《游存廬詩集》，《康南海先生詩集》，卷
15，頁2）晚清確是亂世，欲撥亂世，必須有具體完整方法：

> 夜夜登樓望大星，紫微帝座故熒熒。山河兩戒誰能考，廟
> 社千秋尚有靈。道喪官私惟帖括，政蕪兵食盡虛名。虞淵
> 墜日難挽救，漆室幽人泣《六經》。（〈蘇村臥病寫懷〉，
> 《延香老屋詩集》，《康南海先生詩集》，卷1，頁40）

帝星雖熒熒，觀望仍夜夜，山河已有割裂之危，但盼列祖
列宗佑護，焦灼翻增，孤忠耿耿，憂世憂民，情盡乎辭；而士
大夫帖括相高，沈迷舉業，兵食大政，盡皆荒廢，見解一如魏
源；挽清朝於墜落，舍《六經》而何由？

> 聖統已為劉秀篡，政家並受李斯殃。大同道隱《禮經》
> 在，未濟占成《易》說亡。良史莫如兩司馬，傳經只有一
> 《公羊》。群龍無首誰知吉，自有乾元大統長。（〈門人陳
> 千秋曹泰梁啟超韓文舉徐勤梁朝杰陳和澤林奎王覺任麥孟
> 華初來草堂問學示諸子〉，《萬木草堂詩集》，《康南海先
> 生詩集》，卷3，頁5-6）

經雖有六，傳經卻僅《公羊》學：「撥亂《春秋》志，辛
勤梁父吟。」（〈丙辰二月五日送君勉回粵赴義兵討洪憲篡僭寫
近詩付善伯歸示君勉〉，《納東海亭詩集》，《康南海先生詩

集》，卷13，頁12-13）《春秋》可以撥亂，撥亂的目的是導向
太平，這在悼念譚嗣同、林旭詩作極為明顯：「問吾談《春
秋》，三世志太平，其道終于仁，乃服孔教精。」（〈六哀詩·
譚嗣同〉，《大庇閣詩集》，《康南海先生集》，卷5，頁89）
「商榷三世義，講求維新理。」（〈六哀詩·林旭〉，《大庇閣詩
集》，《康南海先生集》，卷5，頁92）孔子之教在《春秋》，
《春秋》重在三世，變法維新，所據正是三世說。這一系列講
法，自是《公羊》學，而世人不知，感泣《六經》，正為此
故。重振斯學，舍我其誰？「擬經制禮吾何敢，蠟屐持籌事未
分。」（〈蘇村臥病寫懷〉，《延香老屋詩集》，《康南海先生詩
集》，卷1，頁39）正欲回復這一套聖人之學。

　　康有為嘗言：「我生好古多幽癖，書畫鼎彝更瓦石。」
（〈門人狄楚卿以所印帖數十本遠贈卻寄〉，《避島詩集》，《康
南海先生詩集》，卷9，頁63）好古之古何所指？論詩學云：
「意境幾於無李杜，目中何處著元明。」（〈與菽園論詩兼寄任
公孺博曼宣之三〉，《南蘭堂詩集》，《康南海先生詩集》，卷
11，頁89）書法則鼎彝瓦石，詩藝則元明唐宋，論散文：
「惟師三代法秦漢，然後氣格濃厚。」論駢文：「惟師秦漢法
魏晉，然後體氣高古。」（《廣藝舟雙楫·導源》，卷4，頁9）
上溯秦漢，幾成為康有為書藝文學的共同歷程，但是上溯秦漢
又不僅只是復古，氣格濃厚、體氣高古，是風格判斷，所以秦
漢既是時代之古，更是價值與審美的核心。所以又感嘆：「方
今大變人好新，古物棄同沙礫擲。」（〈門人狄楚卿以所印帖數
十本遠贈卻寄〉，《避島詩集》，《康南海先生詩集》，卷9，

頁64）這豈不與變法維新矛盾？

> 大瀛海水忽橫流，小九州通大九州。別有文明開世界，竟由新法破鴻溝。素王道統張三世，黃帝神靈嗣萬秋。我作《大同書》已竟，待看一統合寰球。（〈己酉六月自歐歸過蘇彝士河感懷兩戒俛念萬年吾亦四度過此倦遊息轍將述作矣〉，《南蘭堂詩集》，《康南海先生詩集》，卷11，頁78）

借新法所破之鴻溝，應是新舊古今之爭，然而無論是借新破古抑或借新破舊，仍有新舊及今古畛域，何能合其溝而通其異？原來新法非從天外而來，仍本於舊，亦即仍本於傳統、本於歷史。講論《公羊》，高揚三世，探究天人，通變古今，都根據自身文化。倡導維新，即是復古，反過來說，高唱復古，所以開新。

關鍵在對古的態度，或重新解釋，或懷疑批判，就在解釋與批判之時，重塑了傳統，或者說重構了古代。古，呈現不同以往的面貌，變成理想的化身。此時的古，即可以新當之，新，其實本古而來。所以康有為致力維新，卻又嘆息時人好新。其中委曲，正因維新本於傳統，循新則揚棄傳統，名同而實已異。維新既是本於傳統，深入傳統，以開新局，勢所必須：「固知下無學，不足振國群。」（〈日本內務大臣品川子爵以吉田松陰先生幽室文稿及先生墨跡見贈題之〉，《明夷閣詩集》，《康南海先生詩集》，卷4，頁24）即處於這一思想脈

絡。③

變法失敗，康有為仍念念不忘：「欲鑄新中國，遙思邁大
秦。」（〈生民二章之二〉，《逍遙遊齋詩集》，《康南海先生詩
集》，卷7，頁3）④甚至欲殖民巴西，開創新世界：「我將殖
民巴西地，樓船航渡歲億千。樹我種族開我學，存我文明拓我
田。移民迅速殖千萬，立新中國光昄天。」（〈巡覽全美國畢將
遊巴西登落機山頂放歌七十韻〉，《寥天室詩集》，《康南海先
生詩集》，卷8，頁54）這仍基於《公羊》三世說，立太平世
界，所以說開我學以鑄新國，或者是存我文明，立新中國。以
《公羊》救世，貫穿康有為整個思想，也是其生命情調。

生命固須面對外在環境，因而有種種艱險，但是外在環境
仍可改變，借變法以易世，就是最佳例證：「慘淡風雲經幾
變，轉移天地愧無能。」（〈二月花朝紅海看月出風翻昔有一家

---

③ 民國6年（1917），康有為參與復辟，倡導讀經；民國24年
（1935），章太炎以為救國之道，舍讀經莫由。康有為、章太炎論
學殊異，對讀經態度則同，考其因由，即在二氏深入傳統相同，
深入之道則異，亦即二氏雖敬服傳統，但對傳統有不同認知，賦
予傳統不同面貌。雖以讀經為要，但對經典的解釋，卻存在二種
系統。然而一朝廢經，都不能見容於二氏。復古與開新，其複雜
折繞，於此可見。分見《丁巳要件甲子稿‧讀經》，頁10；〈論
讀經有利而無弊〉，湯志鈞編：《章太炎政論選集》（北京：中華
書局，1977年11月），下冊，頁862-868。

④ 從此詩可知，新中國之說，其源甚早，康有為時或稱新中華，梁
啟超有《新中國未來記》，顧頡剛則懷疑中國民族業已衰老。今日
大陸恆言新中國，其實與康有為、梁啟超、顧頡剛相同，都是對
既有文化系統質疑，從而冀望重建新的世界。康有為、梁啟超等
援引《公羊》學三世說，顧頡剛批判漢代君主專制與儒教壟斷，
中共援引馬克斯主義五階段論。

骨肉三洲地之句久佚此詩補作之今余亦一家分住亞美非也〉，
《南蘭堂詩集》，《康南海先生詩集》，卷11，頁35）以轉移
天地形容變法，變法涉及根本改變，可以想見。變法失敗，欲
於海外尋新地以存種族。這些想法，或有不易實踐處，然而進
一步思考，變法成功，造境樂土，生命真能無憂？這就觸及生
命本質，人生有時而盡，外在環境無論如何美好，我們終究須
面對生命的結束，生死難安，正是生命最大的苦痛，無與於外
在環境，所以這是生命的本質困境：

> 戊戌當年逮捕拏，天乎姊妹幸生逃。覆巢破卵原同難，持
> 節環球聊自娛。世亂帝王亦難免，人生憂患本來俱。婆伽
> 婆為破煩惱，長記天游作天徒。（〈薇璧二女久別以母張
> 氏夫人逝世來滬奔喪送喪於茅山事訖分散以七月十八日同
> 行會少離多又有家國存亡之感老夫雖有天游之學亦復悽黯
> 不可為懷同遊半淞園拓影得詩四章送之之四〉，《游存廬
> 詩集》，《康南海先生詩集》，卷15，頁9-10）

戊戌政變，有幸生逃，與生而來的憂患，卻無所逃於天地
間，從外在世界逐步進逼內在生命，指出世變固造成生命苦
痛，人生憂患本來俱，則與世變無必然關係。婆伽婆意為世
尊，諸佛之一，最主要功能就是破除煩惱。本詩作於康有為晚
年，康有為早年曾求助於道教⑤：

> 僊館清參讀道書，黃庭寫罷證真如。放生記報周顒饌，池

上雲泉看巨魚。（〈讀書西樵山白雲洞之三〉，《延香老屋
詩集》，《康南海先生詩集》，卷1，頁26）

　　《黃庭經》是道教五大經典之一，為道教各派共同尊奉；
真如則是佛教術語，意謂一切事物並無真實性，即一切法皆因
緣生，一切存在皆受決定條件（因）與輔助條件（緣）決定，
無獨立實在性，此即空性。周顒是南齊人，兼擅《老子》、
《周易》，並精通佛理。引周顒自喻，其意甚明。詩後有自注：
「吾居雲泉仙館曬書臺下之室數月，讀佛道書，館前引泉為放
生池，中念眾生皆有血氣知覺，同苦痛刻，乃放魚而戒殺焉，
齋一月而復，今方當人道競爭，以待太平世乃行也。」⑥由此
詩可知，康有為雖以《公羊》應世，但面對生命困境時，則出
入釋道，尤以佛教影響極大；而其大同思想，起源亦甚早。以
戒殺為太平世方可行之，兩者有一定程度結合。這一結合，自

⑸ 康有為讀書西樵山在光緒5年（1879）至光緒8年（1882），時年
　22歲至25歲；元配張夫人妙華去逝，在民國11年（1922），時年
　65歲。見吳天任：《康有為先生年譜》，光緒5、6、7、8年，
　民國11年諸條，冊上，頁20-28、冊下，頁706-708。
⑹ 康有為逝世後，其女康同璧搜集遺詩，並於民國25年（1936）由
　弟子崔斯哲手寫，編成《康南海先生詩集》，民國65年（1976）
　經弟子蔣貴麟編入《康南海先生遺著彙刊》第20、21冊；1987
　年上海市文物保管委員會文獻研究部重編康有為詩集，根據手稿
　及抄本而成，名為《萬木草堂詩集》，與崔斯哲手寫本略異，本詩
　自注，即為崔斯哲手寫本所無。參考崔斯哲：〈康南海先生詩集
　跋〉，《康南海先生詩集》，《康南海先生遺著彙刊》，第21冊；
　《萬木草堂詩集》（上海：上海人民出版社，1996年7月），「編
　者說明」，本詩自註見頁12。

不止於戒殺,而是對生命的根本認識:

> 家國牽連溺愛河,有身可患奈之何?預知歷劫懼喜受,最
> 痛生民憂難多。誓拯眾生甘地獄,備纏諸苦陷天羅。瞿曇
> 巧慧先紆避,宣聖兟持僅得過。(〈己酉除夕前二日酬梁
> 任公弟寄詩並電問疾六章之二〉,《南蘭堂詩集》,《康南
> 海先生詩集》,卷11,頁112)

　　家國,仍只是外在環境,最大的憂患來自有身。根據佛教
教義,身由五陰組成,色是一切色法的類聚,受是苦、樂、
捨、眼等諸感受,想是眼觸等所生諸想,行是意志,識是眼識
等諸識類聚。亦即形軀、感受、想像、意志、綜合認知感受外
在世界能力,構成我們的身心。然而形軀有生老病死,感受、
想像、意志等有怨憎會、愛別離、求不得等諸苦,生命就處於
此一苦境。
　　康有為屢以地獄形容[7]:「吾來窺獄門,森聳尚氣索。從
來大聖哲,多蒙誅縲絏。濁世類地獄,專為救苦入。」(〈登厄
戈坡利士岡俛瞰雅典感唱累欷〉,《澆漣詩集》,《康南海先生
詩集》,卷10,頁19-20)眾生在此地獄,康有為則誓欲拯
救,立志如此,不免以教主自居,以君臨萬方的姿態,俛看世

---

[7] 另見〈耶路薩冷國〉、〈九月避地再遊印度絕無僧寺傷念大劫感懷
　　身世〉、〈己酉除夕前二日酬梁任公弟寄詩並電問疾六章〉,《南
　　蘭堂詩集》,《康南海先生詩集》,蔣貴麟編:《康南海先生遺著
　　彙刊》,第21冊,卷11,頁49、96、112。

人，少年白頭，未曾易志：「本是餐霞人，偶為世網誤。……未忘生民疾，聊向人間住。」（〈餐霞吟〉，《延香老屋詩集》，《康南海先生詩集》，卷1，頁28-29）延香老屋是康氏祖傳宅第，康有為青年讀書處，此詩約作於光緒六年（1880），時年二十三歲。考康有為志向，絕非偶然為之，應是本欲為之，以偶抒懷，貌似謙虛，實則睥睨。時逾三十年，狂放不稍殺：「我本摩詰所化身，眾香國裡吾久薰。偶來濁世任斯文，預人家國亦艱辛。」（〈題梁任甫所藏唐人寫維摩詰經〉，《憩園詩集》，《康南海先生詩集》，卷12，頁23-24）此詩作於宣統三年（1911），時年五十四歲。《維摩經》是維摩居士與佛陀弟子文殊師利菩薩講論佛法的經典，不但自比維摩，且自認是維摩化身，從佛國降臨濁世，救人家國。較之青年時代，有進而無退。「而今游戲在人間，民生同患何忍去。」（〈一天園詩十章·人天盧〉，《游存盧詩集》，《康南海先生詩集》，卷15，頁21）此詩作於民國十年（1921），時年六十四歲。不忍生民，一如已往，但游戲人間，非教主而何？

於是又屢言暫遊世界，終有離開塵世之日⑧：「世界偶然

---

⑧ 類似詩作甚多，另見〈蘇村臥病寫懷〉、〈珠江艇子題畫〉，《延香老屋詩集》；〈舊慰余瑣尾〉、〈故山東道監察御史聞喜楊公深秀〉，《大庇閣詩集》；〈哀何易一〉，《避島詩集》；〈耶路薩冷國〉、〈舊作詩篇遷流多失任甫請搜印刻老珍敝帚檢於絕國凡得千餘首輯成題之〉，《南蘭堂詩集》；〈善伯與我共難月餘君勉與我共患難廿年善伯持歸示君勉吾輩既為救國而來萬千若難原是故入假使鐵輪頂上旋定慧圓明終不失〉，《美森院詩集》；〈哭瘶叟四兄尚書哀詞〉，《游存盧詩集》；並見《康南海先生詩集》，《康南海先生遺著彙刊》，第20、21冊，卷1，頁40、73；卷5，頁4、87；卷9，頁60；卷11，頁48、115；卷14，頁9；卷15，頁42。

留色相，生涯畢竟託清波。」（〈題荷花畫幀〉，《延香老屋詩集》，《康南海先生詩集》，卷1，頁55）這是以荷花自喻，色身雖留濁世，實相卻是清淨，可以見出康有為對現實世界的態度：「既現救國身，未肯脫垢衣，不忍心難絕，且復隨慈悲。」（〈陳登萊及門人陳繼儼募修白沙先生嘉會樓楚雲臺求題二額追思與簡竹居舊游寫寄二子〉，《寥天室詩集》，《康南海先生詩集》，卷8，頁23）身是偶然因緣和合而成，現在人世，就如同著垢衣，沒有脫除，是因不忍生民悲苦。佛教是另尋彼岸新世界，不墮入此岸輪迴，康有為是在此岸建立華嚴世界：

> 鳳靡鸞吪歷幾時，茫茫大地欲何之。華嚴國土吾能現，獨睨神州有所思。（〈將去日本示從亡諸子梁任甫韓樹國徐君勉羅孝高羅伯雅梁元理〉，《明夷閣詩集》，《康南海先生詩集》，卷4，頁31）

華嚴在佛教原義是佛法圓備之義，康有為詩作常有華嚴意象，一指美麗、莊嚴，如：「旌旗飛揚壓翠微，客舍華嚴百億扉。」（〈瑞士國在阿爾頻山中湖山之勝游客之盛為天下第一吾兩過之〉，《逍遙遊齋詩集》，《康南海先生詩集》，卷7，頁45）一指華嚴法界，如：「地獄天宮皆淨土，華嚴流轉現剎那。」（〈久不見菽園以詩代書〉，《大庇閣詩集》，卷5，頁27）⑨華嚴宗有四法界之說，事法界是現象界差別事相。理法界是差別事相所依據之理，此處之理，並非經驗之理，亦非知

識法則，而是實相或真象，此實相可稱為真如或真如心。理事無礙法界，現象由實相而生，實相在現象顯現。事事無礙法界，現象與實相不離，一一現象彼此之間，皆同一真如所生，現象雖有差別，但能彼此融攝；就各現象而言，也能顯現真如本身，亦即一事理可通至其他事理，一境界可通至其他境界。⑩正因事事無礙，境界可以互通，各種境界的呈現，在於主體的修行，所以才說地獄天宮皆淨土；意謂經由變法，國家可以莊嚴美麗，以變法自強達到華嚴國土的目標。政治變革與佛教義理，有一定程度結合。康有為對變法的強烈自信，現身救世

---

⑨ 前者之義見〈攜同璧女再遊舊京波士淡之訶鼇湖離宮相望風景甚佳〉、〈登巴黎鐵塔頂與羅文仲周國賢飲酒於下層酒樓高三百尺處憑闌四顧巴黎放歌〉、〈遊法國方點部螺宮觀拿帝及其后奧公主奩廚金宮畫柱文石床几繡為之感〉、〈請于丹墨國相顛沙告獄吏而觀丹墨國獄莊嚴整潔當為歐美之冠〉、〈稍士巴頓湖島雜詠〉，《逍遙遊齋詩集》；〈謁墨總統夛士亞士于前墨主避暑行宮〉，《寥天室詩集》；〈重九登金山塔今新修矣寺前沙州又新生者丹徒令童君觀瀕置酒寺中僧出紙請題二詩付與〉，《納東海亭詩集》；後者之義見〈辛丑二月偶披棋局見與鐵君舊聯句再題一詩〉，《大庇閣詩集》；〈龍井〉，《納東海亭詩集》；並見《康南海先生詩集》，《康南海先生遺著彙刊》，第20冊，卷7，頁58、61、76、77、93；第21冊，卷8，頁69；卷13，頁27；第20冊，卷5，頁50；第21冊，卷13，頁39。

⑩ 本節論述佛教義理，參考勞思光：《新編中國哲學史》（臺北：三民書局，1987年3月，增訂再版），第2卷，第3章，〈中國佛教哲學〉，頁177-345。其中原始教義見頁180-193，華嚴宗教義見頁314-322；楊惠南：《佛教思想發展史論》（臺北：東大圖書公司，1993年6月），第2章，〈印度佛教的分期〉，頁39-113。其中根本佛教教理見頁52-80，第5章，〈中國佛教的傳入與宗派〉，頁243-383，華嚴宗教理見頁337-347。

的自我期許,華嚴四法界之說,應予其甚深支持。變法失敗,
康有為想另尋地點以實踐理想:「別造清涼新世界,遙傷破碎
舊山河。」(〈題邱菽園風月琴尊圖〉,《大庇閣詩集》,《康南
海先生詩集》,卷5,頁6):

> 平生悲憫天人志,開闢臻荒宙合圖。流落天涯誰或使,縱
> 橫瀛海氣遍粗。手扶舊國開雲霧,足踏新洲遍海隅。慣歷
> 諸天經萬劫,教宗國土此區區。(〈遍遊北美將往南美巴
> 西闢新地〉,《寥天室詩集》,《康南海先生詩集》,卷
> 8,頁58-59)

　　但這似是外在性質的改造,亦即生命與外在環境的變革,
而非內在性質的反省,亦即生命本身困境的超越,然而清涼之
喻,就是以菩薩的悲智,照攝萬物,無復煩惱。所以外在環境
的變革與內在困境的超越,最終結合在一起,層層遞進,推向
完美世界。這如何可能?「他日大同之世,佛教必興復於大地
也。」(《南蘭堂詩集》,《康南海先生詩集》,卷11,頁101)
挽救國族,以三世思想;拯救眾生,以大同思想。以三世思
想,處理生命所從出的外在環境;以大同思想,處理生命本身
的問題。而三世說的究極,也是大同理想。康有為論《公羊》
而撰《大同書》,是論理發展的結果。
　　觀《大同書》結構,即可知思想脈絡。《大同書》分十
部:甲部是〈入世界觀眾苦〉,從生命本身、生命所處的自然
環境、生命與其他生命的關係、生命所處的社會環境、生命所

具有的情欲，說明人生本質是苦。這與佛教教義，苦是生命的真相，若合符節。綜合論之，生命之苦，根源在九界，國界所以分疆土部落，級界所以分貴賤清濁，種界所以分黃白棕黑，形界所分男女，家界私父子夫婦兄弟之親，業界私農工商之產，亂界有不平之法，類界有人與鳥獸之別，苦界是以苦生苦，傳種無窮。（《大同書‧甲部‧入世界觀眾苦‧第六章‧人所尊尚之苦》，頁78）救苦之道，在破除九界，乙部是〈去國界合大地〉，丙部是〈去級界平民族〉，丁部是〈去種界合人類〉，戊部是〈去形界保獨立〉，己部是〈去家界為天民〉，庚部是〈去產界公生業〉，辛部是〈去亂界治太平〉，壬部是〈去類界愛眾生〉，癸部是〈去苦界至極樂〉。乙部至壬部針對苦因，提出對治之方。癸部較特殊，既是對治之方，更是究極之境。其中有仙、佛二學，仙學求形軀長生，但無論如何長生，形軀終有毀壞的一天；所以又有佛學，以不生不滅，達到涅槃之境。所以《大同書》雖分十部，嚴格而言，有三大結構，甲部是第一部分，乙部至壬部是第二部分，癸部是第三部分。康有為弟子錢定安（？－？）序《大同書》開宗明義即云：「《大同書》者，先師康南海先生本不忍之心，究天人之際，原《春秋》三世之說，演〈禮運〉天下為公之義，為眾生除苦惱，為萬世開太平致極樂之作也。」（〈大同書序〉）清楚地掌握三世與大同之間理論關連。由三世而大同，徹底解脫生命所處內外交困之境。

　　然而理論的發展，並未完成。其一是現實世界，即使再美好，一如形軀，終有毀滅的一日，佛教講成住壞空，就在說明

世界的形成、持續、毀壞,再形成另一世界。康有為亦云:
「天地大逆旅,家國長傳舍。」(〈登箱根頂浴蘆之湯〉,《明夷
閣詩集》,《康南海先生詩集》,卷4,頁14)甚而直接指
出:「世界本來有成壞,化城無礙現華嚴。」(〈遊印度舍衛城
訪佛跡之八〉,《須彌雪亭詩集》,《康南海先生詩集》,卷
6,頁10)世界既然終將毀壞,勢須另尋不變的世界。既有不
變的世界,人就應生於此處,康有為建構天遊之學,並說:
「大同之後,始為仙學,後為佛學。下智為仙學,上智為佛
學。仙佛之後,則為天遊之學矣。吾別有書。」(《大同書‧癸
部‧去苦界而至極樂》,頁453)其二則是斷盡煩惱,證成涅
槃,絕非一般人所能致,極樂之境,本為全體人類而造,但發
展至此,僅有少數菁英臻此境,豈非逆轉?能學仙者已甚少,
但屬於下智,至於屬上智的學佛,更高層次的天遊之學,可想
而知。

現身救世,自居教主,在我生與眾生之間,康有為其實是
以君臨之姿俯視下界:「獨立嵯峨積金頂,俛看人世遍塵埃。」
(〈雨夜宿白雲觀竟夕聞泉聲〉,《游存廬詩集》,《康南海先生
詩集》,卷15,頁40)正因人世遍塵埃,所以:「華嚴國土
時時現,大地光明無語言。只是眾生同一氣,要將悲憫塞乾
坤。」(〈示任甫之二〉,《汗漫舫詩集》,《康南海先生詩
集》,卷2,頁85)這些都是哀憐眾生,而不是觀看我生。觀
我生是:

　　山林小築觀天性,鵝鴨比鄰近物情。魚躍鳶飛參道妙,菊

芳蘭秀識時行。山邊射虎看人猛，湖上騎驢觀我生。拄杖
雲中日成趣，盪舟煙外月微明。（〈松雲徑至飲淥亭之
二〉，《游存廬詩集》，《康南海先生詩集》，卷15，頁
25）

眾生固然悲苦，但康有為本身生命並不是充滿悲苦，時云
遊戲人間、或曰歷劫俗世，金身偶現、誤入塵網等，這是為救
眾生，我生不得不如此，是以超越我觀實存我，所呈現的情
境。至於超越我則是觀看世界，逍遙自得，頗類莊子性情。要
能欣賞人間，首須斷離情感，否則時歌時哭，或悲或喜，不能
壯遊人世：

> 壬戌之秋，七月十七日，餞同薇、同璧二女，酒後步月，
> 薇、璧問《易》義，並及人天之故。明日行，無人間悲感
> 之情，庶幾遊於人間，而不為人世所囿，則超然自在矣。
> （《游存廬詩集》，《康南海先生詩集》，卷15，頁10）⑪

---

⑪ 其詩為：「行時問易說經詮，不似凡人傷別筵。記取天遊臺上
月，伏生有女出人天。」康有為詩題有時甚長，類似一篇小文，
實可以序當之，另定詩題。伏生為漢初傳經諸儒中，年壽資歷最
深者，據《漢書·儒林傳》顏師古《注》引衛宏〈定古文尚書
序〉：「伏生老，不能正言，言不可曉也，使其女傳言教錯。」
伏生所傳《尚書》是伏生口授，其女傳讀，晁錯記錄，是最早的
《尚書》傳本。康有為自喻伏生，其女喻伏生之女，以經學傳家應
世，固甚瞭然。又專論伏生作品，可參考程元敏：〈漢代第一位
經學大師伏生〉，《國文天地》，第7卷第8期（1992年1月），頁
36-45。

　　此序作於民國十一年（1922），時年六十五歲，固是晚年定論；讀書延香老屋時作：「縱橫宇宙一微塵，偶到人間閱廿春。」（〈蘇村臥病寫懷之三〉，《延香老屋詩集》，《康南海先生詩集》，卷1，頁40）此詩作於光緒六年（1880），時年僅二十三歲，四十年間，情調不改，未可以晚有進境當之。無情方能遊世，無情並非心如草木金石，而是無人間悲感之情。佛教新譯眾生即作有情，即迷染於世情，為五陰緣合而成，所以為煩惱所纏，不得解脫。觀眾生有情，觀我生無情。以有情觀眾生，但又無力救世，只能寄諸遺憾於諸天：「孤臣無地可埋憂，且作諸天汗漫遊。」（〈壬戌十月十三日恭逢大婚慶典微臣蒙賞給御書天游堂匾額又御書福壽字各一方感恩賦詩恭紀〉，《游存廬詩集》，《康南海先生詩集》，卷15，頁32-33）更進一步則是逍遙於諸天：

> 龐公能以目代耳，居德淳和物不攖。翠竹青桐階下立，瑤環瑜珥眼前明。不憂不懼樂天性，全受全歸觀我生。安樂空中入非想，天游光裡聽天聲。（〈贈朗夫之二〉，《游存廬詩集》，《康南海先生詩集》，卷15，頁56）

　　佛教諸天，是欲界六天，色界十八天，無色界四天；欲界是有淫、情、色、食四欲的世界，色界是無淫、食二欲卻有色身的世界，無色界是心識居於深妙的禪定的世界。這是生命層級的畫分，未必有此世界。康有為諸天，則運用近代天文、物

理、地質等知識，說明宇宙的構成、地球的性質，所以指出佛
所說諸天皆是虛想（《諸天講・佛之神通大智然不知日月諸星
諸天所言諸天皆虛想篇第十二》，卷12，頁1），佛所說諸天
確是虛想，必須從教理理解，不能指實。但其後康有為卻又建
立其特有的形上天，從「欲天」至「元元天」，總計有二百四
十二天（《諸天講・諸天二百四十二天第十》，卷10，頁
11），「元元天」之上，又有「銀河天」、「渦雲天」，構成諸
天，諸天各有教主，其智慧高於地球教主至不可思議之境
（《諸天講・佛之神通大智然不知日月諸星諸天所言諸天皆虛想
篇第十二》，卷12，頁11），又力主上帝必然存在（《諸天
講・上帝篇第十一》，卷11，頁3-4），致使《諸天講》一書，
前後判若雲泥，難以索解。

　　諸天各有教主，顯然實指諸天存在，康有為只是說明諸天
名義，並未從理論上證明諸天存在；地球教主何身分曖昧；地
球教主與上帝關係不明，都是《諸天講》理論缺陷。⑫可以確
知的是康有為自構一諸天學說，將自身投射於此形上世界中：
「去去人間，寄想諸天。」（《南蘭堂詩集》，《康南海先生詩
集》，卷11，頁1）心遊諸天，俯視下界，以信念解消生命所
遇的困境。聖人與教主，觀眾生與觀我生，交織夾纏，構成康

---

⑫ 所以美籍學者柯文（Paul A. Cohen）諷刺這是「偽科學的形而上
　學的探討」，見氏著，林同奇譯：《在中國發現歷史——中國中心
　觀在美國的興起》（臺北：稻香出版社，1991年8月），第4章，
　〈走向以中國為中心的中國史〉，頁193-259，引文見頁201。譚嗣
　同亦然，見《仁學・仁學界說》，蔡尚思、方行編：《譚嗣同全
　集》，頁291-293。

有為渡人自渡的生命型態。

三、戊戌變法——渡人志業的展現

康有為強調中國若不變法，終將導致亡國；變是天道，順天者興，逆天者亡，天不是愛憎某一姓致使其興亡，完全以是否順天道而行為準（《俄彼得變政記·序》），形上原理規定了社會的法則，社會的變遷也改變了對形上原理的認知。天在康有為經學中是最高本源，在其變法理論中仍是最高權威。「《易》言通變，專在宜民，無泥守之理。」（《日本變政考》，頁19）「《春秋》則言三世，以待世變之窮。」（《日本書目志·序》）經學傳統即有變的意義，康有為據此展開其變法措施。⑬他批評自強運動只是變器（購船置械）、變事（設郵局、開礦務）、變政（改官制、變選舉），都不是變法。真正的變法，是如日本的「改定國憲」，這才是「變法之全體」（《日本變政考》，頁187）。康有為所稱的憲法，其實是泛指典章制

---

⑬ 許冠三指出康有為變法思想來源主要是《易經》窮變會通說、《春秋公羊傳》三世說與〈禮運〉大同小康說，西方進化學說並不居主導地位，見〈康南海的三世進化史觀〉，《近代中國思想人物論——晚清思想》（臺北：時報文化出版公司，1980年6月），頁535-575，引述見頁538。黃俊傑仍認為西方進化論是康有為思想根源之一，見〈從孟子微看康有為對中西思想的調融〉，《近世中國經世思想研討會論文集》（臺北：中央研究院近代史研究所，1984年），頁577-609，引述見頁581。羅久蓉亦然，見〈康有為的歷史觀及其對時局與傳統的看法〉，《近代史研究所集刊》第14期（臺北：中央研究院近代史研究所，1985年6月），頁163-190，引述見頁167。比論康有為整體思想進程，許冠三所說較確。

度，想藉由典章制度的設計，將大小庶政安排成一有秩序的整體，所以他才譏諷自強運動東拼西湊，不是真正的變法。變法要從全局著眼：

> 變法之道，必有總綱、有次第，不能掇拾補綴而成，不能凌獵等級而至。（《日本變政考》，頁234）

總綱即是典章制度的設計：

《日本書目志》書影

> 其本為何？開制度局、重修會典、大改律例而已。（《日本變政考》，頁66）
> 變政全在典章憲法，參採中外而斟酌其宜，草定章程，然後推行天下。（《日本變政考》，頁235）

典章制度就是文化的呈現，規定了人與人、人與社會、人與國家、人與自然的關係，關係不同，典章制度即隨之而改，反之亦然。康有為云：

吾土之學，始于盡倫，而終于盡制。所謂制者，亦以飾其
倫而已。（《日本書目志》，頁80）

以往是從盡倫推向盡制，即從個人推向社會，現在正好逆
轉，是社會制度推向人倫關係。清代經學的發展，已有此一傾
向，康有為不過具體表現。

至於典章制度的內容，除了向西方學習，還要向傳統學
習：

今之時局，前朝所有也，則宜仍之；若知為前朝所無也，
則宜立新法以治之。（《七次上書彙編‧上清帝第一書》，
頁7）

所以康有為欲變更中國官制作《官制議》，探討中國古代
官制（漢代與宋代），再參考各國官制以定訂中國新官制；欲
改革中國財政作《金主幣救國論》，必詳究歷代貨幣、紙鈔，
以採行金本位制。這些絕非個別現象，一如其建立新經學，必
會上溯歷代經學。下述尤可與清代經學史相表裏：

今但變六朝、唐、宋、元、明之弊政，而採周、漢之法
意，即深得列聖之治術者也。（《七次上書彙編‧上清帝
第一書》，頁7）

　　經學欲恢復周、漢之舊，治術也以周、漢為法，周、漢之
學、治，豈真足以應晚清之變？貌似復古，實則開新，重新理
解傳統以應新變。由於對傳統有新的理解，所以在學習西方
時，是一選擇型態，而非照鈔方式，能顧及本身歷史演變與社
會結構，康有為堅持三世進化，不可躐等，實有其歷史背景之
故。

　　變法失敗，流亡海外，對晚清的變革，又有一番新的見
解，指出同光之初，朝野以為西方之強在軍兵砲艦，所以大購
船械以應敵；甲午大敗，又以為西方之強在民智，所以大開學
校以啟民智；戊戌之後，則以為西方之強在哲學、革命與自
由，於是大倡革命，康有為以為上述皆非：

　　中國之病弱非有他也，在不知講物質之學而已。中國數千
　　年之文明實冠絕大地，然偏重於道德、哲學，而於物質最
　　缺。（《物質救國論・序》）

　　其實早在戊戌之前，康有為作《日本書目志》，大力介紹
西方農工商學時，就已強調經濟民生的重要，此時不過加強其
態度。康有為所稱的物質，包含各種實業（農、工、商、
礦）、財政（金融、銀行、貨幣），《物質救國論》、《理財救
國論》、《金主幣救國論》都是討論上述問題。更進一步指出
變法者之誤：一在誤於空名之學校，只學西方語言文字，不學
西方的實用學；一在誤於西方革命自由之說，實則中國學術、
言論、宗教、商業、居住都很自由，西方封建時代才缺乏這些

自由，所以極力爭取，中國本不缺乏，所缺乏者是物質之學
（《物質救國論》，頁21-22）。⑭物質學的理論基礎，是建立在
人生的需求及人性的欲望上，康有為云：

> 蓋人道之始，惟需衣食，聖人因道而為治也，乃以勤衣食
> 為第一要務。（《物質救國論》，頁65）

康有為對性的解釋，甚重滿足人的需求及欲望，和宋儒不
同，如與戴震所說：「體民之情，遂民之欲。」（《戴震集・孟
子字義疏證・理》，頁275）相較，也可見出清代經學的轉向
及其與政治社會關係。民國成立以後，鑑於政局之紛亂與財政
之困窘，康有為一方面承繼物質說，另一方面又增加道德說：

> 共和之國，非關其政治之善，而在道德與物質之良。
> （《共和評議》，頁93）

物質學已如上述，道德說是泛指整體文化，其中又以孔教
說為核心：

---

⑭ 王樹槐所論極是：「康有為的貨幣思想，是他經世思想的一部，
與其整個政治改革思想一致，總而言之，與其宇宙觀、人生哲學
等亦相符合。」見〈康有為改革貨幣的思想〉，收入《近世中國經
世思想研討會論文集》，頁611-643，引文見頁641。不止是貨幣
思想，整個物質救國理論都是如此，而其宇宙觀與人生哲學，又
從經學中來。

> 中國奉孔子之教，固以德禮為治者也。……吾國無識之
> 徒，不深知治化之本，而徒媚歐美一時之富強也。（《共
> 和評議》，頁85）

富強之術與治化之本，此時已有分離的態勢，亦即兩者並
不相等，而且富強是一時之計，治化才是未來的希望。治化之
本是孔教，康有為欲以孔教維繫中國傳統文化，對辛亥革命，
他深痛惡絕：

> 今非徒種族革命，非徒政治革命，乃至禮俗革命。（《中
> 華救國論》，頁27）

禮俗革命，其實就是文化革命，政治革命只是革除政權頂
峰的擁有者，種族革命也不過是回復漢人政權，惟有禮俗革
命，破壞一切價值規範，秩序因而瓦解，社會也因而崩潰。價
值失落的結果，民眾既無規範，社會也無希望，只能用一片黑
暗形容。康有為亟欲建立孔教，倡導讀經，雖與革命潮流相
反，似也別無他法。

康有為的變法理論，不論是制度論、物質論、文化論，都
與其經學思想密切相關，相對應其社會關懷、人欲肯定、以孔
為教，而其總樞機是《公羊》三世說：三世說的政治制度在建
立共和（由君憲到民憲），社會結構在開展工商社會，文化精
神在施行孔教，所以三世說不僅是政治理論，確切地說，是整
體文化理想。康有為可貴之處，不在於他提出何種救國主張，

而是在隨時反省他所提出的意見是否適宜：

> 深識之士，當反復其利害，比較其得失，斟酌而維持之，
> 變則當變，新則當新，保全國粹，扶翼大教，養育公德。
> 豈如淺夫，一得自矜，一切不顧，惟新是求，惟異是尚
> 哉！（《共和評議》，頁194）

康有為雖然亟欲求變，但絕不為求變而求變，避免變法成為形式。變的確是康有為重要觀念，但能隨時反省，不執一以為真理，以變應變，因時制宜。相較於習慣以某一標準衡量一切，合乎其尺度即為進步，反之即為退步的人，康有為確是高明。

然而康有為變法，但所涉及的層面，涵蓋政治、經濟、社會，名為變法，實有「準革命」的態勢。以此而論，招致反對，並不令人意外。政變是這一反對狀況的激化。變法與革命、反變法與政變，兩者都只在一線之間。

光緒二十四年（1898）八月二日，康有為奉詔出京，抵達天津；八月六日，政變發生，八月九日抵上海，八月十四日至香港，獲日人宮崎寅藏之助再從香港至日本。九月五日抵日本後，受到日本總理大臣大隈重信保護，寓居東京，並名寓所為「明夷閣」。居日期間，日本政界、學界均與康有為交往。在日本並編定《自編年譜》、《明夷閣詩集》。並欲求助日本政府協助光緒重掌政權，但日本政府殊無此意。光緒二十五年（1898）二月，康有為至加拿大，從此展開長達十六年的海外生涯。

四、救國之道的轉變——物質與文化

　　光緒二十六年（1900），康有為長居檳榔嶼，並開始環遊世界，且三度遊歐洲，期間撰寫《歐洲十一國遊記》、《物質救國論》、《金主幣救國論》等作品，重新思考中國的前途。宣統三年（1911）五月，康有為再至日本，次年作《中華救國論》、《理財救國論》、〈孔教會序〉等作品，確定中國的前途在物質與文化。民國二年（1913）二月自日本返國，並在上海創辦《不忍》雜誌，持此論至終未變。在日本所發表的作品，其實是遊歐以來理論的總結：

　　　物質指經濟、財政，康有為在經濟上倡導發展農工商業，財政上主張設立銀行，採金本位制，發行鈔票。又說人生而有身，有身則有飲食衣服器用居室之欲，可是一人之力不足完成所有人身之欲，因此需要分業，分業之後，各種產品勢須交換，才能相互補足。（《金主幣救國論》，卷上，頁9）財經的基礎是肯定人

《中華救國論》書影

欲的人性論，而且此種欲望是每一個人的基本權利，國家的目
的，就在保障並完成此種權利。並曾上疏說變法之道，富國為
先（《七次上書彙編·上清帝第二書》，頁21），批評後世儒
者：

> 高談理氣，溢為考據，而宮室飲食衣服疾病之故，所以保
> 身體、致中和、養神明，以為鄙事，置而不講。（《日本
> 書目志》，頁11）

所以養生之道廢。康有為所提養生之道有二：一是富國之
法（鈔法、鐵路、機器、輪舟、開礦、鑄銀、郵政）；一是養
民之法（務農、勸工、惠商、恤窮）。（《七次上書彙編·上清
帝第二書》，頁21、24）戊戌之後，流亡海外，比較中西，
康有為以為若以物質論文明，歐美誠勝於中國，若以道德論文
明，則中國勝於西方。康有為並不是以道德／中國、物質／西
方比較中西文化，而是在遊歐之前，想像歐洲建築都是玉堂瓊
樓，人物都是神仙豪傑，政治都是公明正直；遊歐之後，大失
所望，各種貪詐淫盜與中國無異⑮，驚訝之餘，認為中國敗於

---

⑮ 錢穆亦曾注意此一問題，指出康有為遊歐洲之後，知歐洲各地高
　下不同，未必盡勝中國，歐洲治平康樂是近百年之事，而康有為
　所撰《歐洲十一國遊記》，用心所在是對歐洲文化史的闡述與批
　評，見〈讀康南海歐洲十一國遊記〉，《中國學術思想史論叢（八）》
　（臺北：東大圖書公司，1980年3月），頁329-341，引述見頁
　331、333。梁啟超於民國8年（1919）遊歷歐洲，也有類似狀
　況，見丁文江：《梁任公先生年譜長編初稿》（臺北：世界書局，
　1959年），民國8年部分。對歐洲興起的歷史背景，我們可能必須

歐洲，只是在近百年間，而最大的失敗，就在西方的工藝、兵砲，歐人能拓展勢力，完全在於其物質之力。（《物質救國論》，頁15-19、29）

康有為又考察歐洲歷史，指出威尼斯、佛羅倫斯設立銀行、鑄造貨幣，商業大盛，促使歐洲日後富強。（《金主幣救國論》，頁21；《共和評議》，頁136）威尼斯是西方資本主義的遠源，以製鹽獲利，其後取得販鹽專利，繼則擴展到糧食交易，趁糧價波動牟利，其政府始終是商人的發言人和武力後盾，所以有人稱威市是「商人共和國」。⑯

從中西文化比較及歐洲歷史探索，康有為更肯定了物質的重要。物質發展可使知識、道德、風俗、國政變動，對於孔教也開始懷疑，認為有教主而無物質，仍無法救國。（《物質救國論》，頁51、57）物質可決定中國未來：

> 道德之文明可教化而至也，文物之文明不可以空論教化至也。物質之學為新世界政俗之本源，為新世界人事之宗祀，不從物質著手，則徒用中國舊學固不能與之競，即用歐美民權、自由、立憲、公議之新說及一切之法律、章程，亦不能成彼之政俗也。（《物質救國論》，頁62）

---

⑯ 見黃仁宇：《資本主義與二十一世紀》（臺北：聯經出版公司，1991年11月），第2章，〈威尼斯〉，頁37-86。所以有學者稱康有為是資本主義和地主階級的代言人，見蕭公權著，汪榮祖譯：《康有為思想研究》（臺北：聯經出版公司，1988年5月），第8章，〈經濟改革〉，頁281-351，引文見頁297。

　　將物質理論推至極致。物質學既不可空論，必須設學校、立科目以教之，其要如下：數學、博物學（通貫之學）、機器工程學、土木學（實物之學）、電學、化學（精新之學）、鐵道、郵政學、電信學（運輸之學）、畫學、著色學、樂學（文美之學）。（《物質救國論》，頁50）當時新學，大略包含無遺，且指出基礎學科的重要。

　　經濟、學術而外，另一重點是理財。康有為說財政猶如人身血脈，不重財政，國家將會滅亡。（《金主幣救國論》，頁2）理財必先改革貨幣，針對當時貨幣混亂，康有為主張用金本位制，與各國同步，避免金貴銀賤，致黃金外流，歐美可用較賤之銀，購買大量中國貨物，使中國物價上騰，人民生計日艱。（《金主幣救國論》，頁57、63）中國欲與歐美平等，非在財用物價上平等不可：

> 物價財用，苟一日不與歐美平等，即國政與人民地位，不能與歐美平等。（《金主幣救國論》，頁68）

　　否則不僅不能平等，歐美可借「商業奴斃中國」。（《金主幣救國論》，頁62）除了改革貨幣，還要設立銀行：設國民銀行，發行公債，籌集中央銀行資本；設中央銀行，發行紙幣，流通資金；設組合銀行，各地方銀行組成銀行團，監督金融行情，貸款予各銀行及人民；設特權銀行，立於蒙、藏、東北、西南，以富裕邊地；設勸業銀行，讓民眾抵押土地，籌集資金；設股票交易所，銷售股票，增加資金。（《理財救國論》，

頁75）康有為認為：「數者並舉，中國猶患貧，未之有也。」
（《理財救國論》，頁75）經由此路，財用物價可與歐美平等，
進而國家人民也可與歐美平等。

就康有為物質理論而言，確是資本主義倡導者，以此批判
康有為，並不公平，康有為曾說，聖人之道甚多，須衡量時地
輕重⑰，資本主義果能救國，自然可學習，問題不在什麼主
義，而在能否實踐、如何實踐。康有為肯定前者，所以重如何
實踐。今日要反省的是在當時條件下是否可能。同時並舉，確
有困難；資本主義有其歷史背景及各種外緣條件，也不是立即
可以成功。⑱晚清雖有改變，但一時之間，也甚難達成。康有
為高明之處是指出這一發展方向。

戊戌之前，康有為即明言，西方之強盛，由於其人民具有
才智，欲使人民具有才智，一在普設學校，二在廣立學會，三
在獎勵出版（《日本變政考》，頁98、128、69），四在設立報
館（《日本書目志》，頁418），並說日本能驟強，全由興學之

---

⑰ 從物質救國論而論，康有為接近資本主義，從三世說而論，又接
　近社會主義，所以楊向奎批評康有為分不清何謂資本主義，何謂
　社會主義，見〈康有為與今文經學〉，《繙經室學術文集》（濟
　南：齊魯書社，1989年7月），頁1-15，引述見頁13。此一論
　斷，頗可商榷，三世說進程是由資本主義到社會主義，思路清晰
　異常，未若楊向奎所評混亂。

⑱ 黃仁宇指出資本主義體制，必須做到資金廣泛流通，人才不分畛
　域聘用，技術（交通、通訊、保險、律師聘用等）全盤活用；中
　國重農抑商，重生產而不重分配，自給自足，中央集權，科舉取
　士，根本無意產生資本主義，見《資本主義與二十一世紀》，第5
　章，〈資本主義思想體系之形成〉，頁187-263，引述見頁187；
　第1章，〈問題的重心〉，頁1-35，引述見頁27。

日本變政考卷二

工部主事臣康有為纂

明治二年正月四日，日皇臨便殿召輔相議定參與官，博勒書於百官曰、朕惟在昔神皇肇基列聖相繼以逮朕躬，朕否德夙夜兢業懼墜先皇之緒也，最完賊梗朝命，億兆蒼炭寧賴汝百官將士之力速奏裁定之功，百姓安堵，今茲歲在己巳，三元欣瑞，上下乂安，遠邇來賀，朕何慶如之，惟天道靡常，一治一亂，内安必有外志

《日本變政考》書影

故，同時也建議改禮部為教部，設孔教會，定期集會信徒，以發明孔子之道，講說君臣父子之義。（《日本變政考》，頁128、96）不論是開民智、立孔教，其性質均有實用傾向，且與政治有關。關於前者，康有為指責時人治學，無益於時，應變更學術，俾能開濟民生，例如論禮，就說《儀禮》可以實行，不像後世禮學只為考據之資，所以倡導實用之禮。（《日本書目志》，頁399）關於後者，康有為則說立國以議院為本，議院又以學校為本，民權建立於民智的基礎上，沒有民智，遽興民權，只會亂國（《日本變政考》，頁160、306）。文化與國家，形成工具與目的關係，文化在此理論下，只是富強國家的工具，並不是對文化真有何嚮往。介紹西方學術，也只是將中國傳統學問做一比附，如天地之大德曰生，本是天的形上意義，卻將之比附生物學；知人之身，本是道德意義，卻比附為解剖學；陰陽家比附為氣象學；心學比附為心理學。（《日本書目志》，頁63、64、54、78）

在上述前提下，康有為強調普及教育的重要，將學術分為

「經史學」與「逮下學」。「經史學」指傳統中國學問,「逮下學」指女學、幼學、農學、工學、商學及一切能啟迪民智,俾益民生之學。(《日本書目志》,頁585)由於啟迪民智、富國強兵的要求,康有為對傳統文化也有強烈批判,指出以往歷史著作,只知有國君,不知有人民:

> 吾中國談史裁最尊,而號稱正史編年史者,皆為一君之史,一國之史,而千萬民風化俗,尚不詳焉。而談風俗者,則鄙之與小說等,豈知譜寫民俗,惟纖瑣乃能詳盡,而後知其教化之盛衰,且令天下述而觀鑑焉。史乎!史乎!豈為一人及一人所私之一國計哉?(《日本書目志》,頁 205-206)

可以見出其文化觀,是一社會大眾型態,而非社會菁英型態,亦即康有為所欲建立的文化,是一公共文化領域,倡導普設學校、設立報館、獎勵出版、建圖書館、博物館等,都不是為了某一特定階層或個人,在政治權利外,康有為提出的是民眾文化權利。既然教化可觀一國盛衰,風俗居於其中關鍵,康有為說戲曲、小說可移風易俗,並指責宋儒棄樂黜歌,士人無雅樂可寄託,以抒發感情,於是淫聲凶聲大行,不但未能匡正人心,反而蕩佚風俗。(《日本書目志》,頁500)又說:

> 以經教愚民,不如小說之易入也,以小說入人心,不如演劇之易動也。(《日本書目志》,頁627)

　　戲曲之能移風易俗，完全建立在情感抒發上，是情感需要，而非理智選擇，從這裡也可看出康有為人性論立場。至於小說價值，康有為云：

> 僅識字之人，有不讀經，無有不讀小說者，故《六經》不
> 能教，當以小說入之，語錄不能論，當以小說論之，律例
> 不能治，當以小說治之。（《日本書目志》，頁734）

　　歷史、文學、藝術，都成為治國理政的工具，看似提高文學價值，實際卻將之工具化。目標達成，工具即可拋棄，目標無法完成，即斥之為無用，如此果真能提高其價值？⑲

　　從上述可知，康有為論戲曲小說，最後仍在發揮經學：「政治之學，最美者莫如吾《六經》也。」（《日本書目志》，頁181）《六經》具有教民、養民、保民、通民氣、同民樂的內容，制度論、物質論、文化論均可在《六經》中尋獲根源，所以康有為云：

> 《春秋》經世，先王之志，凡《六經》皆經濟書也。（《日
> 本書目志》，頁214）

　　救國——戲曲小說——經學，成一層級結構，救國是最後

---

⑲ 梁啟超曾作〈新史學〉、〈論小說與群治之關係〉，都從康有為論點出發，流風餘韻影響至今。

目標，戲曲小說是工具，核心是經學。戊戌變法，本此理論提
出改革主張，指出西方之強在窮理勸學（《七次上書彙編‧上
清帝第二書》，頁30），惟有發明經學微言大義，才能通經致
用，對學子荒棄群經，僅讀《四書》，深表不滿，未來學習方
向應是：

> 內講中國文學，以研經義、國聞、掌故、名物，則為有用
> 之才；外求各國科學，以研工藝、物理、政教、法律，則
> 為通方之學。（《戊戌奏稿‧請廢八股試帖楷法試士改用
> 策論摺》，頁10）

又說不講先聖經義，不能通才任政，科舉考試，不能偏廢
《五經》（《代草奏議‧祈酌定各項考試策論文體摺》，頁35，
〔代徐致靖〕），尊崇《五經》，則須尊崇孔子，推尊孔子，康有
為以為在立孔教會、立孔廟，令人人學習祭祀：

> 《六經》皆為有用之書，孔子為經世之學，鮮有負荷宣
> 揚，於是外夷邪教，得起煽惑吾民（《七次上書彙編‧上
> 清帝第二書》，頁32）
> 臣竊考孔子實為中國之教主，而非謂學行高深之聖者也。
> （《戊戌奏稿‧請尊孔聖為國教立教部教會以孔子紀年而廢
> 淫祀摺》，頁30）
> 蓋孔子立天下義，立宗族義，而今則純為國民義。（《戊
> 戌奏稿‧請尊孔聖為國教立教部教會以孔子紀年而廢淫祀

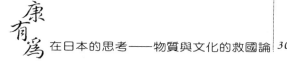

摺》，頁31）

　　以孔子為教主，以孔教對抗基督教，孔教的「國民義」，
在理論上已突顯人民的文化權利。文化權自不限於孔教，康有
為所以強調孔教，第一來自其對孔子的體認，孔子之道即為人
之道：

> 蓋人有食味別聲安處之身，而孔子設為五味五聲宮室之道
> 以處之。人有生我我生同我並生並遊並事諧老之身，孔子
> 設為父子夫婦兄弟朋友君臣之道以處之。內有身有家，外
> 有國有天下，孔子設為家國天下之道以處之。明有天地山
> 川禽獸草木，幽有鬼神，孔子設為天地山川草木鬼神之道
> 以處之。人有靈氣魂知死生運命，孔子於明德養氣窮理盡
> 性以至於命，無不有道焉。（《康南海文集・以孔教為國
> 教配天議》，頁65）

　　人身需求，人倫關係，人與國家社會，人與自然世界，人
的存在根源，孔子莫不有道處之。從人出發，觀看我們所處的
世界，看的方式，又從傳統獲得，如此才能與西方相激相盪，
消融不同文化，康有為就是以此發展其經學思想。民國成立
後：「非革滿洲之命也，實革中國數千年周公孔子之命云爾。」
（《康南海文集・覆教育部書》，頁73）自非康有為所能容忍。
第二即是保存中國傳統：

朕惟一國自立之道，各有其歷史所傳之風俗性情，以為其
國民之根本，為第二之天性焉。（《丁巳要件手稿‧尊孔
教》，頁7）

沒有文化傳統，即使國家強盛，人民富足，但「不知為何
國之民」（《丁巳要件手稿‧讀經》，頁10），又有何意義？⑳
第三則是時代的反省，民國之亂，即在不重道德，中國道德超
過西方，只是物質不如西方，但物質強盛，不代表道德優良：

然則所謂富強者則誠富強矣，若所謂道德教化乎，則吾未
之知也。是其所謂文明者，人觀其外之物質而文明之耳。
若以道德風俗言之，則忠信已澆，德性已漓，何文明之
云？（《物質救國論》，頁18）

文明指國家物質建設，文化指國民道德風俗，文明富強，
不表示文化精深，文化澆薄，文明也沒有價值。共和成立，物
質建設未成，風俗已先大壞，結果是國家陷於危亂。康有為並
舉人人歆羨的美國為例，美國強大，與其清教徒有密切關連，
除此而外，還有其歷史、地理、科技、商業諸因素：清教徒具
有公德，不只是爭權奪利；瀕臨太平洋與大西洋，沒有強鄰進
逼之患；鐵路輪船連結美國土地，成立大農業公司，滿足人民

---

⑳ 陸寶千稱康有為孔教運動為「文化的民族主義」，實為確論，見
〈民國初年康有為之孔教運動〉，《近代史研究所集刊》第12 期
（1983 年6 月），頁81-94，引述見頁93

需求。不能只注意其政體。（《共和評議》，頁183 、 172 ）

　　所以康有為最後歸結中國未來之路，一在物質，一在道德。物質確為中國所缺，應向西方學習，道德則中土勝於西方，應尊孔讀經，從經典中獲得立足於世界的根據，並本之指導物質發展。康有為關心的問題，不只是國家富強，還有富強之後，我們應有何種生活方式。

五、結語

　　物質救國，主要是發展實業、設立銀行、採金本位制；文化救國，主要是普及文化教育，以尊孔讀經為根本，這是康有為三次遊歐洲的認知。在再度前往日本之前，已完成《歐洲十一國遊記》、《物質救國論》、《金主幣救國論》，至日本後再完成《中華救國論》、〈孔教會序〉等，構成康有為的物質救國與文化救國的理論基礎，直至其逝世均未改變。相較於民國初年強調民主政治的主流思潮，康有為提出不同於時潮甚至戊戌變法時期的思想，關注到整體生活方式的反省，而非只是政治制度的改變。

參考書目

康南海先生遺著彙刊　蔣貴麟編　臺北　宏業書局　1987 年 6 月　再版

第一集：新學偽經考　影印民國 6 年排印本

第二集：孔子改制考（上）　影印民國九年重刊萬木草堂叢書本

第三集：孔子改制考（下）

第四集：春秋董氏學　影印光緒二十三年萬木草堂叢書本

第五集：中庸注、孟子微　影印光緒二十七年演孔叢書本、影印光緒二十七年萬木草堂叢書本

第六集：論語注　影印民國六年重刊萬木草堂叢書本

第七集：春秋筆削大義微言考（上）　影印民國六年重刊萬木草堂叢書本

第八集：春秋筆削大義微言考（下）

第九集：禮運注、長興學記、桂學答問、書鏡　影印民國二年演孔叢書本、排印本、排印本、排印本

第十集：俄彼得變政記、日本變政考　排印本、排印本

第十一集：日本書目志　影印光緒二十二年刊本

第十二集：七次上書彙編、戊戌奏稿、代草奏議　排印本、排印本、排印本

第十三集：光緒聖德記、丁巳要件手稿、共和平議　影印光緒二十五年手稿本、影印國六年手稿本、排印本

第十四集：官制議　排印本

第十五集：中華救國論、物質救國論、理財救國論、金主幣救國論　影印民國元年康南海文鈔本、排印本、排印本、影印光緒二年排印本

第十六集：不幸而言中不聽則國亡　影印民國八年排印本

第十七集：康南海墨蹟、哀烈錄、長安演講集、遺墨　影印民

國二十年影印本、排印本、影印民國十二年教育圖
書社印本、影印本

第十八集：諸天講　影印民國十八年刊本

第十九集：康南海文集　排印本

第二十集：康南海詩集（上）　影印民國二十六年崔斯哲手寫
　　　　　本

第二十一集：康南海詩集（下）

第二十二集：自編年譜、康文珮編年譜續編、梁啟超撰康南海
　　　　　傳　排印本

新學偽經考　影印光緒十七年康氏萬木草堂刻本　續修四庫全
　　書經部群經總義類第 179 冊　上海　上海古籍出版社　1995
　　年 3 月

戊戌奏稿　影印辛亥五月刻本　沈雲龍主編近代中國史料叢刊
　　初編第 33 輯第 326 冊　臺北　文海出版社　1969 年

康南海文集　影印民國 3 年排印本　沈雲龍主編近代中國史料
　　叢刊初編第 80 輯第 795 冊　臺北　文海出版社　1973 年

康南海詩集　影印民國二十六年崔斯哲手寫本　沈雲龍主編近
　　代中國史料叢刊續編第 4 輯第 35、36 冊　臺北　文海出版
　　社　1974 年

官制議　影印民國二十九年排印本　沈雲龍主編近代中國史料
　　叢刊續編第 4 輯第 37 冊　臺北　文海出版社　1974 年

康有為學術著作選　樓宇烈整理

　論語注　北京　中華書局　1984 年 1 月

　孟子微、禮運注、中庸注　北京　中華書局　1987 年 9 月

康子內外篇（附實理公法全書、民功篇、弟子職集解、辯論類、南海先生與朱一新論學書牘、函札四通）　北京　中華書局　1988 年 8 月

長興學記、桂學答問、萬木草堂口說　北京　中華書局 1988 年 3 月

春秋董氏學　北京　中華書局　1990 年 7 月

諸天講　北京　中華書局　1990 年 7 月

康有為全集第一集　姜義華、吳根樑編校　上海　上海古籍出版社　1987 年

康有為全集第二集　姜義華、吳根樑編校　上海　上海古籍出版社　1990 年 4 月

康有為全集第三集　姜義華編校　上海　上海古籍出版社 1992 年 12 月

新學偽經考　朱維錚、廖梅編校　北京　三聯書店　1998 年 6 月

康有為大同論二種　朱維錚編校　北京　三聯書店　1998 年 6 月

萬木草堂遺稿、遺稿外編（上、下）　蔣貴麟編　臺北　成文出版社　1978 年 4 月

康南海先生遊記彙編　蔣貴麟編　臺北　文史哲出版社　1979 年 1 月

康南海先生未刊遺稿（詩經說義、大戴禮記補注）　蔣貴麟編 臺北　文史哲出版社　1979 年 10 月

康有為政論集　湯志鈞編　北京　中華書局　1998 年 6 月

相關文獻

易水郎　　康有爲と梁啟超
　　　　　日本及日本人　第562號　頁39-43　1911年8月

彭澤周　　關於康梁亡命日本的檢討
　　　　　大陸雜誌　第41卷第8期　頁1-13　1970年10月

王曉秋　　康有爲，梁啟超亡命日本
　　　　　近代中日啟示錄　頁110-117　北京　北京出版社
　　　　　1987年10月

申松欣　　康梁維新派流亡日本時的一些情況
　　　　　歷史教學　1987年第11期　頁50-52　1987年11月

陳左高　　先驅者走向世界的足跡：談康有爲、梁啟超出國日記
　　　　　社會科學戰線　1987年第2期　頁334-337　1987年

湯志鈞　　日本康、梁遺跡訪問
　　　　　乘桴新獲——從戊戌到辛亥　頁583-695　南京
　　　　　江蘇古籍出版社　1990年10月

平野和彥　箱根嶽影樓松板屋藏康有爲詩軸
　　　　　山梨縣立女子短期大學紀要　第34號　頁41-44
　　　　　2001年

陳華新　　康有爲與《日本變政考》的幾個問題
　　　　　近代史研究　1984年第2期　頁176-197　1984年
　　　　　3月

王魁喜　　關於康有爲寫《日本變政考》的兩個問題

近代史研究　1985年第4期　頁305-308　1985年
7月

村田雄二郎　康有為と「東學」——《日本書志》をめぐって
外國語科研究紀要（東京大學教養學部外國語科）
第40卷第5號　頁1-43　1992年

村田雄二郎　康有為的日本研究及其特點——《日本變政
考》、《日本書目志》管見
近代史研究　1993年第1期　頁27-40　1993年1月

柴田幹夫　從《日本變政考》看康有為重視教育的思想
上海師範大學學報（哲學社會科學版）　1993年
第2期（總第56期）　頁109-112　1993年6月

柴田幹夫　康有為の日本認識——《日本變政考》を中心として
龍谷史壇　第108　頁44-62　1997年3月

王曉秋　康有為《日本變政考》評價
近代中日關係史研究　頁64-82　北京　中國社會
科學出版社　1997年7月

王曉秋　近代中國倣傚日本的藍圖——康有為《日本變政考》
研究
近代中日啟示錄　頁192-210　北京　北京出版社
1987年10月

齋藤秋男　《孔子改制考》にあらはれたる康有為の改革思想
の本質
中國文學月報　第70號　第6卷　頁616-622
1941年3月

湯志鈞　　康有為的海外活動和保皇會前期評價

歷史研究　1994 年第 2 期（總第 228 期）　頁 118-126　1994 年 4 月

陳秀湄　　康有為的國外遊歷與《大同書》

史學月刊　1996 年第 1 期　頁 41-45　1996 年

丘　峻　　康有為的亡命

自由報　第 469-483 期　共 15 頁　1964 年 8-9 月

原田正己　康有為と日本・東南アジア

早稻田大學文學研究科紀要　第 28 卷　頁 37-53
1983 年 5 月

湯志鈞　　康有為、章太炎的流亡日本

日本的中國移民　頁 180-203　北京　三聯書店
1987 年 3 月

中國史學輯刊　第 1 輯　頁 192-304　南京　江蘇
古籍出版社　1987 年 4 月

乘桴新獲——從戊戌到辛亥　頁 71-83　南京　江
蘇古籍出版社　1990 年 10 月

宮崎滔天著，陳鵬仁譯　康有為到日本

三十三年之夢　頁 115-124　臺北　水牛圖書出版
公司　1989 年 7 月

坂出祥伸　康有為の須磨客寓時代

森三樹三郎博士頌壽記念論集　頁 977-993　京都
朋友書店　1979 年 12 月

鴻山俊雄著，陳家麟、馬洪村譯，曾立慧摘編　康有為和他的

日籍夫人鶴子

春秋　1987年第2期　頁42-44　1987年

申松欣　日本警視廳與康有為

西北大學學報（哲學社會科學版）　1987年第3
期　頁93-97　1987年8月

臧世俊　康有為的日本觀

學術論壇　1995年第3期（總第110期）　頁78-
82　1995年5月

複印報刊資料（中國近代史）　1995年第9期
頁83-87　1995年9月

臧世俊　康有為の日本觀

曙光　第7號　頁61-64　1996年12月

齋藤道子　康有為の日本觀

學習院史學　第2號　頁89-100　1965年11月

坂出祥伸等著，馬國平譯　康有為與朝鮮儒者李炳憲：海外所
見康有為手跡

嶺南文史　1996年第1期　頁42-43　1996年3月

鄭海麟　康有為的變法思想與日本

歷史教學　1989年第7期　頁32-35　1989年

山口一郎　康有為の生涯と思想の發展

中國文學月報　第62號　第2卷　頁97-110
1940年6月

章揚定　論康有為明治維新觀的文化思想表現

廣東社會科學　1993年第4期　頁90-94　1993年

8 月

複印報刊資料（中國近代史） 1993 年第 10 期

頁 72-76 1993 年 10 月

中村聰 近代中國における宇宙論のとらえ方──康有為
におけるその思想的考察

東洋研究 第 125 號 頁 1-25 1997 年 11 月

國家圖書館出版品預行編目資料

近代中國知識分子在日本 1／林慶彰主編. –初
版.-- 臺北市：萬卷樓, 民 92
　　冊；　　　公分
ISBN 957-739-446-9(第 1 冊：平裝)
1 知識份子—中國　2.中國－傳記
782.238　　　　　　　　　　92010590

近代中國知識分子在日本 1

主　　編　林慶彰

編　　輯　王清信、葉純芳

出　版　者　萬卷樓圖書股份有限公司

　　　　　　地址：臺北市羅斯福路二段 41 號 6 樓之 3

　　　　　　電話：(02)23216565‧23952992

　　　　　　傳真：(02)23944113

　　　　　　劃撥帳號：15624015 萬卷樓圖書股份有限公司

　　　　　　網址：http://www.wanjuan.com.tw

　　　　　　E-mail：wanjuan@tpts5.seed.net.tw

出版登記證　新聞局局版臺業字第 5655 號

總　經　銷　紅螞蟻圖書有限公司

　　　　　　地址：臺北市內湖區舊宗路二段 121 巷 28 號 4F

　　　　　　電話：(02)27953656(代表號)

　　　　　　傳真：(02)27954100

　　　　　　E-mail：red0511@ms51.hinet.net

承　印　廠　商　晟齊實業有限公司

定　　價　300 元

出　版　日　期　民國 92 年 7 月初版

ISBN 957－739－446－9